AF360765

LA RÉPUBLIQUE

DE CICÉRON.

II.

DE L'IMPRIMERIE D'A. ÉGRON.

LA
RÉPUBLIQUE
DE CICÉRON,

D'APRÈS LE TEXTE *INÉDIT*, RÉCEMMENT DÉCOUVERT ET COMMENTÉ

PAR M. MAI,

BIBLIOTHÉCAIRE DU VATICAN.

AVEC UNE TRADUCTION FRANÇAISE,

UN DISCOURS PRÉLIMINAIRE,

ET DES DISSERTATIONS HISTORIQUES.

PAR M. VILLEMAIN,

DE L'ACADÉMIE FRANÇAISE.

TOME SECOND.

PARIS,

L.-G. MICHAUD, LIBRAIRE,

ÉDITEUR DE LA BIOGRAPHIE UNIVERSELLE, DES OEUVRES DE DELILLE, &c.

RUE DE CLÉRY, N° 15.

M. DCCC. XXIII.

DE LA RÉPUBLIQUE.

EPITOME LIBRI TERTII,

ex Augustino, de Civitate Dei, lib. II. 21.

In tertio libro magnâ conflictatione res acta est. Suscepit enim Philus ipse disputationem eorum qui sentirent sine injustitiâ regi non posse rem publicam, purgans se præcipue, ne hoc ipse sentire crederetur : egitque sedulo pro injustitiâ contra justitiam, ut hanc esse utilem rei publicæ, illam vero inutilem, veri similibus rationibus et exemplis velut conaretur ostendere. Tum Lælius, rogantibus omnibus, justitiam defendere aggressus est, adseruitque quantum potuit, nihil tam inimicum quàm injustitiam civitati, nec omnino nisi magnâ justitiâ geri aut stare posse rem publicam. Quâ quæstione quantum satis visum est pertractatâ, Scipio ad intermissa revertitur, recolitque suam atque commendat brevem rei publicæ definitionem[1], quâ dixerat eam esse rem populi : populum autem non omnem cœtum multitudinis, sed cœtum juris consensu et utilitatis communione sociatum esse determinat. Docet deinde, quanta sit in disputando definitionis utilitas : atque ex illis suis definitionibus colligit, tunc esse rem publicam, id est rem populi, cùm bene ac juste

---

[1] Cod. unus antiq. *diffinitionem;* alter antiquior priore manu *def.* alterâ *diff.* Ita variant etiam inferius.

ANALYSE DU TROISIÈME LIVRE,

tirée de la Cité de Dieu, liv. II. chap. 21.

Dans le troisième livre, la question est fort vivement discutée. Philus s'est chargé de soutenir la thèse de ceux qui pensaient, que l'on ne peut gouverner sans le secours de l'injustice. Il se défend de partager lui-même cette opinion ; mais il plaide soigneusement pour l'injustice contre la justice, s'efforçant de montrer, par des exemples et des argumens spécieux, que la première est aussi utile aux états que l'autre leur est dommageable. Alors Lælius, à la prière de tout le monde, entreprend l'apologie de la justice, et soutient de toutes ses forces, que rien n'était si mortel aux états que l'injustice, et qu'il n'y avait pour les états ni gouvernement ni existence possible, sans une suprême justice. Ce point suffisamment débattu, Scipion revient à la discussion principale, et il reproduit et fait valoir la courte définition qu'il avait donnée de la république, en l'appelant chose du peuple, et en désignant par ce mot de peuple, non pas toute agrégation, mais celle-là seulement qui est liée par l'adoption du même droit et la communauté des mêmes intérêts. Il rappelle ensuite combien les définitions sont importantes dans tout débat ; et il conclut de celles qu'il a précédemment établies, que la chose publique est réellement la chose du peuple, toutes les fois

geritur, sive ab uno rege, sive a paucis optimatibus, sive ab universo populo. Cùm vero injustus est rex, quem tyrannum, more græco, appellavit; aut injusti optimates, quorum consensum dixit esse factionem; aut injustus ipse populus, cui nomen usitatum non reperit, nisi ut etiam ipsum tyrannum vocaret; non jam vitiosam, sicut pridie fuerat disputatum, sed, sicut ratio ex illis definitionibus conexa[1] docuisset, omnino nullam esse rem publicam : quoniam non esset res populi, cùm tyrannus eam factiove[2] capesseret; nec ipse populus jam populus esset si esset injustus, quoniam non esset multitudo juris consensu et utilitatis communione sociata, sicut populus fuerat definitus.

---

[1] Ita antiquior cod. *n* pro *nn;* quæ est bona scriptura, et aliis exemplis confirmata.

[2] Edd. et codd. *factione* mendose.

qu'elle est régie avec sagesse et justice, ou par un roi, ou par un petit nombre de grands, ou par l'universalité du peuple. Mais que le roi soit injuste, supposition dans laquelle il l'appelait tyran; ou les grands injustes, ce qui de leur union fait une faction; ou le peuple injuste, ce qui ne laisse plus d'autre nom à lui donner que le nom même de tyran : alors, disait-il, non-seulement la république est corrompue, comme on le soutenait hier, mais, comme le démontre un argument qui sort de nos définitions précédentes, elle a cessé d'être; car elle ne serait plus la chose du peuple, lorsqu'un tyran ou une faction la maîtriserait; et le peuple lui-même ne serait plus un peuple, s'il était injuste, puisqu'il ne serait plus une multitude réunie par l'adoption du même droit et la communauté des mêmes intérêts, suivant notre définition du peuple.

M. TULLI CICERONIS
DE RE PUBLICA
LIBER TERTIUS.

—

I. . . . . . . **E**T vehiculis tarditati [*] : eademque cùm
accepisset homines inconditis vocibus inchoatum [1]
quiddam et confusum sonantes, incidit [2] has et dis-
tinxit in partes; et [3] ut signa quædam, sic verba rebus
impressit; hominesque antea dissociatos jucundis-

---

[*] . . . . . In libro tertio de Re Publicâ Tullius hominem
dicit non ut a matre, sed ut a novercâ naturâ, editum in
vitam, corpore nudo, fragili et infirmo; animo autem anxio
ad molestias, humili ad timores, molli ad labores, prono
ad libidines : in quo tamen inesset tamquam obrutus quidam
divinus ignis ingenii et mentis. (*Augustinus contra Julianum Pelag. IV. ff. 60*).

Homo cùm fragilis imbecillisque nascatur, tamen et a
mutis omnibus tutus est; et ea omnia quæ firmiora nascun-

[1] Codex *incohatum*. Ita videtur emendatus signis appositis alterâ
manu; at prior manus scripserat *inchoatum*.

[2] Ita posteriore manu; at priore *inculit*.

[3] Cod. priore manu *c*; alter *ed*

DE LA RÉPUBLIQUE.

LIVRE TROISIÈME.

1. . . . . . .[1] L'HOMME ne faisait d'abord entendre d'une voix bruyante que des sons confus et imparfaits. L'intelligence lui apprit à séparer, à varier les articulations; elle attacha des mots aux choses pour en être comme le signe; et, par ce doux commerce

---

[1] Cicéron avait fait précéder le troisième entretien par un prologue, où il parlait en son nom. Ce qui reste ici de ce début présente d'assez grandes pensées, pour donner une haute idée du morceau original. On voit que pour préluder à l'examen approfondi de la question de la justice, qui renferme nécessairement la question d'une morale primitive, Cicéron était remonté à l'origine et à l'essence de l'homme, et avait recherché les premiers développemens de ses facultés et de son intelligence. C'était là sans doute que se rapportait un fragment du troisième livre de la République cité par saint Augustin, et qui ne se retrouve pas dans le manuscrit du Vatican : « La nature, plus marâtre que mère, a jeté l'homme dans la vie « avec un corps nu, frêle et débile, une âme que l'inquiétude agite, « que la crainte abat, que la fatigue épuise, que les passions em- « portent, mais où cependant reste comme à demi-étouffée une « divine étincelle d'intelligence et de génie. » L'éditeur de Rome suppose avec vraisemblance que ce même

simo inter se sermonis vinculo [1] colligavit. A simili etiam mente, vocis qui videbantur infiniti soni, paucis notis inventis, sunt omnes signati et expressi, quibus et colloquia cum absentibus et indicia voluntatum [2], et monumenta rerum praeteritarum tenerentur. Accessit eo numerus, res cùm ad vitam necessaria, tum una [3] immutabilis et aeterna : quae prima impulit etiam ut suspiceremus in coelum, nec frustra siderum motus intueremur, dinumerationibusque noctium ac dierum. . . . .

II. . . . . quorum animi altius se extulerunt, et aliquid dignum dono, ut ante dixi, deorum aut efficere aut excogitare potuerunt. Quare sint nobis isti, qui de ratione vivendi disserunt, magni homines, ut sunt; sint eruditi; sint veritatis et virtutis magistri; dummodo sit hæc quædam, sive a viris in rerum

---

tur, etiamsi vim cœli fortiter patiuntur, ab homine tamen tuta esse non possunt. Ita fit ut plus homini conferat ratio, quàm natura mutis; quoniam in illis nec magnitudo virium, neque firmitas corporis efficere potest, quo minus aut opprimantur a nobis, aut nostræ subjecta sint potestati, *etc.* Plato naturæ gratias agit, quòd homo natus esset, *etc.* (*Lactantius, de Opificio Dei cap.* III.

[1] Cod. priore manu *vinclo;* at posteriore *vinculo.*
[2] Ita cod. alterà manu; at priore *voluntatum*, ut et alibi.
[3] *Una* in codice superadditur.

du langage, elle réunit les hommes auparavant isolés. Grâce à cette même intelligence, les inflexions de la voix, qui semblaient innombrables, furent toutes exprimées et notées par un petit nombre de caractères convenus, propres à nous faire converser avec les absens, et à fixer l'expression des volontés de notre âme, et les monumens du passé. Vint ensuite l'usage des nombres, chose si nécessaire à la vie, et de plus, seule chose immuable et éternelle. Cette science nous conduisit à lever les yeux au ciel, et à ne pas voir indifféremment la marche des astres et le partage des jours et des nuits. . . . .

II. . . . . . Alors il y eut des hommes dont les âmes s'élevèrent plus haut, et exécutèrent ou conçurent quelque chose digne du bienfait qu'elles avaient reçu des dieux. Aussi, que ceux qui nous ont laissé de profonds raisonnemens sur la conduite de la vie humaine passent pour de grands hommes, comme ils le sont en effet; qu'on les nomme savans, qu'ils soient les précepteurs de la vérité et de la vertu; j'y consens, si l'on reconnaît que l'art social et le gou-

---

début du troisième livre avait fourni plus d'une inspiration à Lactance, qui traite un sujet semblable dans son traité sur l'*Œuvre du Créateur*. Peut-être même ne serait-il pas difficile de deviner, en lisant ce dernier écrit, les pensées, les tours, les expressions que le chrétien du quatrième siècle a pu dérober au consul romain et au disciple de Platon. Mais comme Lactance, cette fois, ne cite pas son modèle, nous n'essaierons pas de suppléer, par une restitution un peu arbitraire, à ce qui manque au texte original de notre manuscrit.

publicarum varietate versatis inventa, sive etiam in istorum otio ac litteris tractata res, sicut est, minime quidem contemnenda, ratio civilis et disciplina populorum, quæ perficit in bonis ingeniis, id quod jam persæpe perfecit, ut incredibilis quædam et divina virtus existeret. Quòd si quis ad ea instrumenta animi, quæ naturâ, quæque civilibus institutis habuit, adjungendam sibi etiam doctrinam, et uberiorem rerum cognitionem putavit, ut ii ipsi qui in horum librorum disputatione versantur, nemo est quin eos anteferre omnibus debeat. Quid enim potest esse præclarius, quàm cùm rerum magnarum tractatio atque usus cum illarum artium studiis et cognitione conjungitur? Aut quid P. Scipione, quid C. Lælio, quid L. Philo perfectius cogitari potest? qui ne quid prætermitterent quod ad summam laudem clarorum virorum pertineret, ad domesticorum majorumque morem etiam hanc a Socrate adventitiam doctrinam adhibuerunt. Quare qui utrumque voluit et potuit, id est ut cùm majorum institutis, tum doctrinâ se instrueret, ad laudem hunc omnia consecutum puto. Sin aliter sit utra[1] via prudentiæ deligenda, tamen etiam si cui videbitur illa

---

[1] Num est tmesis pro *alterutra sit?* An simul est metathesis pro *alterutra sit?* In codice fit pausa post *sin.*

vernement des peuples, soit dans la première application qu'en firent des hommes jetés au milieu des
diverses sociétés humaines, soit dans les spéculations
qu'il a fournies aux loisirs et à l'éloquence de ces
mêmes philosophes, est une science que l'on ne doit
nullement dédaigner, science qui dans les génies heureux fait éclore, comme on l'a vu souvent, une puissance incroyable et presque divine. Et lorsqu'à ces
hautes facultés de l'âme, reçues de la nature et développées par les institutions sociales, on a su joindre une
riche variété d'études et de connaissances, comme
les personnages que j'introduis dans cet entretien, nul
ne refusera d'avouer la supériorité de tels hommes
sur tous les autres. Que peut-il en effet y avoir de
plus admirable que la pratique et l'habitude des
grandes choses unies au goût et à la connaissance
de ces arts ingénieux? Et que peut-on imaginer de
plus parfait qu'un Scipion, qu'un Lælius, qu'un
Philus, qui, pour ne rien négliger de ce qui compose la gloire du grand homme, joignirent aux
exemples de nos aïeux et aux traditions domestiques
les leçons étrangères venues de Socrate! Aussi,
avoir su et voulu ces deux choses, s'être appuyé à la
fois sur nos antiques mœurs et sur la philosophie,
c'est, à mes yeux, avoir fait tout ce qui peut conduire
à la gloire. Mais s'il fallait choisir entre ces deux
voies de la sagesse, bien que l'on puisse trouver plus
heureuse cette vie tranquille passée dans l'étude et

in optimis studiis et artibus quieta vitæ ratio beatior, hæc civilis laudabilior est certe et illustrior : ex quà vità sic summi viri ornantur, ut vel M' [1] Curius,

Quem nemo ferro potuit superare nec auro;

vel. . . . .

III. . . . . fuisse sapientiam : tamen hoc in ratione utriusque generis interfuit, quod illi verbis et artibus aluerunt naturæ principia, hi autem institutis et legibus. Plures vero hæc tulit una civitas, si minus sapientes, quoniam id nomen illi tam restricte tenent, at certe summâ laude dignos, quoniam sapientium præcepta et inventa coluerunt. Atque etiam [2] (quòd et sunt laudandæ civitates et fuerunt, quoniam id est in rerum naturà longe maximi consilii constituere eam rem publicam, quæ possit esse diuturna); si singulos numeremus in singulas, quanta jam reperiatur virorum excellentium multitudo? Quòd si aut Italiæ Latium, aut ejusdem sabinam aut volscam gentem, si Samnium, si Etruriam, si magnam illam Græciam collustrare animo voluerimus; si deinde Assyrios, si Persas, si Pœnos, si hæc. . . . .

---

[1] Cod. mendose *M·* id est *Marcus* pro *M'* id est *Manius*.

[2] Hanc parenthesim suis signis, contra morem mei libri, designandam judicavi : nisi enim lectores de parenthesi certiores facerem, procul dubio obscurus hic eis locus evaderet

les lettres, la vie des affaires, la vie civique est certainement plus estimable et plus éclatante. C'est la
vie où se sont illustrés de grands hommes, comme
Curius,

> Que le fer et que l'or trouvèrent invincible.

. . . .

III. . . . Il y avait cette différence entre ces deux
classes de grands hommes, que, chez les premiers, le
développement des principes naturels était l'ouvrage
de l'éloquence et de l'étude ; chez les autres, celui des
institutions et des lois. Notre patrie a produit à elle
seule un grand nombre, je ne dirai pas de sages,
(puisque la philosophie est si avare de ce nom) mais
d'hommes au moins qui méritent une louange immortelle, pour avoir mis en pratique les leçons et les dé-
couvertes des sages. Et si vous considérez qu'il existe
et qu'il a existé beaucoup d'empires dignes de gloire ;
si vous songez que dans l'univers la plus grande
œuvre du génie est de constituer une société qui puisse
être durable, voyez, à ne compter qu'un législateur
par chaque empire, quelle foule de grands hommes
vous apparaîtra ! Si nous jetions en effet nos regards
dans l'Italie, sur le Latium, sur le peuple Sabin, sur
les Volsques, sur les Samnites, sur l'Etrurie ; si nous
examinions la grande Grèce, si nous passions ensuite
aux Assyriens, aux Perses, aux Carthaginois, combien de législateurs, combien de fondateurs d'empires ! [1] . . . .

---

[1] La suite de ce beau préambule est perdue : et le manuscrit mutilé

IV. . . . . . advocati. Et Philus : Præclaram vero causam ad me defertis, cùm me improbitatis patrocinium suscipere vultis. Atqui [1] id tibi, inquit Lælius, verendum est [2], si ea dixeris quæ contra justitiam dici solent, ne sic etiam sentire videare, cùm et ipse sis quasi unicum exemplum antiquæ probitatis et fidei; neque sit ignota consuetudo tua contrarias in partes disserendi, quòd ita facillime verum inveniri putes. Et Philus : Heia vero, inquit, geram morem vobis, et me oblinam sciens; quod quoniam qui aurum quærunt non putant sibi recusandum, nos cùm justitiam quæramus, rem multo omni auro cariorem, nullam profecto molestiam fugere debemus. Atque utinam quemadmodum oratione sum usurus alienâ, sic mihi ore uti liceret alieno! Nunc ea dicenda sunt L. Furio Philo quæ Carneades, græcus homo et consuetus quod commodum esset verbis . .

. . . .

Neque ego hercle ex meâ animi sententiâ loquar, sed ut Carneadi * respondeatis, qui sæpe optimas causas ingenii calumniâ ludificari solet.

---

* Carneades academicæ sectæ philosophus, cujus in disse-

[1] Ita posteriore manu; at priore *adqui*.

[2] Cod. *st* factâ aphæresi, tametsi interposita sit *m*. Scilicet etiam in carmine elidi solet *m*, quia in pronunciando supprimebatur.

IV. . . . . . .[1] Philus dit alors : Vous me renvoyez là une belle cause : vous voulez que j'entreprenne de plaider pour le vice. Probablement, reprit Lælius, vous avez à craindre, en reproduisant les objections ordinaires que l'on fait contre la justice, de paraître exprimer vos propres sentimens, vous, Philus, qui passez pour le premier modèle de la bonne foi et de la probité antiques, vous à qui l'on connaît d'ailleurs cette pratique habituelle de discuter une question dans les deux sens, persuadé que c'est la voie la plus facile pour découvrir la vérité? Hé bien! dit Philus, je vous obéirai ; je vais me salir en connaissance de cause. On ne refuse pas de le faire, pour trouver de l'or : ainsi, nous qui cherchons la justice, chose plus précieuse que l'or, nous devons braver toute répugnance. Que ne puis-je du moins, en empruntant les discours d'un autre, emprunter aussi son organe! Mais il faut que ce soit aujourd'hui moi, Philus, qui répète ce que disait Carnéades, un Grec, un homme accoutumé à exprimer tout ce qu'il lui plaisait. . . . .

Je ne parlerai donc pas, pour énoncer mes propres sentimens, mais pour vous donner occasion de réfuter Carnéades, qui, par les perfidies de son art, savait ruiner les meilleures causes.

---

recommence au moment où le dialogue paraît s'établir de nouveau, par la tâche imposée à Philus de parler contre la justice.

[1] On voit la marche du dialogue : Philus est chargé, pour ainsi dire d'office, de plaider en faveur de l'injustice, ou plutôt de repro-

V. . . . . et reperiret et tueretur; alter autem de ipsâ justitiâ quatuor implevit sane grandes libros. Nam ab Chrysippo nihil magnum nec magnificum desideravi, qui suo quodam more loquitur, ut omnia verborum momentis, non rerum ponderibus, exa-

---

rendo quæ vis fuerit, quæ eloquentia, quod acumen, qui nescit, ipsum ex prædicatione Ciceronis intelliget aut Lucilii, apud quem disserens Neptunus de re difficillimâ, ostendit non posse id explicari, nec si Carneadem ipsum orcus remittat. Is cùm legatus ab Atheniensibus Romam missus esset, disputavit de justitiâ copiose, audiente Galbâ et Catone censorio, maximis tunc oratoribus. Sed idem disputationem suam postridie contrariâ disputatione subvertit; et justitiam quam pridie laudaverat, sustulit; non quidem philosophi gravitate, cujus prudentia firma, et stabilis debet esse sententia; sed quasi oratorio exercitii genere, in utramque partem disserendi : quod ille facere solebat, ut alios quidlibet adserentes posset refutare. Eam disputationem, quâ justitia evertitur, apud Ciceronem L. Furius recordatur : credo quoniam de re publicâ disserebat, ut defensionem laudationemque ejus induceret, sine quâ putabat regi non posse rem publicam. Carneades autem, ut Aristotelem refelleret ac Platonem, justitiæ patronos, primâ illâ disputatione collegit ea omnia quæ pro justitiâ dicebantur, ut posset illa, sicut fecit, evertere. (*Lactantius, Inst. v. 14*).

Justitia foras spectat, et projecta tota est atque eminet. (*Nonius, voc.* projectum).

Quæ virtus, præter cæteras, tota se ad alienas porrigit utilitates atque explicat. (*Idem, voc.* explicare).

V. . . . . Aristote a traité la question de la justice, et en a rempli quatre livres assez étendus. Quant à Chrysippe, je n'en ai jamais rien attendu de grand et d'élevé : il traite cette question à sa manière, en appréciant tout au poids des mots, et non à celui des

---

duire les sophismes dont Carnéade avait scandalisé la bonne foi romaine, lorsqu'il était venu à Rome, quelques années auparavant, avec deux autres philosophes, députés comme lui par la ville d'Athènes, pour demander la réduction d'une amende imposée par le sénat : ce Grec, pour amuser les maîtres qu'il implorait, après avoir disserté publiquement sur l'existence de la justice, avait soutenu le lendemain la thèse contraire avec la même facilité, et probablement une conviction à peu près pareille. Quoiqu'il en soit, son éloquence étonna les Romains. Le vieux Caton effrayé opina, qu'il fallait renvoyer sans retard une si dangereuse ambassade, « Parce que, disait-il, avec « les raisonnemens de cet homme, on ne pouvait plus discerner où « était la vérité. » Cicéron, dans ses autres écrits, a marqué plus d'une fois son aversion pour les doctrines sceptiques de Carnéade. Dans le traité des Lois, après avoir posé le principe du droit naturel, et s'être promis l'approbation des Stoïciens et de l'académie de Platon, il s'écrie : « Quant à cette académie perturbatrice, fondée « par Arcesilas et Carnéade, nous implorons son silence. Car si « elle se précipitait sur les principes qui nous semblent à nous assez « bien établis, elle les déracinerait de son choc. Je n'ai garde de la « défier ; je désire plutôt l'apaiser. » «C'est ainsi, dit un ingénieux « écrivain, qu'il parle de la philosophie du doute, comme d'une « divinité infernale, qu'il faut conjurer, et qui réduit tout en « poussière. »

Le grammairien Nonius a conservé deux phrases qui semblent se rapporter au portrait que Philus va faire de la justice. En voici le sens : « La justice agit extérieurement ; elle est toute entière en « dehors, toute entière visible ; plus que toute autre vertu, elle se « dirige et se déploie dans l'intérêt d'autrui. »

II.

minet. Illorum fuit heroum eam virtutem, quæ est una, si modo est, maxime munifica et liberalis, et quæ omnes magis quam sepse[1] diligit, aliis nata potius quàm sibi, excitare jacentem[2], et in illo divino solio non longe a sapientià collocare. Nec vero illis aut voluntas defuit; quæ enim iis scribendi alia causa, aut quod omnino consilium fuit? aut ingenium, quo omnibus præstiterunt. Sed eorum et voluntatem et copiam causa vicit. Jus enim de quo quærimus civile est aliquod, naturale nullum : nam si esset, ut calida et frigida, et amara et dulcia, sic essent justa et injusta eadem omnibus.

VI. Nunc autem, si quis illo Pacuviano[3] invehens[4] alitum anguium[5] curru multas et varias gentes et urbes despicere et oculis collustrare possit; videat primum in illâ incorruptâ maxime gente Ægyptiorum, quæ plurimorum sæculorum et eventorum memoriam litteris continet, bovem quemdam putari

---

[1] Ita cod. priore manu; posteriore autem *se ipse*, male; tum quia Seneca ep. CVIII legebat *sepse;* tum quia si separetur, dicendum esset *se ipsa*.

[2] Lactantius, de Irà D. XVIII : *Si jacet, excitanda est.* Confer etiam Inst. III. 14.

[3] Cod. posteriore manu *pacuuiano;* at priore *paculano.* Sane mendose pro *i;* cæterum unam *u* pro *duabus* nummi veteres exhibent, nempe *Paquius* pro *Pacuuius.*

[4] Ita pro *invectus* scribit indubitate Cicero, etiam Nat. D. I. 28.

[5] Cod. mendose *angulum.*

choses. Mais il était digne des héros de la philosophie de relever par leurs efforts une vertu qui est éminemment bienfaisante et libérale, si toutefois elle existe, qui préfère tous les autres à soi, qui vit pour eux plutôt que pour elle-même : il était digne de ces grands hommes de la faire asseoir sur un trône immortel, non loin de la sagesse. Et certes, à cet égard, l'intention ne leur a pas manqué. Quel autre motif en effet ont-ils eu d'écrire? quel autre but, en écrivant ? Le génie ne leur a pas manqué non plus : ils l'emportaient par-là sur le reste des hommes. Mais le vice de leur cause a été plus fort que leur volonté et que leur éloquence. En effet, ce *droit* sur lequel nous raisonnons peut bien exister, en tant que droit civil; mais pour le droit naturel, il n'y en a point. S'il y en avait, le juste [1] et l'injuste seraient les mêmes pour tout le monde, comme le chaud et le froid, comme le doux et l'amer.

VI. Maintenant, si quelqu'un porté sur ce char aux serpens ailés dont parle le poëte Pacuvius, pouvait planer sur les nations et les villes diverses, et les parcourir de ses regards, il verrait d'abord chez ce peuple immuable de l'Egypte, qui conserve dans ses archives la mémoire de tant de siècles et d'événemens, un bœuf adoré comme dieu sous le nom

---

[1] Pascal, dans un de ces momens de misantropie sceptique, dont il se sauvait à peine dans les bras de la religion, a nié la justice ; il a raisonné comme Carnéade : « Trois degrés d'élévation du pôle « renversent toute la jurisprudence; un méridien décide de la vérité, « ou peu d'années de possession. Les lois fondamentales changent. « Le droit a ses époques. Plaisante justice, qu'une rivière ou une

deum, quem Apim Ægyptii [1] nominent : multaque
alia portenta apud eosdem, et cujusque generis belluas numero consecratas deorum. Deinde Græciæ,
sicut apud nos, delubra magnifica humanis conse-
crata simulacris, quæ Persæ nefaria putaverunt :
eamque unam ob causam Xerxes inflammari Atheniensium fana jussisse dicitur, quòd deos, quorum
domus esset omnis hic mundus, inclusos parietibus
contineri nefas esse duceret. Post autem cum Persis
et Philippus qui cogitavit, et Alexander qui gessit, hanc bellandi causam inferebat quod vellet [2]
Græciæ fana punire [3] : quæ ne reficienda quidem
Graii putaverunt, ut esset posteris ante os documentum Persarum sceleris sempiternum. Quàm multi,
ut Tauri in Axino, ut rex Ægypti Busiris, ut Galli,
ut Pœni, homines immolare et pium et diis immortalibus gratissimum esse duxerunt. Vitæ vero instituta
sic distant, ut Cretes et Ætoli latrocinari honestum
putent : Lacædemonii suos omnes agros esse dicti-
tarent, quos spiculo possent attingere. Athenienses
jurare etiam publice solebant omnem suam esse ter-

---

[1] Hic interpungitur in cod.

[2] Ita posteriore manu ; at priore *bellet*.

[3] Cod. *pœnire*. Notemus orthographiam, simulque vim τοῦ *pœnire*
pro *ulcisci*.

d'Apis, et une foule d'autres monstres et d'animaux de toute espèce admis au nombre des dieux. Il verrait dans la Grèce, comme parmi nous, des temples magnifiques consacrés à des idoles d'une forme humaine. Les Perses, d'autre part, regardèrent ces monumens comme impies : et le seul motif de Xerxès, dit-on, pour ordonner l'incendie des temples d'Athènes, fut la croyance qu'il y avait sacrilége à tenir enfermés entre des murailles les dieux, dont cet univers entier était la demeure. Plus tard, Philippe, dans ses projets de guerre contre les Perses, et Alexandre, dans son expédition, alléguaient pour prétexte le besoin de venger les temples de la Grèce; et les Grecs avaient même eu soin de ne pas les rétablir, afin que, aux yeux de la postérité, il subsistât du crime des Perses un avertissement éternel.

Que d'hommes, tels que les habitans de la Tauride, tels que le roi d'Egypte, Busiris, tels que les Gaulois, les Carthaginois, ont cru qu'il était pieux et agréable aux dieux d'immoler des hommes! Voyez d'ailleurs : les règles de la vie sont si diverses, que les Crétois et les Etoliens regardent le brigandage comme honorable; et que les Lacédémoniens disaient familièrement, que leur territoire s'étend à tous les lieux où peut toucher le fer de leur lance. Les Athéniens avaient coutume de déclarer par un serment public, qu'à eux seuls

---

« montagne borne! vérité au deçà des Pyrénées, erreur au-delà! »
Mais Pascal ajoutait : « Il y a sans doute des lois naturelles : cette
« belle raison seule a tout corrompu. »

ram, quæ oleam frugesve [1] ferret. Galli turpe esse ducunt frumentum manu quærere : itaque armati alienos agros demetunt. Nos vero justissimi homines, qui [2] transalpinas gentes oleam et vitem serere non sinimus, quò pluris sint nostra oliveta nostræque vineæ : quod cùm faciamus, prudenter facere dicimur, juste non dicimur ; ut intelligatis discrepare ab æquitate sapientiam. Lycurgus autem ille legum optimarum et æquissimi juris inventor agros locupletium plebi ut servitio colendos dedit.

VII. Genera vero si velim juris, institutorum, morum consuetudinumque describere, non modo in tot gentibus varia, sed in unâ urbe, vel in hâc ipsâ, milliens mutata demonstrem : ut hic juris noster interpres alia nunc Manilius jura dicat esse de mulierum legatis et hereditatibus, alia solitus sit adolescens dicere, nondum Voconiâ lege latâ : quæ quidem ipsa lex utilitatis virorum gratiâ rogata in mulieres plena est injuriæ. Cur enim pecuniam non habeat mulier? cur virgini vestali sit heres, non sit matri suæ? Cur autem, si pecuniæ modus statuendus fuit feminis, P. Crassi filia posset habere, si unica

---

[1] Ita cod. posteriore manu ; at priore *fluges*. De *L* pro *S* diximus lib. I. v, not.

[2] Omittendum videtur *qui*.

appartenait toute terre qui produisait du froment et des olives. Les Gaulois trouvent honteux de se procurer du blé par le travail. Aussi vont-ils les armes à la main couper la moisson sur les champs d'autrui. Et nous, le plus équitable des peuples, afin de hausser la valeur de nos vins et de nos olives, nous ne souffrons pas que les peuples d'au-delà des Alpes fassent des plants de vignes et d'oliviers. En cela, on dit que nous agissons avec prudence, mais non pas que nous agissons avec justice. Vous voyez donc que la sagesse est autre chose que l'équité. Lycurgue, ce créateur des lois les plus sages et du droit le plus équitable, donnait les champs des riches à cultiver au peuple réduit en servitude.

VII. Si je voulais décrire les divers genres de lois, d'institutions, de mœurs, de coutumes, non-seulement dans leur variété, de nation à nation, mais considérés dans une seule ville, dans Rome, je trouverais qu'ils ont changé mille fois. Par exemple, cet interprète des lois que nous avons ici, Manilius, consulté relativement aux legs et aux héritages des femmes, vous répondrait aujourd'hui par un droit tout différent de celui qu'il avait coutume d'exposer dans sa jeunesse, avant la promulgation de la loi Voconia, loi qui, rendue dans l'intérêt des hommes, est pleine d'injustice à l'égard des femmes. Pourquoi, en effet, une femme ne pourrait-elle posséder? Pourquoi une vestale peut-elle instituer héritier, une mère ne le peut-elle pas? Pourquoi, en admettant qu'il eût fallu mettre des bornes à la richesse des femmes, la fille de

patri esset, æris milliens, salvâ lege; mea triciens non posset. . . . .

. . . .

VIII. . . . . sanxisset jura nobis; et omnes isdem [1], et iidem non aliàs aliis uterentur. Quæro autem, si justi hominis et si boni est [2] viri parere legibus; quibus? an quæcumque erunt [3]? at nec inconstantiam virtus recipit, nec varietatem natura patitur; legesque pœnâ, non justitiâ nostrâ, comprobantur. Nihil habet igitur naturale jus : ex quo illud efficitur, ne justos quidem esse naturâ. An vero in legibus varietatem esse dicunt; naturâ autem viros bonos eam justitiam sequi quæ sit, non eam quæ putetur? esse enim hoc boni viri et justi, tribuere id cuique [4] quod sit quoque dignum. Ecquid ergo primum mutis tribuemus belluis [5]? non enim mediocres viri, sed maximi et docti, Pythagoras et Empedocles, unam omnium animantium conditionem juris esse denuntiant; clamantque inexpiabiles pœnas impendere iis a quibus violatum sit animal. Scelus est igitur nocere

---

[1] Cod. *idem*.

[2] Cod. priore manu *st;* at posteriore *est.* Et quidem supra vidimus modo *st*, et *verendum st.* Ergo præter *a*, aliæ quoque vocales crasim efficiunt.

[3] Ita videtur cod. alterâ manu; at priore *erant.*

[4] Cod. *quoique.*

[5] Ita cod. posteriore manu : at priore *rebbis* vitiosâ metathesi.

Crassus, si elle était fille unique, pourrait-elle avoir des millions sans blesser la loi, tandis que la mienne ne pourrait pas recueillir sa part d'un modique héritage?. . . . .

. . . .

VIII. . . . . Si la justice était naturelle et innée, tous les hommes admettraient le même droit; et les mêmes hommes ne se feraient pas un droit divers en différens temps. S'il est d'un homme juste, s'il est d'un homme vertueux d'obéir aux lois, à quelles lois, je le demande, doit-il obéir? Serait-ce à toutes indifféremment? Mais la vertu n'admet pas cette inconstance; une telle variété n'est pas compatible avec la nature; et les lois s'appuient sur la sanction de la peine, et non sur l'assentiment de notre justice. Le droit n'a donc pas de base naturelle; d'où il suit qu'il n'y a pas d'homme juste par nature. Dira-t-on que la variété existe dans les lois, mais que les hommes vertueux par nature suivent ce qui est vraiment la justice, et non ce qu'on prend pour elle; que le caractère de l'homme vertueux et juste est de rendre à chacun ce qui lui est dû? Je vous réponds alors: Que devons-nous rendre aux animaux? car, je ne dis pas de médiocres esprits, mais de grands, de savans hommes, Pythagore et Empédocle, déclarent que toutes les espèces vivantes ont droit à la même justice. Ils s'écrient que des peines, que des tourmens inexpiables sont réservés à ceux qui ont attenté sur un être animé. C'est donc un crime de

bestiæ; quod scelus qui velit.   .   .   .   .   .   .

Nam cùm quæreretur ex eo, quo scelere impulsus mare haberet infestum uno myoparone; eodem, inquit, quo tu orbem terræ [1]. .   .   .   .

IX. .   .   .   . [2] omnibus *quæritote.* Sapientia jubet augere opes, amplificare [3] divitias, proferre fines. Unde enim *potuisset* [4] [Alexander] summus *ille* imperator, *qui* in Asiâ olim [armis] fines imperii propagavit, nisi aliquid de alieno accessisset, imperare, quàm plurimis frui voluptatibus, pollere, regnare, dominari? Justitia autem præcipit parcere omnibus,

---

[1] Nonii fragmentum hîc collocavi, quia sermo est de Alexandro macedone, cujus, si bene codicem lego, meminit in proxime sequentibus Cicero. Jamvero hoc dictum archipiratæ adversus Alexandrum fuisse ejaculatum, percommode nos docet Augustinus, Civ. D. iv. 4 : *Eleganter et veraciter Alexandro illi magno quidam comprehensus pirata respondit. Nam cùm idem rex hominem interrogasset, quid ei videretur ut mare haberet infestum; ille liberâ contumaciâ, quod tibi, inquit, ut orbem terrarum : sed quia ego exiguo navigio facio, latro vocor; quia tu magnâ classe, imperator.*

[2] Est hæc pagina omnium lectu difficillima. Supplementa inclinatis litteris scribo; verba autem dubia uncis includo. Ad supplementum *quæri* quod attinet, Cic. de Amic. vii ait : *ab iis, qui ista disputant, quæritote.*

[3] Cod. fortasse *amplificari.* Nonius tamen, qui locum e III de Rep. citat, voc. *proferre*, legebat *amplificare* et *proferre* (pro *augere*). In codice autem verbi quoque *augere* terminatio obscurata est.

[4] Cod. fortasse habet *esset.* Sane fateor spatium codicis non sufficere vocabulo *potuisset.*

nuire à un animal. . . . .

Alexandre demandait à un pirate par quel attentat il osait infester la mer avec un misérable brigantin. Par le même droit, dit-il, qui vous fait ravager le monde [1]. . . . .

IX. . . . . . La prudence humaine nous dit d'augmenter notre puissance, nos richesses, d'agrandir notre territoire. Cet Alexandre, ce grand général, qui étendit son empire dans l'Asie, comment aurait-il pu, sans l'envahissement du bien d'autrui, commander au loin, jouir des plus grandes voluptés, être puissant, maître, dominateur? Mais la justice nous ordonne au contraire d'épargner tout

---

[1] Ici commence une assez longue lacune qui interrompt la série de ces tristes sophismes, que l'anglais Mandeville et quelques autres écrivains ont renouvelés avec moins de force et de subtilité. Ces sophismes étaient, comme on le voit, mêlés de quelques vérités, et de beaucoup d'inductions fausses. Sans doute la pitié envers les animaux est un devoir de la nature. Sans doute la réponse du pirate à Alexandre n'était nullement déraisonnable. Mais qu'importe tout cela? En est-il moins vrai que Dieu a mis dans le cœur de l'homme l'instinct du juste, que cet instinct lui apparaît comme une vérité démontrée par l'intelligence, et que rien ne peut détruire? Quant à ces bizarreries de mœurs locales, ces démentis partiels donnés par quelque peuplade obscure à la conscience du genre humain, on sait avec quel déplorable soin notre Montaigne compilait de telles anecdotes; et avec quelle puissance Rousseau détruit ce frêle échafaudage. « O Montaigne! s'écrie l'éloquent Génevois, toi qui te piques de « franchise et de vérité, sois sincère et vrai, si un philosophe peut « l'être, et dis-moi s'il est quelque pays sur la terre, où ce soit un « crime de garder sa foi, d'être clément, bienfaisant, généreux, où « l'homme de bien soit méprisable, et le perfide honoré [2] »

consulere generi hominum, suum cuique reddere, sacra, publica, [aliena] non [tangere [1]]. Quid igitur efficitur? Si sapientiæ pareas, divitiæ, potestates, opes, honores, imperia [2], regna, vel privatis vel populis. Sed quoniam de re publicâ loquimur, sunt illustriora quæ publice fiunt : quoniamque eadem est ratio juris in utroque, de populi sapientiâ dicendum puto. Et jam omittam alios. Noster hic populus *, quem Africanus hesterno sermone a stirpe repetivit, cujus imperio jam orbis terræ tenetur, justitiâ an sapientiâ est e minimo omnium. . . . . .

---

* Quantum a justitiâ recedat utilitas, populus ipse romanus docet, qui per feciales bella indicendo, et legitime injurias faciendo, semperque aliena cupiendo atque rapiendo, possessionem sibi totius orbis comparavit. (*Lactantius, Inst. VI. 9*).

Quæ sunt patriæ commoda, nisi alterius civitatis aut gentis incommoda? id est fines propagare aliis violenter ereptos, augere imperium, vectigalia facere meliora, *etc.* Itaque hæc bona quisquis patriæ adquisierit, hoc est eversis civitatibus gentibusque deletis ærarium pecuniâ referserit, agros ceperit, cives suos locupletiores fecerit; hic laudibus fertur in cœlum; in hoc putatur summa et perfecta esse virtus : qui error non modo populi, et imperitorum, sed etiam philosophorum est, qui præcepta quoque dant ad injustitiam. (*Lactantius, Inst. VI. 6*).

[1] Lactantius infra cap. xx. *alienum non attingere.*

[2] Locutionem exscribit Lactantius, Inst. III. xi ff. 14, et V. xxi. ff. 10.

le monde, de ménager l'intérêt du genre humain, de rendre à chacun ce qui lui est dû, de ne point toucher aux choses sacrées, aux propriétés publiques, aux biens des particuliers. Qu'arrive-t-il donc? Si vous écoutez la prudence, les richesses, les grandeurs, la puissance, les honneurs, l'autorité, l'empire, deviennent le partage des individus et des peuples. Comme nous traitons de la République, les exemples d'intérêt public auront plus d'éclat; et comme le principe de droit est le même dans les deux cas, je pense qu'il vaut mieux citer en exemple la politique d'un peuple. Je laisse de côté les autres nations. Notre peuple romain que Scipion, dans son discours d'hier, a suivi dès le berceau, et dont l'empire embrasse aujourd'hui l'univers, est-ce par la justice ou par la politique que, du plus faible de tous les peuples, il est devenu le peuple-roi?[1] .   .

---

[1] L'éditeur de Rome rapporte à cet endroit deux passages que Lactance a imités, et peut-être littéralement transcrits de Cicéron, et qui renferment quelques-uns des sophismes de Carnéade, en faveur de l'injustice dans la politique. C'est le développement qui manque ici au texte mutilé : — « Le peuple romain même montre combien l'u« tilité s'éloigne de la justice, lui qui, en déclarant la guerre par les « féciaux, en faisant légalement des injustices, et en ne cessant de « convoiter et de ravir le bien d'autrui, s'est acquis la possession du « monde entier. »

Et ailleurs : « Qu'est-ce que l'intérêt de la patrie, sinon le dom« mage d'un autre état, d'un autre peuple ? C'est-à-dire une exten« sion de territoire par la conquête, un accroissement d'empire, « une augmentation de tributs. L'homme qui procure de tels avan« tages à sa patrie, c'est-à-dire qui, en renversant les villes, en « exterminant les nations, a rempli d'argent le trésor public, »

X. . . . . Sunt enim omnes, qui in populum vitæ necisque potestatem habent, tyranni; sed se Jovis optimi nomine malunt reges vocari. Cùm autem certi propter divitias aut genus aut aliquas [1] opes rem publicam teneant, est factio; sed vocantur illi optimates. Si vero populus plurimum potest, omniaque ejus arbitrio reguntur, dicitur illa libertas, est vero licentia. Sed cùm alius alium timet, et homo hominem, et ordo ordinem; tum, quia sibi nemo confidit, quasi pactio fit inter populum et potentes : ex quo existit id quod Scipio laudabat conjunctum civitatis genus. Etenim justitiæ non natura nec voluntas, sed imbecillitas mater est. Nam cùm de tribus unum esset optandum, aut facere injuriam nec accipere; aut et facere et accipere; aut neutrum : optimum est facere impune, si possis; secundum nec facere nec pati; miserrimum digladiari semper tum faciendis, tum accipiendis injuriis. Ita qui primum illud assequi *.   .   .   .   .

.   .   .   .

---

* *Carneadis summa disputationis hæc fuit :* Jura sibi homines pro utilitate sanxisse, scilicet varia pro moribus; et apud eosdem pro temporibus sæpe mutata; jus autem naturale esse nullum. Omnes et homines et alias animantes

[1] Ita codex, sed malim omnino *alias*.

X. . . . . . Tous ceux qui ont usurpé le droit de vie et de mort sur le peuple sont des tyrans; mais ils aiment mieux se faire appeler du nom de roi, réservé à Jupiter très-bon. Lorsque certains hommes, à la faveur de la richesse, de la naissance, ou de toute autre force, envahissent la chose publique, c'est une faction; mais on les appelle les grands. Si le peuple prédomine et régit toute chose à sa volonté, on nomme liberté cet état, qui n'est réellement que licence. Lorsqu'on se redoute l'un l'autre, homme contre homme, classe contre classe, alors, par la défiance que chacun a de soi-même, il se fait une espèce de traité entre le peuple et les grands : de là sort ce genre mixte de gouvernement que Scipion admirait. Ainsi la justice n'est point fille de la nature ni de la volonté, mais seulement de la faiblesse humaine. Lorsqu'il faut choisir de trois choses, ou de faire l'injustice sans la souffrir, ou de la faire et de la souffrir, ou d'éviter l'un et l'autre, le meilleur lot sans doute c'est de faire l'injustice impunément, si vous pouvez; le second, de ne la point faire, et de ne la point souffrir; et le plus misérable lot, de guerroyer éternellement entre le mal que l'on fait et celui que l'on reçoit[1]. . . . .

. . . .

« usurpé du terrain, a enrichi ses concitoyens; cet homme est porté
« aux cieux. On voit en lui la souveraine et parfaite vertu; et cette
« erreur est celle non-seulement du peuple et des ignorans, mais celle
« des philosophes qui donnent aussi des leçons d'injustice. »

[1] Lactance continue d'abréger les opinions de Carnéade, qu'il

XI. . . . . Præter Arcadas et Athenienses, qui, credo, timentes hoc interdictum justitiæ ne quando existeret, commenti sunt se de terrâ, tanquam hos ex arvis musculos, extitisse.

XII. Ad hæc illa dici solent primum ab iis, qui minime sunt in disserendo mali; qui in hâc causâ eo plus auctoritatis habent, quia cùm de viro bono quæritur, quem apertum et simplicem volumus esse, non sunt in disputando [1] vafri [2], non veteratores, non malitiosi. Negant enim, sapientem idcirco virum bonum esse quòd eum suâ sponte ac per se bonitas et justitia delectet; sed quòd vacua metu, curâ, sollicitudine, periculo, vita bonorum virorum sit : contra autem improbis semper aliquis scrupus in añimis hæreat, semper iis ante oculos judicia et

---

ad utilitates suas naturâ ducente ferri; proinde aut nullam esse justitiam; aut si sit aliqua, summam esse stultitiam, quoniam sibi noceret alienis commodis consulens. *Et inferebat hæc argumenta :* Omnibus populis qui florerent imperio, et Romanis quoque ipsis qui totius orbis potirentur, si justi velint esse, hoc est si aliena restituant, ad casas esse redeundum, et in egestate ac miseriis jacendum. (*Lactantius, Inst. V. 16*).

[1] Cod. *disserendo.* Scripsi tamen *disputando,* tum quia paulo ante est *disserendo ;* tum multo magis quia Nonius, qui voc. *vafrum* citat hunc locum e III. de Rep. legebat *disputando.*

[2] Ita cod. posteriore manu; at priore *vert.*

XI..... Tous les peuples, s'ils restituaient ce qu'ils ont usurpé, n'auraient plus de patrie, à l'exception peut-être des Arcadiens et des Athéniens qui, je le suppose, dans la crainte que ce grand acte de justice n'eût lieu quelque jour, ont imaginé de prétendre qu'ils étaient sortis du sol, comme ces rats qui naissent de la fange des campagnes.

XII. A ces argumens on ajoute ce que disent souvent quelques hommes, dissertateurs sans artifice, et qui en cette matière, où nous cherchons l'homme de bien, c'est-à-dire, avant tout l'homme droit et sincère, sont d'autant plus recevables, qu'eux-mêmes ne portent dans la controverse, ni sophisme, ni ruse, ni malignité. Ils disent que le sage ne recherche pas la vertu à cause d'une jouissance personnelle et spontanée, que lui procurent la bienfaisance et la justice, mais par le seul motif que la vie de l'homme vertueux est exempte de soucis, de crainte, de périls, tandis que les méchans sentent toujours dans l'âme quelque pointe de remords, et voient toujours devant eux les condam-

---

résume ainsi : « Les hommes ont institué les lois, suivant l'intérêt ;
« lois dès-lors variables comme le génie des peuples, et qui, chez
« un même peuple, changent selon les temps. Pour le droit naturel,
« il n'existe pas. Tous les hommes et les autres animaux vont droit
« à leur utilité par l'impulsion de la nature. Ainsi, il n'existe pas de
« justice, où s'il en existe, c'est une souveraine folie, puisqu'elle se
« ferait tort à elle-même en ménageant les autres. » Et il ajoutait en
preuve : «Tous les peuples qui ont possédé l'empire, et les Romains
« eux-mêmes, maîtres du monde, s'ils voulaient être justes, c'est-

II.   5

supplicia versentur. Nullum autem emolumentum esse, nullum injustitiâ partum præmium tantum, semper ut timeas, semper ut adesse, semper ut impendere aliquam pœnam putes, damna. . . . .

. . . .

XIII. Quæro [1], si duo sint, quorum alter optimus vir, æquissimus, summâ justitiâ, singulari fide; alter insignis scelere et audaciâ; et si in eo sit errore civitas, ut bonum illum virum, sceleratum, facinorosum, nefarium putet; contra autem qui sit improbissimus, existimet esse summâ probitate ac fide; proque hâc opinione omnium civium, bonus ille vir vexetur, rapiatur, manus ei denique auferantur, effodiantur oculi, damnetur, vinciatur, uratur, exterminetur [2], egeat, postremo, jure etiam optimo omnibus miserrimus esse videatur : contra autem ille improbus laudetur, colatur, ab omnibus diligatur, omnes ad eum honores, omnia imperia, omnes

---

[1] Lactantius, Inst. v. 12 : *Est apud Ciceronem non abhorrens a vero locus eâ disputatione, quæ habetur a Furio contra justitiam : Quæro, inquit,* etc. Lactantii locus mox incidet in codicem vaticanum, eumque supplebit.

[2] Apud eumdem Lactantium, Inst. v. 18, idem fragmentum cum hâc varietate repetitur : *Si (ut Furius dicebat) rapiatur, vexetur, exterminetur, egeat, auferantur ei manus, effodiantur oculi, damnetur, vinciatur, uratur, miseris etiam modis necetur.*

nations et les supplices; ils ajoutent qu'il n'est si précieux bien conquis par l'injustice qui vaille la peine de craindre toujours, de croire toujours que la punition vous atteint ou pend sur votre tête. . .

. . . .

XIII. Supposez, je vous prie, deux hommes[1], l'un le meilleur des mortels, d'une équité, d'une justice parfaite, d'une foi inviolable; l'autre d'une perversité et d'une audace insigne; supposez encore l'erreur d'un peuple qui aura pris cet homme vertueux pour un scélérat, un méchant, un infâme, et aura cru tout au contraire que le méchant véritable est plein d'honneur et de probité : qu'en conséquence de cette opinion universelle, l'homme vertueux soit tourmenté, traîné captif; qu'on lui mutile les mains, qu'on lui arrache les yeux; qu'il soit condamné, chargé de fers, torturé dans les flammes; qu'il soit rejeté de sa patrie, qu'il meure de faim; qu'il paraisse enfin à tous les yeux le plus misérable des hommes, et le plus justement misérable; au contraire, que le méchant soit entouré de louanges et d'hommages; qu'il soit aimé de tout le monde; que tous les honneurs, toutes les dignités, toutes les ri-

---

« à-dire, restituer le bien d'autrui , en reviendraient aux cabanes ,
« et n'auraient plus qu'à languir dans le malheur et la pauvreté. »
Qu'est-ce que tout cela prouve contre l'éternelle justice ?

[1] Cet éloquent passage imité de Platon, est, comme on le voit, placé
dans la bouche de l'adversaire de la justice. C'est Philus, au nom de
Carnéade, qui présente cette double hypothèse du juste accablé
d'ignominie, et du méchant comblé de tous les prix de la vertu : et

opes, omnes undique [1] copiæ conferantur; vir denique optimus omnium existimatione et dignissimus
omni fortunâ optimâ [2] judicetur; quis tandem erit
tam demens, qui dubitet utrum se esse malit [3]?

XIV. Quod in singulis, id est in populis : nulla est
tam stulta civitas, quæ non injuste imperare malit
quàm servire juste. Nec vero longius abibo. Consul
ego quæsivi, cùm [4] vos mihi essetis in consilio, de
numantino fœdere. Quis ignorabat Q. Pompeium
fecisse fœdus, eâdem in causâ esse Mancinum? Alter vir optimus etiam suasit rogationem, me ex sena-
tûsconsulto ferente; alter acerrime se defendit. Si
pudor quæritur, si probitas, si fides, Mancinus hæc
attulit; si ratio, consilium, prudentia, Pompeius antistat. Utrum. . . . .

. . . .

XV. Bonus vir, inquit, si habeat servum fugitivum vel domum insalubrem ac pestilentem quæ

---

[1] Lactantii editiones *denique*, mendose omnino; nam idem mox sequitur *denique*.

[2] Apud Lact. desideratur *optima*.

[3] Hæc Ciceronis postrema verba Lactantius explicans ait, hoc
sensisse Furium : *Malle sapientem malum esse cum bonâ existimatione,
quàm bonum cum malâ.* Totum hunc locum pressim imitatur Augustinus, Civ. D. iv. 5; ipse autem Cicero pene exscribit Platonem,
Reip. II. p. 361 : Μηδὲν ἀδικῶν, δόξαν ἐχέτω τὴν μεγίστην ἀδικίας.
κ. τ. λ.

[4] Cod. *qum* posteriore manu; at priore *quom*.

chesses, toutes les jouissances viennent affluer vers lui; qu'il soit enfin, dans l'opinion de tous, l'homme le plus vertueux et jugé le plus digne de toute prospérité : est-il quelqu'un assez aveugle pour hésiter sur le choix entre ces deux destinées?

XIV. Il en est des états comme des individus : il n'est pas de peuple assez insensé, pour ne pas aimer mieux régner par l'injustice que de tomber par la justice dans l'esclavage. Je ne chercherai pas mes exemples au loin. Pendant mon consulat, je me suis trouvé juge du traité de Numance; je vous avais pour conseillers. Personne n'ignorait que Pompée avait signé le traité, et que la situation de Mancinus était la même. Mancinus, homme vertueux, appuya la proposition[1] que je portai devant le peuple, d'après un sénatus-consulte. Pompée s'y opposa vigoureusement. Cherche-t-on l'honneur, la probité, la bonne-foi? on les trouve dans Mancinus. Mais pour la sagesse, la conduite, la prudence, c'est Pompée qui l'emporte.

. . . .

XV. Qu'un honnête homme ait un esclave infidèle, ou une maison malsaine et infectée; qu'il en

----

dans sa pensée, le choix qu'il offre entre deux destinées si différentes, implique une préférence en faveur de la seconde. La question posée dans un sens inverse serait bien plus belle; et c'est ainsi que l'on est tenté de la concevoir et de la résoudre.

[1] Cette proposition avait pour objet de livrer Mancinus aux ennemis, afin de dégager la foi publique, et de rompre le traité que ce consul avait signé. Cicéron, dans les *Offices*, rappelle aussi ce trait et oppose également la conduite de Mancinus à celle de Pompée.

vitia solus sciat, et ideo proscribat ut vendat, utrumne profitebitur fugitivum servum vel pestilentem domum se vendere, an celabit emptorem? Si profitebitur, bonus quidem, quia non fallet; sed tamen stultus judicabitur, quia vel parvo vendet, vel omnino non vendet. Si celaverit, erit quidem sapiens, quia rei consulet; sed idem malus, quia fallet. Rursus, si reperiat aliquem qui aurichalcum se putet vendere, cùm sit illud aurum; aut plumbum, cùm sit argentum : tacebitne, ut id parvo emat, an indicabit, ut magno? Stultum plane videtur malle magno.

Nempe justitia est hominem non occîdere, alienum prorsus non attingere. Quid ergo justus faciet, si forte naufragium fecerit, et aliquis imbecillior viribus tabulam ceperit? nonne illum tabulâ deturbabit, ut ipse conscendat, eâque nixus evadat, maxime cùm sit nullus medio mari testis? Si sapiens est, faciet; ipsi enim pereundum est, nisi fecerit. Si autem mori maluerit quàm manus inferre alteri, jam vero justus ille, sed stultus est, qui vitæ suæ non parcat, dum parcit alienæ. Item : si acie suorum fusà, hostes insequi cœperint, et justus ille nactus fuerit aliquem saucium equo insidentem; eine parcet, ut ipse occîdatur; an dejiciet ex equo, ut ipse possit hostem effugere? Quod si fecerit, sapiens, sed idem

connaisse seul le vice, et qu'il les fasse en conséquence afficher pour les vendre, publiera-t-il qu'il
met en vente un esclave fugitif et une maison infectée, ou le cachera-t-il à l'acheteur? S'il le déclare,
il sera honnête homme, parce qu'il ne trompera
point; mais il n'en passera pas moins pour un mala-
droit, parce qu'il manquera de vendre, ou ne vendra
qu'à vil prix. S'il ne dit rien, il sera sans doute habile
homme, parce que ses affaires y gagneront; mais
c'est un méchant, puisqu'il trompe. Autre supposition : que cet homme rencontre quelqu'un qui vende
de l'or ou de l'argent, croyant ne vendre que du
similor ou du plomb ; se taira-t-il pour acheter bon
marché, ou avertira-t-il son vendeur, afin d'acheter
plus cher? Préférer le second parti semblera pure
sottise.

Certainement la justice consiste à ne pas tuer un
homme, à ne point toucher au bien d'autrui. Que
fera donc le juste si, dans un naufrage, il voit un
plus faible que lui qui s'est saisi d'une planche? ne
l'en fera-t-il pas sauter, pour y monter à sa place,
s'y fixer, et survivre; surtout lorsqu'au milieu de la
mer, nul n'est témoin de son action? S'il est habile,
il n'y manquera pas ; car il est sûr de périr s'il ne le
fait. Qu'il aime mieux au contraire périr que de
frapper un autre homme; il est juste sans doute, mais
il est insensé de ne point ménager sa vie, pour épargner celle d'autrui. De même, si dans une déroute,
poursuivi par les ennemis, cet homme juste rencontre quelqu'un blessé et monté sur un cheval, le

malus; si non fecerit, justus, sed idem stultus sit
necesse est [1]. . . . .

XVI. . . . *SCIPIO.* Non gravarer [2], Læli, nisi et
hos velle putarem, et ipse cuperem te quoque aliquam
partem hujus nostri sermonis attingere : præsertim
cùm heri ipse dixeris, te nobis etiam superfuturum.
Verum id quidem fieri non potest; ne desis omnes te
rogamus [3]. . . . .

. . *LÆLIUS.* Sed juventuti nostræ minime audien-
dus: quippe si ita sensit ut loquitur, est homo impurus;
sin aliter, quod malo, oratio est tamen immanis [4]. . .

XVII. Est quidem vera lex recta ratio [5], naturæ
congruens, diffusa in omnes, constans, sempiterna;
quæ vocet ad officium jubendo, vetando a fraude
deterreat, quæ tamen neque probos frustra jubet aut
vetat, nec improbos jubendo aut vetando movet.
Huic legi nec obrogari fas est, neque derogari ex

---

[1] Lactantius, Inst. v. 16.

[2] Sic apud Ciceronem, de Amic. v, loquitur Lælius : *Ego vero non
gravarer si*, etc.

[3] Gellius, I. 22.

[4] Nonius, voc. *immane*, et voc. *impurus* ex III *de Rep.*

[5] Disputatio luculenta Lælii pro justitiâ contra accuratam orationem Phili (ut loquitur Cicero, de Amic. \ ll) tota desideratur in
codice mutilo vaticano, præter ejus clausulam, ut infra patebit.
Supersunt tamen insignes, et aliquoties interpolatæ, reliquæ apud
Lactantium, Augustinum aliosque auctores, quas hîc exhibemus;
præpositâ particulâ ex Gellio, in quâ Scipio Lælium hortatur ad
suscipiendum justitiæ patrocinium.

respectera-t-il, au risque d'être tué lui-même, ou lui prendra-t-il son cheval pour échapper à l'ennemi? S'il le fait, il est homme sage ; mais il est méchant : s'il ne le fait pas, il est homme juste ; mais c'est un insensé. . . . .

XVI. . . . . *Scipion.* Je n'insisterais pas, Lælius, si je ne croyais que nos amis désirent, et si je ne souhaitais moi-même vous entendre traiter quelque partie de ma thèse. Vous promettiez hier que vous iriez plus loin que moi; mais si la chose ne se peut faire, du moins ne restez pas en arrière : nous sommes tous à vous en prier. . . . .

. . . *Lælius.* Carnéade ne doit pas être écouté de notre jeunesse : s'il pense comme il parle, c'est un homme corrompu. S'il en est autrement, et j'aime à le croire, son discours n'en est pas moins affreux[1]. . .

XVII. Il est une loi véritable, la droite raison, conforme à la nature, universelle, immuable, éternelle, dont les ordres invitent au devoir, dont les prohibitions éloignent du mal. Soit qu'elle commande, soit qu'elle défende, ses paroles ne sont ni vaines auprès des bons, ni puissantes sur les méchans. Cette loi ne saurait être contredite par une

---

[1] Le discours de Lælius, en faveur de la justice, dans le gouvernement et la vie privée, cette belle thèse si favorable à l'éloquence, et qui nous aurait dédommagés des sophismes tant rebattus de Carnéade, manque au manuscrit palimpseste, à l'exception de quelques phrases. Le peu de pages que présente ici le texte sur cette question, se compose donc en partie de fragmens déjà connus, et qui avaient été conservés par Lactance. On a laissé dans les notes quelques autres

hâc aliquid licet, neque tota abrogari potest : nec
vero aut per senatum aut per populum solvi hâc lege
possumus : neque est quærendus explanator aut interpres ejus alius : nec erit alia lex Romæ, alia Athenis, alia nunc, alia posthac ; sed et omnes gentes et
omni tempore una lex et sempiterna et immutabilis
continebit ; unusque erit communis quasi magister
et imperator omnium deus, ille legis hujus inventor,
disceptator, lator ; cui qui non parebit, ipse se fu-
giet ac naturam hominis aspernatus, hoc ipso luet
maximas pœnas, etiamsi cætera supplicia, quæ pu-
tantur, effugerit [1].* . . . .

---

   * Scio in libro **Ciceronis** tertio, nisi fallor, de Re Publicâ,
disputari nullum bellum suscipi a civitate optimâ, nisi aut
pro fide aut pro salute. Quid autem dicat pro salute, vel
intelligi quam salutem velit, alio loco, demonstrans : Sed
his pœnis, inquit, quas etiam stultissimi sentiunt, egestate,
exilio, vinculis, verberibus, elabuntur sæpe privati, oblatâ
mortis celeritate ; civitatibus autem mors ipsa pœna est, quæ
videtur a pœnâ singulos vindicare. Debet enim constituta sic
esse civitas, ut æterna sit. Itaque nullus interitus est rei publicæ naturalis, ut hominis ; in quo mors non modo necessaria est, verum etiam optanda persæpe. Civitas autem cùm
tollitur, deletur, exstinguitur, simile est quodam modo, ut
magnis parva conferamus, ac si omnis hic mundus intereat
et concidat. (*Augustinus. de Civ. D. XXII. 6.*)

   In Re Publicâ dicit **Cicero** : Illa injusta bella sunt, quæ

[1] Lactantius, Inst. vi. 8.

autre, ni rapportée en quelque partie, ni abrogée toute entière. Ni le sénat ni le peuple ne peuvent nous délier de l'obéissance à cette loi. Elle n'a pas besoin d'un nouvel interprète, ou d'un organe nouveau. Elle ne sera pas autre dans Rome, autre dans Athènes; elle ne sera pas demain autre qu'aujourd'hui : mais dans toutes les nations et dans tous les temps, cette loi régnera toujours, une, éternelle, impérissable; et le guide commun, le roi de toutes les créatures, Dieu même donne la naissance, la sanction et la publicité à cette loi, que l'homme ne peut méconnaître sans se fuir lui-même, sans renier sa nature, et par cela seul, sans subir les plus dures expiations, eût-il évité d'ailleurs tout ce qu'on appelle supplice.[1] . . . .

———————————————

passages qui sont rapportés moins littéralement, ou dont la liaison avec le reste aurait paru peu sensible. On y verra que Lælius, dans son discours, s'était élevé à de hautes considérations sur l'existence des sociétés, qu'il avait proclamé la justice comme le principe du patriotisme, et avait prétendu justifier cette vérité par l'exemple même de Rome, exemple dont le choix était un peu paradoxal.

[1] Je sais, dit saint Augustin, que dans le troisième livre du traité de la République, on soutient qu'une sage république n'entreprend jamais de guerre, hormis pour l'honneur et pour le salut; ailleurs, dit-il, pour expliquer ce qu'il entend par salut de l'état, et de quel salut il veut parler, Cicéron s'exprime ainsi : « Ces peines, dont les esprits « les plus grossiers ont le sentiment, la pauvreté, l'exil, la prison, « les tourmens, on s'y dérobe individuellement à la faveur d'une « prompte mort. Mais pour les états, la plus grande peine est cette « même mort qui paraît un refuge pour les individus. Un état en effet « doit être constitué pour vivre éternellement. Il n'y a donc pas pour « une république de destruction naturelle, comme pour l'homme à qui

XVIII. Vult, inquit Lælius, plane virtus honorem ; nec est virtutis ulla alia merces ; quam tamen illa, inquit, accipit facile, exigit non acerbe . . . . .

. . . . Huic tu viro quas divitias objicies ? quæ imperia ? quæ regna ? qui ista putat humana, sua bona divina judicat. Sed si aut ingrati universi, aut invidi multi, aut inimici potentes, suis virtutem præmiis spoliant : næ illa se multis solatiis oblectat, maximeque suo decore se ipsa sustentat [1] *. . . . .

. . . .

XIX. . . . . . Asià Ti. Gracchus : **perseveravit** in civibus : sociorum nominisque latini jura neglexit ac fœdera. Quæ si consuetudo ac licentia manare cœperit latius, imperiumque nostrum [2] ad vim a jure

---

sunt sine causâ suscepta. Idem Tullius, paucis interjectis, subdidit : Nullum bellum justum habetur nisi denunciatum, nisi indictum, nisi de repetitis rebus. (*Isidorus*, *Orig. XVIII. 1.*)

Noster autem populus sociis defendendis terrarum jam omnium potitus est. (*Nonius*, *cap. IX. de Num. et Cas. e III de Rep.*

* Nisi forte stulte Pyrrhi ridetur largitas a consule, aut Samnitium copiæ Curio defuerunt. (*Nonius*, *voc.* largitas.)

Cujus etiam focum Cato ille noster, cùm venerat ad se in Sabinos, ut ex ipso audiebamus, visere solebat ; apud quem ille sedens Samnitium, quondam hostium, tum jam clientium suorum, dona relegaverat. (*Nonius*, *voc.* apud.)

[1] Lactantius, Inst. v. 18 et 22.

[2] Cod. *nostram*, quasi referatur ad vim : mihi vero mendum videbatur.

XVIII. La vertu veut franchement la gloire : il n'est pas d'autre prix pour elle. Ce prix, la vertu le reçoit avec empressement, et l'exige sans amertume....

....Quels trésors offrirez-vous à l'homme inspiré par elle? quels trônes? quels empires? Il considère de tels biens comme mortels, et ceux qu'il possède, comme divins. Que si l'ingratitude de la foule ou l'envie de quelques-uns, ou si enfin des ennemis puissans dépouillent la vertu de ses récompenses, elle jouit encore de nombreuses consolations, et surtout elle se console par sa propre beauté. . . . . .

XIX. . . . . . Gracchus persévéra dans la justice à l'égard des citoyens ; mais il dédaigna les droits et les traités garantis à nos alliés et au peuple latin. Si cette

---

« la mort est non-seulement nécessaire, mais souvent désirable.
« Qu'une république disparaisse, soit détruite, anéantie ; c'est, dans
« la proportion de la grandeur à la petitesse, quelque chose de sem—
« blable à la ruine et à la destruction même de l'univers. » Il y a
certes de la grandeur dans ces idées ; elles sont bien d'un Romain,
d'un citoyen de la ville éternelle. Le reste de ces fragmens n'offre pas
le même intérêt.

Cicéron dit dans sa République : « Toutes les guerres entreprises
« sans motif, sont injustes. » Il ajoute peu après : « aucune guerre
« n'est réputée juste, si elle n'est annoncée, si elle n'est déclarée, si
« elle n'est précédée d'une demande de restitution. » (*Isidore, Orig.*)

« Notre peuple romain, en défendant ses alliés, s'est emparé de
« l'univers. » (*Nonius.*)

« Autrement, le consul eut tort de dédaigner les largesses de
« Pyrrhus, et les trésors des Samnites manquèrent à Curius. »

« Notre Caton, quand il venait chez lui, au pays des Sabins, ne
« manquait pas, comme nous l'avons appris de lui-même, d'aller
« voir le foyer près duquel était assis Curius, lorsqu'il renvoya les
« présens des Samnites, naguère ses ennemis et déjà ses cliens. »
(*Nonius.*)

traduxerit, ut qui adhuc voluntate nobis obediunt[1] terrore teneantur; etsi nobis, qui id ætatis sumus, evigilatum fere est, tamen de posteris nostris et de illà immortalitate rei publicæ sollicitor[2]; quæ poterat esse perpetua si patriis[3] viveretur institutis et moribus.

XX. Quæ cùm dixisset Lælius, etsi omnes, qui aderant, significabant ab eo se esse admodum delectatos; tamen præter cæteros Scipio, quasi quodam gaudio elatus: Multas tu quidem, inquit, Læli, * sæpe causas ita defendisti, ut ego non modo tecum Servium Galbam collegam nostrum, quem tu quoad vixit omnibus anteponebas, verum ne atticorum quidem oratorum quemquam aut suavitate. . . . .

. . . .

XXI. . . . . reportare. Ergo illam rem populi, id est rem publicam, quis diceret tum cùm crudelitate unius oppressi essent universi[4]? neque esset unum vinculum juris, nec consensus ac societas coetûs, quod est populus. Atque hoc idem Syracusis. Urbs[5]

---

* Duas sibi res quominus in vulgus et in foro diceret, confidentiam et vocem, defuisse. (*Nonius, voc.* confidentia).

[1] Cod. *obædiunt* pro *obediunt*, quamquam altera o videtur deleta.

[2] Sic loquitur Lælius, etiam de Amic. XII. Hinc Servius, Æn. II.322: *Civis utilis de re publicâ primum sollicitus est.*

[3] Cod. *patris* erasi solitâ, ut alibi *alis* pro *aliis*, etc. Sed tamen lib. II. IV, eadem vox *patris* correcta in codice fuit *patriis.*

[4] Cod. *univiersi.*

[5] Cod. *urps.* Recole de Rep. II, V, not.

habitude de violence et d'arbitraire s'étend plus loin, si elle fait passer notre autorité du droit à la force, de manière que ceux qui nous obéissent encore de leur gré, ne soient tenus que par la crainte, nous pourrons peut-être bien, de notre temps du moins, écarter le péril ; mais je suis en inquiétude sur le sort de nos descendans et sur l'immortalité de la république : cette immortalité, elle pouvait l'obtenir en conservant les institutions et les mœurs antiques.

XX. Quand Lælius eut achevé de parler, tous ceux qui étaient présens laissaient voir l'extrême plaisir que leur avait fait son discours. Mais Scipion plus touché que les autres, et comme ravi de joie, lui dit : O Lælius! vous avez plaidé bien des causes avec une éloquence à laquelle, pour la grâce et pour la force, je n'oserais comparer ni celle de Servius Galba, notre collègue, que de son vivant vous préfériez à tous les autres, ni celle des orateurs athéniens ; mais jamais vous n'avez parlé mieux qu'aujourd'hui, et dans une plus noble cause [1] . . . . . .
. . . .

XXI. . . . . . *SCIPION*. Verrez-vous une république dans Agrigente, lorsque tous y étaient opprimés par la cruauté d'un seul, et qu'il n'existait plus de lien légal, plus de société, plus d'assentiment public, ce qui seul fait un peuple ? Il en est de même de Syracuse,

---

[1] La traduction a suppléé quelques mots. L'éditeur de Rome rapporte à cet endroit une phrase du troisième livre de la République, citée par Nonius, et dans laquelle Lælius disait, que deux choses lui avaient manqué pour parler devant la foule et dans le Forum, la hardiesse et la voix.

illa præclara, quam ait Timæus græcarum maximam, omnium autem esse pulcherrimam, arx visenda, portus usque in sinus oppidis et ad urbis crepidines infusi, viæ latæ, porticus, templa, muri, nihilo magis efficiebant, Dionysio tenente, ut esset illa res publica : nihil enim populi, et unius erat populus [1] ipse. Ergo ubi tyrannus est, ibi non vitiosam, ut heri dicebam, sed, ut nunc ratio cogit, dicendum est plane nullam esse rem publicam.

XXII. Præclare quidem dicis, Lælius [2] ; etenim video jam quò pergat oratio. *S.* Vides igitur ne illam quidem quæ tota sit in factionis potestate, posse vere dici rem publicam. *L.* Sic plane judico. *S.* Et rectissime quidem judicas : quæ enim fuit tum Atheniensium res, cùm post magnum illud peloponesiacum bellum triginta viri [3] illi urbi injustissime præfuerunt? Num aut vetus gloria civitatis, aut species præclara oppidi, aut theatrum, gymnasia, porticus, aut propylæa nobilia, aut arx [4], aut admiranda opera Phidiæ, aut Piræus ille magnificus rem publicam effi-

---

[1] Cod. *populius*.

[2] Subintellige *inquit*.

[3] Ita cod. quæ vox *viri* inserenda videtur etiam lib. I. xxviii, ubi eam codex desiderat.

[4] Cod. *ara ;* sed videbatur omnino scribendum *arx*. Sane forma litteræ *X* non valde differt ab *A* in hoc codice vaticano.

cette ville superbe¹, que Timée nomme la plus grande des villes grecques, et la plus belle de toutes les villes. Cette citadelle admirable, ces ports qui baignaient les quais de la ville, ces rues si larges, ces portiques, ces temples, ces murailles ne faisaient pas que Syracuse fût une république, tant que régnait Denys : rien. de tout cela n'appartenait au peuple ; et le peuple lui-même appartenait à un homme. Ainsi donc, où je vois un tyran, non-seulement la société est vicieuse, comme je le disais hier ; mais il faut dire, et la raison le veut, qu'il n'existe là nulle espèce de société.

XXII. Vous parlez admirablement, reprit Lælius, et j'aperçois où tend ce discours. — *Scipion*. Vous comprenez alors qu'un état qui est tout entier au pouvoir d'une faction ne saurait non plus être appelé justement une société politique. —*Lælius*. Je le pense.— *Scipion*. Et vous avez raison. Que fut dans la réalité la ville d'Athènes, lorsqu'après la grande guerre du Péloponèse, elle se trouva sous l'injuste domination de trente chefs imposés ? L'antique gloire de cette cité, le pompeux aspect de ses édifices, son théâtre, son gymnase, ses portiques, les célèbres parvis de ses temples, sa citadelle, les admirables ouvrages de Phidias, le port magnifique du Pirée, en faisaient-ils une république ? Nullement, dit Lælius : il n'y

¹ Montesquieu trace un admirable tableau du gouvernement variable de cette ville, et des alternatives de despotisme et d'anarchie dont elle fut sans cesse tourmentée. « Syracuse, qui se trouva « placée au milieu d'un grand nombre de petites oligarchies chan-« gées en tyrannies ; Syracuse qui avait un sénat, dont il n'est pres-

ciebat? Minime vero, Lælius [1]; quoniam quidem populi res non erat. *S.* Quid cùm decemviri Romæ sine provocatione fuerunt, tertio illo anno, cùm vindicias amisisset ipsa libertas? *L.* Populi nulla res erat; imo vero id populus egit, ut rem suam recuperaret.

XXIII. *S.* Venio nunc ad tertium genus illud in quo esse videbuntur fortasse angustiæ, cùm per populum agi dicuntur et esse [2] in populi potestate omnia [3]; cùm de quocumque vult [4] supplicium sumit multitudo, cùm agunt, rapiunt [5], tenent, dissipant quæ volunt; potesne tum, Læli, negare rem esse illam publicam cùm populi sint omnia, quoniam quidem populi esse rem volumus rem publicam? Tum Lælius : Ac nullam quidem citius negav*erim esse* [6] rem publicam *quàm quæ* tota *sit in multitudinis potestate : plane ut* nobis non placebat Syracusis fuisse rem publicam, neque Agrigenti, neque Athenis, cùm essent tyranni; neque *Romæ* [7] cùm decemviri : nec [8]

---

[1] Nempe *inquit.*

[2] Cod. *ea se.*

[3] Cod. bis *omnia.*

[4] Cod. *volt.*

[5] Exprimit Cicero græcam locutionem ἄγειν καὶ φέρειν.

[6] Pagina admodum oblitterata est; quare aliquot verba suppleo, habitâ spatiorum ratione.

[7] Hoc vocabulum prorsus deest in paginâ, et tamen assumendum est necessario.

[8] Ambiguum est in codice utrum sit *nec*, an *neque.*

avait point là la chose du peuple. — *Scipion*. Et à Rome, lorsque dix hommes dominaient, sans appel de leurs sentences, dans cette troisième année de leur pouvoir, où la liberté elle-même perdit le droit de réclamer une caution? — *Lælius*. Alors la chose du peuple n'existait plus; et même bientôt le peuple agit pour la reconquérir.

XXIII. *Scipion*. Je viens maintenant à cette troisième forme de gouvernement, où l'on trouvera peut-être quelque difficulté. Je parle de celle où le peuple est désigné comme ayant tout en sa puissance, alors que la multitude inflige comme elle veut les supplices, lorsqu'elle frappe, enlève, saisit et prodigue à son gré; pouvez-vous, Lælius, méconnaître là le caractère de république? Toute chose y dépend du peuple; et nous voulons que la chose publique soit la chose du peuple. Lælius reprit : Il n'est point d'état auquel je refuse plus nettement le nom de *chose publique*, qu'à celui qui est placé tout entier dans la main de la multitude. Il ne nous paraissait pas exister de république dans Agrigente, dans Syracuse et dans Athènes, quand les tyrans y dominaient; ni à Rome sous les décemvirs :

« que jamais fait mention dans l'histoire, essuya des malheurs que
« la corruption ordinaire ne donne pas. Cette ville, toujours dans
« la licence ou dans l'oppression, également travaillée par sa liberté
« et par sa servitude, recevant toujours l'une et l'autre comme une
« tempête, et, malgré sa puissance au dehors, toujours déterminée
« à une révolution par la plus petite force étrangère, avait dans son
« sein un peuple immense qui n'eut jamais d'autre alternative que
« de se donner un tyran ou de l'être lui-même. » (*Esprit des Lois*.)

video quî magis in multitudinis dominatu rei publicæ nomen appareat : quia primum mihi populus non est, ut tu optime definisti, Scipio, nisi qui consensu juris continetur; sed est tam tyrannus iste conventus quàm si esset unus [1]; hoc etiam tetrior, quia nihil istâ, quæ populi speciem et nomen imitatur, immanius belluâ est. Nec vero convenit [2] cùm furiosorum bona legibus in adgnatorum potestate sint, quod eorum jam [3]. . . . .

XXIV. . . . . . . dici possint, cur illa sit res publica resque populi, quæ sunt dicta de regno? Et multo etiam magis, inquit Mummius : nam in regem potius cadit domini similitudo, quòd est unus : plures [4] vero boni in quâ re publicâ rerum potientur, nihil poterit esse illâ beatius. Sed tamen vel regnum malo, quàm liberum populum; id enim tibi restat genus vitiosissimæ rei publicæ tertium.

XXV. Hîc [5] Scipio : Adgnosco, inquit, tuum morem istum, Spuri, aversum [6] a ratione populari : et [7] quam-

---

[1] Nempe *vir unus.*

[2] Cod. *convernit;* sed *r* videtur deleta.

[3] Scilicet desunt duo folia quaternionis XLI , tertium et intimum.

[4] Pagina est admodum oblitterata ; duo igitur hæc vocabula *unus* et *plures* paulo incertiora sunt.

[5] Cod. videtur habere *huc.*

[6] Cod. *amaversum;* sed prior *m* videtur deleta.

[7] Cod. *populi fiet.*

je ne vois pas comment le nom de république pourrait se placer davantage au milieu du despotisme de
la multitude : d'abord, parce que, suivant votre heureuse définition, Emilien, il n'existe point de peuple
pour moi, s'il n'est contenu par le lien commun de
la loi. Hors de là, cet assemblage d'hommes est tyran aussi bien qu'un seul homme, et même tyran
d'autant plus odieux, qu'il n'est rien de plus terrible
que cette bête féroce qui prend la forme et le nom
de peuple. Et lorsque nos lois placent les biens des
insensés sous la tutelle de leurs proches, il n'est pas
conséquent de laisser une aveugle multitude maîtresse absolue de tout faire[1] . . . .

XXIV. . . . . . On peut soutenir qu'une sage
aristocratie mérite le nom de *chose publique,* de
chose du peuple, expression que l'on applique à
l'état monarchique. Oui, dit Mummius, elle le
mérite à plus juste titre. L'unité de pouvoir en effet
expose davantage le roi à ressembler au despote ;
mais lorsque plusieurs hommes vertueux exercent
la puissance, il ne saurait exister d'état plus fortuné
qu'une telle république. Du reste, j'aime mieux
même la royauté que la domination du peuple libre ;
car il vous reste encore à examiner cette troisième
forme de gouvernement corrompu.

---

[1] Plusieurs pages perdues nous enlèvent la suite de ces réflexions
si énergiques et si vraies. A l'endroit où le texte recommence, la
première phrase est imparfaite et mutilée ; et la traduction a suppléé quelques mots pour marquer la liaison des idées.

quam potest id lenius ferri, quàm tu soles ferre, tamen adsentior nullum esse de tribus his generibus, quod sit probandum minus. Illud tamen non adsentior tibi [1], præstare regi optimates : si enim sapientia est, quæ gubernet rem publicam, quid tandem interest hæc in uno [2] ne sit an in pluribus [3]? Sed errore quodam fallimur ita disputando : cùm enim optimates [4] appellantur, nihil potest videri præstabilius. Quid enim optimo melius cogitari potest? Cùm autem regis est facta mentio, occurrit animis rex etiam injustus : nos autem de injusto rege nihil loquimur nunc cùm de ipsâ regali re publicâ quærimus. Quare cogitato Romulum, aut Pompilium, aut Tullum [5] regem, forsan [6] non tam illius te rei publicæ pœnitebit. *M*. Quam igitur relinquis populari rei publicæ laudem? Tum ille : Quid tibi tandem, Spuri, Rhodiorum, apud quos nuper fuimus, una, nullane videtur esse res publica? *M*. Mihi vero videtur; et minime quidem vituperanda. *S*. Recte dicis : sed si meministi, omnes erant idem tum de plebe, tum senatores, vicissitudinesque habebant quibus mensibus

---

[1] Cod. *adsentio aut bi.*

[2] Cod. *hæc juno.*

[3] Cod. *an in pluribus in.*

[4] Cod. *optumatis,* quæ terminatio primi casùs esse nequit.

[5] Cod. *autullum,* extritâ ob concursum alterâ *t.*

[6] Cod. *fortan* perspicue.

XXV. Scipion reprit : Je reconnais ici, Mummius, votre aversion décidée pour le système populaire ; et bien que l'on puisse le traiter avec plus d'indulgence que vous ne faites ordinairement, je vous accorde cependant que des trois formes de gouvernement, il n'en est aucune qui soit moins digne d'éloge. Mais je ne vous accorde pas que l'aristocratie soit préférable à la royauté. Car, si vous supposez la sagesse à la tête des affaires, qu'importe que cette sagesse réside dans un seul ou dans plusieurs? Mais une erreur de mots nous abuse dans cette discussion. Prononce-t-on ce nom d'*aristocratie*, qui exprime le gouvernement des meilleurs, l'imagination ne peut concevoir rien de préférable. Que peut-on en effet préférer à ce qui est bon par excellence? Est-il au contraire mention d'un roi, aussitôt se présente à l'esprit l'idée d'un roi injuste. Mais moi, je n'entends point parler du roi injuste, en ce moment où je recherche la nature du gouvernement royal. Concevez à ce mot de roi l'idée d'un Romulus, d'un Numa, d'un Tullus, et peut-être alors serez-vous moins sévère pour cette forme de constitution. — *Mummius.* Quel mérite laissez-vous donc à la constitution purement démocratique? Scipion reprit : Je vous le demande, cette île de Rhodes, où nous étions naguère ensemble, vous paraît-elle avoir une constitution républicaine ? — *Mummius.* Oui, à mon avis ; et une constitution fort peu répréhensible.— *Scipion.* Vous avez raison : eh bien! si vous vous en souvenez,

populari munere fungerentur, quibus senatorio : utrobique[1] autem conventicium accipiebant; et in theatro et in curiâ res capitales et reliquas omnes judicabant idem[2] : tantum poterat tantique erat quanti multitudo[3]. . . . .

---

[1] Cod. *atrubique.*

[2] *Idem* pro *iidem* ut supra; nisi forte mavis interpunctionem prævertere, et τὸ *idem* ad sequentia referre.

[3] Ultima hæc apparet in codice nota quaternionum; reliqua enim folia tantummodo librorum notam inscriptam habent. Jamvero hîc cognoscere adamussim licet quanta pars hactenus operis de Re Publicâ in mutilo codice vaticano desideretur. Quippe quaterniones XLI ducti in paginas XVI, conficiunt paginas DCLVI; habemus autem hactenus paginas CCXCII; ergo desiderantur paginæ CCCLXIV; ergo hactenus caret codex parte foliorum plus dimidiâ. Additis tamen fragmentis cognitis libri primi et secundi et magnis partibus tertii, tenemus huc usque dimidiam materiæ fere partem.

tous les citoyens étaient également membres du sénat et du peuple, et ils passaient alternativement quelques mois dans leurs fonctions populaires et quelques autres dans leurs fonctions sénatoriales. Des deux côtés ils recevaient un droit de séance : les mêmes hommes, sur le théâtre et dans le sénat, connaissaient des accusations et de toutes les autres affaires. . .   .   .

FRAGMENTA INCERTÆ SEDIS APUD VARIOS AUCTORES EXTANTIA.

Est igitur quiddam turbulentum in hominibus singulis, quod vel exsultat voluptate, vel molestiâ frangitur. (*Nonius, voc. exsultare*).

Phœnices primi mercaturis et mercibus suis avaritiam et magnificentiam et inexplebîles cupiditates omnium rerum exportaverunt in Græciam. (*Nonius, voc.* merx.)

Sed ut ipsi seu animum periclitantur seu vident quid se putent esse facturos. (*Nonius, voo.* periculum, periclitari.)

Sardanapalus rex Assyriorum luxuriosus, de quo Tullius in tertio de Re Publicâ sic ait ; Sardanapalus ille vitiis multo quàm nomine ipso deformior. (*Scholiastes Juvenalis ad Sat.* x. 362).

Quid ergo illa sibi vult absurda exceptio, nisi quis Athonem pro monumento vult funditus efficere? Quis enim est Athos aut Olympus tantus? (*Priscianus, lib.* VI. *p.* 710).

Nunc est locus, ut quàm potero breviter ac dilucide expediam quod in secundo hujus operis libro me demonstraturum esse promisi, secundum definitiones, quibus apud Ciceronem utitur Scipio in libris de Re Publicâ, nunquam rem publicam fuisse romanam. — Breviter enim rem publicam definit esse rem populi, *etc.*, populum esse cœtum multitudinis, juris consensu et utilitatis communione sociatum. Quid autem dicat juris consensum, disputando explicat; per hoc ostendens geri sine justitiâ non posse rem publicam : ubi ergo justitia vera non est, nec jus potest esse. Quod enim jure fit, profecto juste fit. Quod autem fit injuste, nec jure fieri potest. Non enim juradicenda sunt, vel putanda, iniqua hominum constituta : cùm illud etiam ipsi jus esse dicant, quod de justitiæ fonte

FRAGMENS.

« Il y a dans chaque homme un élément désordonné qui
« s'exalte par le plaisir et s'abat par la douleur. » (*Nonius.*)

« Les Phéniciens ont les premiers, par leur négoce et leurs
« échanges, importé dans la Grèce l'avarice, la somptuosité et
« l'insatiable passion de toutes les jouissances. » (*Nonius.*)

Voilà tout ce qu'il y a de traduisible dans les courts et informes fragmens que le savant éditeur réunit à la fin de ce
troisième livre, si curieux par le sujet, et si malheureusement
mutilé dans le manuscrit du Vatican. Nous n'avons donc qu'une
bien faible partie de cette belle discussion sur la justice; mais
nous ne pouvons douter que les principaux argumens qu'elle
offrait ne se retrouvent dispersés sous mille formes dans les
ouvrages des premiers défenseurs du christianisme. Lactance
et saint Augustin en sont remplis : le premier, dans le cinquième livre de ses *Institutions*, où il traite particulièrement
de la justice, après avoir transcrit les sophismes de Carnéade,
reproche à Lælius, ou plutôt à Cicéron, de ne les avoir re-
poussés que faiblement, parce qu'il ne connaissait pas la source
souveraine de toute justice. Mais l'éloquent évêque d'Hyppone
accepte le secours des vérités naturelles démontrées par Cicéron; il invoque au profit du christianisme, si long-temps
persécuté par les lois, cette belle pensée de Scipion, que les
ordonnances arbitraires des hommes ne prescrivent jamais
contre la justice. Il résume, il réunit ce que Cicéron avait mis
à cet égard dans la bouche de Scipion et de Lælius; il triomphe
d'opposer cette grande autorité à l'antique tradition des préjugés païens. Comme cette analyse reproduit des idées déjà
exprimées dans le texte, nous croyons inutile de la traduire.

manaverit; falsumque esse, quod a quibusdam non recte sentientibus dici solet, id esse jus quod ei qui plus potest utile est. Quocirca, ubi non est vera justitia, juris consensu sociatus cœtus hominum non potest esse; et ideo nec populus, juxta illam Scipionis vel Ciceronis definitionem : et si non populus, nec res populi; sed qualiscumque multitudinis, quæ populi nomine digna non est. Ac per hoc, si res publica res populi est, et populus non est qui consensu non sociatus est juris, non est autem jus ubi nulla justitia est, procul dubio colligitur, ubi justitia non est, non esse rem publicam. Justitia porro ea virtus est, quæ sua cuique distribuit. (*Augustinus, Civ. D. XIX.* 21.)

Disputatur certe accerrime, atque fortissime in eisdem ipsis de Re Publicâ libris adversus injustitiam pro justitiâ. Et quoniam, cùm prius ageretur pro injustitiæ partibus contra justitiam, et diceretur, nisi per injustitiam rem publicam stare augerique non posse; hoc veluti validissimum positum erat, injustum esse, ut homines hominibus dominantibus serviant; quam tamen injustitiam nisi sequatur imperiosa civitas, cujus est magna res publica; non eam posse provinciis imperare; responsum est a parte justitiæ, ideo justum esse, quòd talibus hominibus sit utilis servitus, et pro utilitate eorum fieri cùm recte fit, id est cùm improbis aufertur injuriarum licentia; et domiti se melius habebunt, quia indomiti deterius se habuerunt : subditumque est, ut ista ratio firmaretur, veluti a naturâ sumptum nobile exemplum, atque dictum est : Cur igitur Deus homini, animus imperat corpori, ratio libidini cæterisque vitiosis animi partibus? (*Augustinus, Civ. D. XIX.* 21).

Audi manifestiora quæ dicat (Tullius) in libro de Re Publicâ tertio, cùm ageret de causâ imperandi : « An non, inquit, cernimus optimo cuique dominatum ab ipsâ naturâ cum summâ utilitate infimorum datum? Cur igitur Deus homini, animus imperat corpori, ratio libidini iracundiæque et cæteris vitiosis

Saint Augustin d'ailleurs conserve rarement les formes de l'éloquence de Cicéron; mais dans un autre passage, il nous fait connaître du moins les idées que Cicéron avait prêtées à ses interlocuteurs sur un point assez difficile : le moyen de concilier les conquêtes et la domination des Romains avec ce principe de justice proclamé si hautement.

« Dans ces livres *de la République*, dit-il, on plaide très« fortement et très-vivement la cause de la justice contre l'ini« quité. La cause de l'injustice avait été soutenue d'abord; il « avait été dit en sa faveur que nul état ne pouvait s'accroître et « se maintenir sans l'injustice; on avait cité en preuve, et comme « le plus fort exemple, cette injustice qui veut que des hommes « obéissent servilement à d'autres hommes; injustice sans la« quelle cependant une cité puissante, dont la domination s'é« tend au loin, ne pourrait gouverner ses provinces. A cela, les « partisans de la justice répondent, que cet ordre de choses est « juste, parce que la servitude est utile à de tels hommes; « qu'il est établi dans leur intérêt, lorsqu'il est régulier, c'est« à-dire, lorsqu'il en résulte pour les méchans l'impuissance « de mal faire, parce que libres ils étaient plus malheureux. On « ajoute, pour appuyer ce raisonnement, une belle comparaison « prise à la nature. On dit : « Pourquoi Dieu commande-t-il à « l'homme, l'âme au corps, la raison à la passion et à toutes « les autres parties vicieuses de l'âme ? »

Saint Augustin, dans son traité contre Pélage, revient à s'appuyer de ces mêmes raisonnemens, et les reproduit avec plus d'étendue, et sans doute dans l'exactitude même des expressions originales. Singulier hasard littéraire! révolution bizarre de l'esprit humain qui, dans un intervalle de quatre siècles, fait servir à défendre la doctrine théologique de la *Grâce* ces mêmes pensées, ces mêmes images que Cicéron avait employées pour justifier la dictature de Rome sur l'univers !

« Ecoute, dit saint Augustin à l'hérésiarque Pélage, écoute

ejusdem animi partibus? » Adhuc audi; paulo post enim : « Sed et imperandi et serviendi, inquit, sunt dissimilitudines cognoscendæ. Nam ut animus corpori dicitur imperare, dicitur etiam libidini; sed corpori , ut rex civibus suis, aut parens liberis; libidini autem , ut servis dominus, quòd eam coercet et frangit. Sic regum, sic imperatorum , sic magistratuum, sic patrum, sic populorum imperia civibus sociisque præsunt, ut corporibus animus : domini autem servos ita fatigant, ut optima pars animi, id est sapientia, ejusdem animi vitiosas imbecillasque partes, ut libidines, ut iracundias, ut perturbationes cæteras. » (*Augustinus, contra Julianum Pelag. IV. ff.* 61).

Est enim genus injustæ servitutis, cùm hi sunt alterius, qui sui possunt esse; cùm autem hi famulantur *qui sibi moderari nequeunt, nulla injuria est.* (*Nonius, voc.* famulantur).

In tertio de Re Publicâ libro Cicero cùm Herculem et Romulum ex hominibus deos esse factos asseveraret. «'Quorum non corpora, inquit, sunt in cœlum elata; neque enim natura pateretur, ut id, quod esset e terrâ, nisi in terrâ maneret. » (*Augustinus, Civ. D. XXII.* 4).

« les argumens de Cicéron dans le troisième livre de sa *Répu-*
« *blique*, lorsqu'il explique la raison du pouvoir. « Ne voyons-
« nous pas, dit-il, que la nature donne partout l'autorité à ce
« qu'il y a de meilleur, pour la plus grande utilité de ce qu'il
« y a de plus faible, etc., etc.? Ecoute ce qui suit peu après :
« Il y a, dit-il encore, divers modes de commandement et
« d'obéissance : on dit également que l'âme commande au
« corps et qu'elle commande aux passions; mais elle commande
« au corps comme un roi à ses compatriotes, un père à ses
« enfans; et avec les passions, elle est comme un maître avec
« ses esclaves; elle les réprime, elle les dompte. L'autorité des
« rois, des généraux, des magistrats, des sénateurs, des peu-
« ples, doit s'exercer à l'égard des citoyens et des alliés comme
« celle de l'âme s'exerce sur le corps. Mais l'empire violent du
« maître sur les esclaves est l'image de celui que la partie la
« plus pure de l'âme, c'est-à-dire la sagesse, prend sur les
« parties faibles ou corrompues de l'âme, sur les passions,
« sur la colère, et sur les autres désordres de l'intelligence. »

QUATRIÈME LIVRE

QUATRIÈME LIVRE

DE LA RÉPUBLIQUE.

LE précieux manuscrit que nous publions ne contient que
de bien faibles débris du quatrième livre de la République ;
et si l'authenticité de ces fragmens leur donne toujours un
haut degré d'intérêt pour les philologues, aux yeux desquels
une phrase même est précieuse, leur peu d'étendue n'offrira
qu'un attrait bien médiocre à la curiosité littéraire. Quelques
pages sans suite, sans indication du nom des interlocuteurs,
voilà tout ce que l'infatigable patience de M. Mai a pu exhumer,
et tout ce qu'elle produit à nos yeux pour représenter ce quatrième livre, qui paraît avoir embrassé d'importantes et utiles
questions, l'état et les mœurs des femmes, l'éducation des enfans, le luxe, les jeux publics, les théâtres. Combien ce cadre,
dont nous sommes réduits à conjecturer l'étendue, aurait sous la
plume de Cicéron, renfermé de vues ingénieuses, et probablement de rares et curieux détails, que la critique savante ne
devinera jamais qu'en partie ! Combien la vie intérieure des
Romains, et c'est toujours le côté le plus instructif de l'histoire d'un peuple, nous aurait vivement apparu dans le libre
entretien de ces grands personnages que faisait parler Cicéron,
et qui sans doute se partageaient l'un l'autre la censure, la
satire, l'explication et l'apologie des mœurs romaines ! Nous

voyons en effet, et par les nouveaux fragmens qu'a découverts notre savant éditeur, et par quelques phrases recueillies avant lui, que tout dans le quatrième livre de la République se rapportait à ce texte piquant et varié.

Quelques-unes de ces phrases seulement semblent offrir un caractère de généralité métaphysique, qui ferait supposer qu'en tête de ce livre, où il devait traiter de la famille et de l'éducation domestique et publique, Cicéron avait placé quelques réflexions sur la nature de l'homme, et sur l'union de l'âme et du corps. Lactance[1] l'indique d'une manière positive; et il ajoute que Cicéron n'avait fait qu'ébaucher ce vaste sujet, tout en annonçant l'intention de l'approfondir. Le christianisme devait trouver bien courtes et bien confuses toutes les vues de la sagesse antique sur ce mystère de l'existence humaine; mais, au rapport de l'un des plus grands génies de la société chrétienne, le livre de Cicéron, à la suite de ces spéculations imparfaites, renfermait la plus vive peinture et le plus éloquent éloge des vertus morales et domestiques[2]. C'est que l'homme impuissant à pénétrer par ses propres forces le secret de la nature, ne l'était pas à s'élever

---

[1] Tentabo, quoniam corporis et animi facta mentio est, utriusque rationem, quantum pusillitas intelligentiæ meæ pervidet, explicare. Quod officium hâc de causâ maxime suscipiendum puto, quòd Marcus Tullius vir ingenii singularis, in quarto de Re Publicâ libro, cùm id facere tentasset, materiam late patentem angustis finibus terminavit, leniter summa quæque decerpens, ac ne ulla esset excusatio, cur eum locum non fuerit exsecutus, ipse testatus est, nec voluntatem sibi defuisse nec curam. (*Lactantius*, *de Opificio divino*, cap. 1.)

[2] Intuere paululum ipsos de Re Publicâ libros, quòd nullus sit patriæ consulendi modus aut finis bonis. Cerne quantis ibi laudibus frugalitas et continentia prædicetur, et erga vinculum conjugale fides, castique honestique ac probi mores. (*Augustinus*, epist. xci.)

à la pratique des devoirs, dont il trouve l'instinct et le prix dans son cœur.

La justesse admirable du génie de Cicéron, et la méthode toute pratique qu'il s'était proposée par une application continuelle de ses idées à l'exemple de la république romaine, nous avertissent assez que, sur la question des devoirs et des liens de famille, principe de tout ordre social, il avait rejeté bien loin les chimériques hypothèses de Platon, et toute cette théorie d'innovations contre le cœur humain. Sans doute il avait dû lui en coûter de combattre ce beau génie, dont il adorait l'éloquence; mais il lui avait emprunté l'exemple d'un tel courage : « Je le repousserai loin de nous, « dit-il, comme lui-même exile[1] Homère de la cité qu'il veut « bâtir, en le couvrant de fleurs et de parfums. »

L'admirateur de ces vieilles mœurs romaines, où le mariage était si respecté et si saint, et le divorce inouï quoique permis par les lois, où la puissance paternelle était une véritable magistrature, une souveraineté absolue, pouvait-il tolérer cette bizarre promiscuité de toutes les familles, imaginée par Platon? Ne devait-il pas reproduire avec plus de force les objections qu'Aristote avait opposées à cet étrange système? Sur un autre point, l'esprit de travail, d'ordre, de parcimonie qui caractérisait les premiers Romains, et que Cicéron avait sans doute célébré, ne formait pas un contraste moins remarquable avec cette abolition des propriétés particulières également proposée par Platon[2], à l'imitation de

---

[1] « Ego vero eodem quo ille Homerum redimitum coronis et de-« libutum unguentis expulit ex urbe quam ipse fingit. » (*Nonius*, voc. *fingere*.)

[2] « Et noster Plato magis etiam quàm Lycurgus omnia qui proisu « jubet esse communia, ne quis civis propriam aut suam rem queat « esse dicere. » (*Nonius*, voc. *proprium*.)

Lacédémone: et Cicéron, l'ennemi des lois agraires, le soutien des fortunes aristocratiques, devait repousser une telle
idée comme un rêve impraticable et dangereux. Il me paraît
donc vraisemblable qu'une assez vive réfutation de ces théories qui se trouve dans Lactance, est un extrait et peut-être
une fidèle copie de ce que Cicéron avait dit sur ce sujet dans
son quatrième livre. Le passage est curieux, et d'une élocution latine qui n'appartient guère au siècle de Lactance.
« Platon s'est souvent égaré autant que personne au monde,
« surtout dans ses livres politiques, lorsqu'il veut établir la
« communauté de toutes choses entre les citoyens. Pour les
« fortunes, cela est encore tolérable, bien que fort injuste ;
« car personne ne doit souffrir dommage, pour s'être en-
« richi par son industrie, ni gagner à s'être appauvri
« par sa faute. Cependant, comme je l'ai dit, cela peut
« se supporter. Mais existera-t-il aussi communauté de
« femmes et d'enfans? N'y aura-t-il plus de naissances dis-
« tinctes, plus de race assurée ; plus de familles, de parenté,
« de liens du sang? Ne sera-ce partout qu'unions désor-
« données et confuses, comme dans un troupeau de bêtes,
« sans continence dans les hommes, sans pudeur dans les
« femmes? Quelle tendresse conjugale peut-il y avoir entre
« les sexes, quand la possession n'est ni fixe ni durable?
« Quelle piété filiale peut sentir celui qui ne sait de quel
« père il est né? quel homme peut aimer un fils qu'il croira
« le fils d'autrui? Ce n'est pas tout : Platon ouvre le sénat
« aux femmes, il leur confie le soin de la guerre, les magis-
« tratures, les commandemens. Mais quel sera le malheur de
« cette ville, où les femmes occuperont les fonctions des
« hommes ! [1] »

---

[1] Plato in multis ita lapsus est, ut nemo deterius erraverit, in

Sans doute les personnages que faisait parler Cicéron ajoutaient encore à cette réfutation l'exemple de ces matrones romaines, si graves, si sévères, si modestes dans l'expression même de leur patriotisme, qui n'étaient point guerrières comme les femmes de la république de Platon, mais qui donnaient naissance aux plus vaillans hommes de la terre; qui n'immolaient pas les sentimens de la nature comme les femmes de Sparte, mais qui savaient à la fois inspirer le courage de leurs fils, et les pleurer morts. On conçoit les vives couleurs dont Cicéron avait dû peindre quelques-unes des belles traditions de la république sur la vertu des femmes. Peut-être aussi eût-il éclairci quelques faits singuliers, qui semblent contrarier ces traditions; par exemple, celui que Tite-Live place au commencement du quatrième siècle de Rome, la condamnation de cent soixante-douze femmes, la plupart de famille sénatoriale, convaincues d'empoisonnement sur la personne de leurs maris.

Mais ce fait presque incroyable est unique dans l'histoire de la république; et Rome était pleine d'ailleurs de monu-

---

primis quod in libris civilibus omnia omnibus voluit esse communia. De patrimoniis tolerabile est, licet sit injustum : nec enim aut obesse cuiquam debet, si suâ industriâ plus habet, aut prodesse, si suâ culpâ minus. Sed, ut dixi, potest aliquo modo ferri. Etiamne conjuges, etiamne liberi communes erunt? Non erit sanguinis ulla distinctio, nec genus certum, nec familiæ, nec cognationes, nec affinitates, sed sicut in gregibus pecudum confusa et indiscreta omnia ; nulla erit in viris continentia, nulla in feminis pudicitia? Quis esse in utrisque amor conjugalis potest, in quibus non est certus aut proprius affectus? Quis erit in patrem pius, ignorans unde sit natus? quis filium diliget, quem putabit alienum? Quin etiam feminis curiam reservavit, militiam et magistratus et imperia permisit. Quanta erit infelicitas urbis illius, in quâ virorum officia mulieres occupabunt! (*Lactantius*)

mens élevés à la mémoire des femmes. Fort anciennement même, l'éloge funèbre de toute femme illustre était prononcé sur la place publique, comme celui des premiers citoyens. Que de réflexions ne devait pas faire naître cet usage, et l'influence qu'on y attachait? Sans doute elles occupaient une place dans ce quatrième livre; peut-être Scipion ou Lælius entrait-il dans quelques détails sur l'éducation qui formait dans les femmes ces mœurs fortes et simples; peut-être Scipion parlait-il de cette sublime Cornélie, sa sœur et son ennemie, plus fière d'être appelée la mère des Gracques que d'être la fille du premier Africain.

Un savant moderne nous a donné un curieux travail sur les élémens qui composaient la toilette d'une dame romaine, dans le siècle d'Auguste. Il serait plus intéressant de recueillir quelques particularités sur la vie des femmes romaines du temps de Scipion, aux jours où la république, brillante de gloire, et éclairée par la lumière naissante des arts, conservait encore la pureté de la discipline domestique et des mœurs. Comment se formait l'esprit délicat et ingénieux de ces femmes, près de qui Cicéron, dans sa jeunesse, allait étudier les grâces de la diction romaine, la force et la beauté du langage, sans qu'elles eussent, comme l'Aspasie de Socrate, la prétention de donner des leçons aux rhéteurs? Quelques mots sur ce point de la civilisation romaine auraient été d'un grand prix. Le théâtre, cette histoire familière des mœurs, où chez nous les femmes occupent tant de place, instruit ordinairement à cet égard la postérité; mais le théâtre latin ne parle pas des femmes romaines : on n'eût pas osé les mettre sur la scène; réserve qui sans doute à elle seule nous dit beaucoup de choses sur les mœurs romaines, mais qui 1 us en laisse beaucoup ignorer.

Dans tous les cas, on conçoit bien que Scipion ou quelque

autre des interlocuteurs, avait dû parler de cette fameuse loi Oppia, rendue dans la crise de la guerre punique, et qui restreignait la parure et le luxe des femmes. Elle fut abrogée avant la mort de Scipion, sur la demande de deux tribuns jaloux de popularité, et malgré la résistance et les prédictions chagrines de Caton. Tite-live nous a conservé un tableau admirable de cette curieuse controverse, et il a vivement retracé la brigue publique et les sollicitations des dames romaines, pour soutenir leurs orateurs. Il s'agissait en effet de l'abolition d'une loi bien dure, puisqu'elle défendait « d'avoir sur soi plus d'une demi-once de parures d'or, de « porter une robe à couleur mélangée, et d'aller en voiture « à deux chevaux, à Rome et dans les environs, à la dis- « tance de deux mille pas, excepté pour un sacrifice public. » On voit dans le grave Tacite la même question modifiée par les temps et les mœurs, occuper plus d'une fois le sénat, et faire hésiter Tibère. Ne serait-il pas curieux de savoir comment elle fut jugée dans l'origine par les sages ? et, à côté des austères réprimandes de Caton et des molles complaisances de deux tribuns, n'aimerions-nous pas à voir ce que pensaient sur ce point Scipion, Lælius, ou du moins ce que Cicéron croyait pouvoir leur attribuer avec vraisemblance ?

Au lieu de tout cela, que nous reste-t-il? Quelques phrases ramassées par les grammairiens, pour fixer une étymologie[1] ou le sens d'un mot. Nous y voyons que par un principe d'éducation et de décence, toutes les femmes[2] s'abstiennent

---

[1] Itaque a petendo petulantia, a procando, id est poscendo, procacitas nominata est. (*Nonius*, voc. *petulantia*.)

[2] Ita magnam habet vim disciplina verecundiæ : carent temeto omnes mulieres. (*Nonius*, voc. *temulenta*.)

de vin. Une loi de Romulus leur en avait autrefois défendu l'usage sous peine de la vie. Quelques autres mots nous apprennent, que lorsque la réputation d'une femme était équivoque [1], ses parens refusaient de l'embrasser.

Enfin, il nous reste encore une réflexion que faisait Cicéron sur les fonctions du magistrat, qui dans la Grèce présidait à la conduite des femmes avec une vigilance assez médiocre, s'il faut en juger par les comédies d'Aristophane. « N'impo- « sons pas, dit-il, aux femmes [2] la surveillance d'un magistrat « particulier, comme celui que l'on élit chez les Grecs ; mais « ayons un censeur qui instruise les maris à gouverner leurs « femmes. »

Un autre point dont Cicéron s'était occupé dans ce quatrième livre, et sur lequel nous avons peu de lumières, c'était l'éducation de la jeunesse romaine. Tout le monde a lu le beau chapitre de Quintilien, sur le choix à faire entre l'éducation publique et l'éducation domestique : et l'on conclut des expressions de ce morceau, qu'il existait à Rome de vastes établissemens, où les enfans de famille étaient réunis pour les études, et probablement vivaient en commun. Mais cette indication même, qui se rapporte au temps des Césars, ne nous dirait rien pour les époques antérieures ; et elle nous laisse ignorer d'ailleurs quelle était la nature et la forme de ces établissemens, s'ils appartenaient à l'état, s'ils étaient dirigés par son influence, si les maîtres en étaient rétribués sur les fonds du trésor, s'ils étaient placés dans un

---

[1] Atque etiam si qua erat famosa, ei cognati osculum non ferebant. (*Nonius*, voc. *fama*.)

[2] Nec vero mulieribus praefectus praeponatur, qui apud Græcos creari solet ; sed sit censor qui viros doceat moderari uxoribus. (*Nonius*, *de Num. et Cas.*)

certain ordre de fonctions publiques, enfin quel rapport les écoles avaient avec l'administration. Une lettre de Pline le Jeune nous le montre établissant à ses frais un instituteur, dans je ne sais quelle petite ville municipale. Horace nous parle des enfans de famille allant à l'école, leurs livres et leurs tablettes sous le bras; ailleurs, il se représente à nous conduit à Rome comme dans le chef-lieu de toutes les études, et fréquentant divers maîtres, toujours sous la garde incorruptible de son père : enfin, il a bien voulu immortaliser le nom de l'un de ces maîtres, par une épithète assez bizarre.

Mais ces détails et l'éducation qu'ils supposent sont d'une autre date que celle de la république, et ne nous apprennent rien sur le temps dont Cicéron avait parlé dans son ouvrage. Nos fragmens nouveaux donnent-ils à cet égard quelques idées précises et détaillées? Non; mais ils nous indiquent seulement que Polybe blâmait l'éducation de la jeunesse chez les Romains, en leur reprochant d'avoir négligé cette portion de l'ordre politique si honorée et si soigneusement surveillée chez les Grecs; et ce fait sert à faire concevoir, comment il n'est resté que peu de notions historiques sur un objet qui n'avait peut-être jamais été régulièrement fixé par les institutions et les lois.

Une autre cause explique l'absence d'un système d'éducation publique chez les Romains : c'est le caractère qu'y prenait l'autorité paternelle. On sait quelles étaient à cet égard les lois : le père était maître absolu de son fils, en disposait souverainement même au-delà du premier temps de la jeunesse, pouvait le vendre jusqu'à trois fois, et le condamner à mort. Cette législation barbare venait de Romulus, et avait été conservée par les décemvirs. Il en résultait qu'à Rome l'éducation, pour être assortie à ce principe, devait être toute de famille et toute intérieure : en cela fort différente de l'éducation de Sparte, où les enfans appartenaient à l'état beaucoup plus qu'à leurs parens. Ce fut là même un des traits distinctifs de la république romaine, si on la compare à toutes les autres. Il y resta toujours dans la constitution de la famille un principe de monarchie et même de despotisme : le père était un dictateur domestique, et ce pouvoir était représenté par la belle expression d'un ancien : *patria majestas*, la majesté paternelle. L'adoucissement progressif et même la corruption des mœurs romaines, laissa subsister ce principe dans sa force, puisque nous voyons du temps de Cicéron un père rappeler par un simple ordre son fils, qui avait suivi Catilina, le juger dans sa maison, et le mettre à mort.

On concevra dès-lors, que dans les époques les plus reculées, dans celles dont Scipion pouvait parler, cet état de la famille chez les Romains, rapproché d'ailleurs de leur simplicité de mœurs, de leur vie agreste et guerrière, avait dû rendre les écoles publiques assez rares et peu nécessaires dans Rome. On ne saurait douter cependant qu'il en existât fort anciennement, même pour les femmes, puisque dans le drame sublime de la mort de Virginie, retracé par Tite-Live, cette jeune fille est représentée allant avec sa nourrice à l'une des écoles de lecture. Tite-Live indique par un mot la forme de ces écoles. Elles se tenaient dans des boutiques, près de la place publique. Sans doute d'autres écoles du même genre recevaient les jeunes Romains, pendant quelques heures de la journée. C'était l'usage chez les autres peuples de l'Italie voisins de Rome; et il avait dû passer chez les Romains, comme l'atteste l'emploi du mot *ludus* dans leur langue: mais il n'avait produit sans doute, comme l'indique aussi le choix de ce mot, que des écoles de peu d'importance, regardées comme un lieu de passe-temps, au milieu des rudes

exercices du Champ-de-Mars, bornées à l'enseignement de
quelques notions fort simples, et présidées sans doute par
des affranchis, qui s'en faisaient une industrie dont l'état
avait fort peu à s'occuper. Quand les Romains de ces premiers temps de la république voulaient pour leurs enfans une
instruction plus sérieuse et plus étendue, ils les envoyaient
étudier chez les Etrusques : c'est un fait curieux attesté par
Tite-Live. L'Etrurie, dans les premiers temps de la république, était pour les Romains ce que la Grèce fut quelques
siècles plus tard. Ils en avaient tiré leurs augures, leurs
auspices, plusieurs de leurs rois ; ils y cherchaient également l'espèce d'éducation littéraire que comportait l'état de
leur civilisation. « J'ai de bons garans, dit Tite-Live, parlant
« du troisième siècle de Rome, qu'alors les jeunes Romains
« étaient habituellement élevés dans l'étude des lettres étrus-
« ques, comme ils le sont aujourd'hui dans l'étude des lettres
« grecques. [1] »

On doit supposer, au reste, que ces expressions de l'historien ne s'appliquent qu'aux enfans des grandes familles de
Rome, qui cherchaient à concentrer en elles les lumières et
toutes les dignités ; et l'on conçoit alors que ces études faites
en Etrurie se liaient à cette science des auspices dont les
Etruriens étaient les inventeurs, et que la politique des patriciens se réservait exclusivement. Mais de là sans doute il
ne résultait aucun système d'instruction publique et populaire.

------

[1] Cære educatus apud hospites, Etruscis inde litteris eruditus erat,
linguamque etruscam probe noverat. Habeo auctores vulgo tùm
romanos pueros, sicut nunc græcis, ita etruscis litteris erudiri solitos. (*Tit.-Liv.*, lib. IX, cap. 56.)

Si des écoles plus savantes s'établirent dans la suite à Rome, elles furent fondées par des Grecs, et plutôt avec la tolérance des chefs de l'état que par aucune vue de leur politique. Suétone nous dit que le goût de la grammaire, c'est-à-dire de la littérature, fut introduit dans Rome par un certain Crates Mallotes, que le roi Attale avait chargé d'une ambassade pour le sénat, dans l'intervalle de la seconde à la troisième guerre punique. Ce Grec s'étant cassé la jambe à Rome, ne trouva rien de mieux à faire pendant sa convalescence, que de donner des leçons publiques et suivies. Il eut des imitateurs parmi les Romains. Rome avait déjà quelques poëtes : l'usage s'établit de lire, et sans doute de commenter leurs vers dans des réunions nombreuses. Un certain Quintius Vargonteius faisait ainsi à jours fixes des lectures du poëme d'Ennius. D'autres Romains, parmi lesquels on nomme Lælius, lurent en public les satires de Lucile. Les maîtres de philosophie, d'éloquence se multiplièrent. Mais il semble qu'alors ces études nouvelles étaient plutôt une distraction recherchée par les hommes, qu'elles n'entraient dans un système d'éducation pour la jeunesse ; elles trouvèrent d'ailleurs bientôt de grands obstacles dans la défiance des magistrats.

Suétone[1] a conservé sur ce point deux actes infiniment curieux ; l'un est un ancien édit de préteur ainsi conçu : « Caïus Fannius Strabo, Marcus Valérius Messala, étant « consuls, Marcus Pomponius, préteur, a fait rapport au « sénat ; et, sur ce qui a été dit touchant les philosophes et « les rhéteurs, le sénat a décrété que Marcus Pomponius, « préteur, y prît garde, et qu'il eût soin, dans l'intérêt de « la république et pour l'acquit de son devoir, de ne point « laisser ces hommes dans la ville. »

---

[1] *Suetonius, de Claris rhetoribus.*

Un autre édit d'une époque moins reculée, en exprimant la même réprobation de toutes ces sciences nouvelles, indique l'existence dans Rome d'autres écoles anciennement approuvées par l'état, et qui sans doute étaient ces écoles inférieures dont nous avons parlé. Voici les termes de ce singulier monument : « Enæus Domitius Ænobarbus et Lucius « Licinius Crassus, censeurs, ont déclaré ce qui suit : Nous « avons été informés qu'il y avait des hommes qui ont établi « un nouveau genre d'instruction, et près desquels la jeu- « nesse affluait dans les écoles : que ces hommes s'étaient « donné le nom de rhéteurs latins ; que les jeunes gens res- « taient là des journées entières. Nos aïeux ont réglé ce « qu'ils voulaient enseigner à leurs enfans , et quelles écoles « ils voulaient leur faire suivre. Ces nouveautés qui cho- « quent la coutume et l'usage de nos aïeux, nous déplaisent « et ne nous paraissent pas bonnes : ainsi il nous paraît né- « cessaire de faire connaître, et à ceux qui tiennent ces « écoles, et à ceux qui ont l'habitude d'y venir, notre dé- « cision , que cela nous déplaît. »

Cet édit, qui semble plutôt une censure morale qu'une interdiction, n'empêcha pas sans doute la jeunesse romaine de courir à ces écoles d'éloquence, qui offraient tant d'attraits à la curiosité, et où même l'ambition politique pouvait espérer de recueillir des instrumens de succès pour les combats du Forum. L'éloquence avait été certainement cultivée à Rome, dès les premiers jours de la république. Fit-on jamais une révolution populaire sans éloquence ; et le Tribunat seul n'est-il pas un grand maître de rhétorique? Mais cette éloquence avait été d'abord inspirée par les passions et la nécessité, plutôt que soutenue et développée par l'étude. Lorsque les lettres grecques se présentèrent, on les reçut comme un secours, en dépit de la résistance des magistrats. Caton même, l'ennemi de la philosophie et des arts, finit par apprendre la langue grecque. Les deux premiers grands orateurs de Rome, les Gracques fortifièrent dans l'étude des lettres attiques leur génie naturel. Dès cette époque, où la république romaine était déjà si puissante, si remplie de richesses, le luxe des grands était d'avoir près d'eux et pour leur usage un grammairien, un rhéteur ou un philosophe grec.

Tibérius Gracchus avait pour commensal et pour ami un célèbre philosophe grec, dans la conversation duquel il fortifia ses hardis desseins. Il est inutile de rappeler que Scipion s'était également attaché deux Grecs d'un esprit supérieur, Polybe et Panætius. Un des premiers maîtres d'éloquence et de philosophie, qui s'était illustré dans Rome, Aurelius Opelus, quitta ce brillant théâtre par dévoûment au vertueux Rutilius, et pour le suivre dans son exil à Smyrne. Enfin Cicéron fut un des plus zélés auditeurs de ces Grecs ingénieux, qui venaient réciter dans Rome les traditions du génie de leurs grands hommes, et s'exerçaient eux-mêmes à des déclamations sur des sujets factices. Il paraît que ce fut dans ces écoles grecques établies à Rome, que Cicéron, dès l'enfance, excita l'admiration dont parle Plutarque; car il nous apprend quelque part[1], que les hommes graves qui dirigeaient ses études, ne lui permirent pas d'aller entendre les rhéteurs romains, et particulièrement un certain Plotius,

----

[1] Equidem memoriâ teneo pueris nobis primum latine docere cœpisse Lucium Plotium quemdam : ad quem cùm fieret concursus, quòd studiosissimus quisque apud cum exercerentur, dolebam mihi idem non licere. Continebar autem doctissimorum hominum auctoritate, qui existimabant græcis exercitationibus ali melius ingenia posse. (*Cicero ad Marcum Titinium.*)

qui le premier s'était avisé de professer en langue latine, et qui attirait un grand concours.

Il eût été fort curieux sans doute d'apprendre dans les dialogues de la République, comment Cicéron jugeait l'influence morale de ces études oratoires, dont il ne parle guère ailleurs que sous le rapport de l'art et du génie. Il nous eût sans doute révélé, par la bouche des illustres Romains qu'il mettait en scène, beaucoup de précieux détails sur cette première époque de culture littéraire et de politesse sociale, dont Scipion fut contemporain. A son défaut, le hasard nous a conservé un monument fort singulier de cette même époque, un passage d'une harangue authentique du principal interlocuteur employé par Cicéron, de Scipion Emilien lui-même, passage qui porte précisément sur la molle éducation des jeunes Romains, et sur l'abus que l'on faisait déjà des arts d'agrément. Ce morceau précieux, transcrit par le compilateur Macrobe, se trouvait dans le discours que Scipion prononça contre la loi proposée par Tibérius Gracchus, pour ôter au Sénat le pouvoir judiciaire. Ce sont des réflexions qui sans doute faisaient partie de quelque avertissement sévère que Scipion adressait aux patriciens, dont il défendait la cause, en blâmant leur luxe et leurs vices, qui compromettaient leur pouvoir. « On enseigne, dit-il, à nos « jeunes Romains des arts prestigieux et déshonnêtes; au « milieu de petits baladins[1], de guimbardes, de flûtes, ils

---

[1] Docentur præstigias inhonestas : cum cinædulis, et sambucâ, psalterioque eunt in ludum histrionum; discunt cantare : quæ majores nostri ingenuis probro ducier voluerunt. Eunt, inquam, in ludum saltatorium inter cinædos virgines, puerique ingenui. Hæc cum mihi quisquam narrabat, non poteram animum inducere, ea

« vont dans une école d'histrions, ils apprennent à chanter,
« choses que nos ancêtres voulaient que l'on regardât comme
« honteuses pour les personnes de condition libre. Je le
« répète, les jeunes vierges, les jeunes Romains vont dans
« une académie de danse parmi les baladins. Quelqu'un
« m'ayant raconté cela, je ne pouvais me persuader que des
« patriciens donnassent une semblable instruction à leurs
« enfans; mais m'étant fait conduire dans une école de danse,
« j'ai vu dans cette école plus de cinq cents jeunes garçons et
« jeunes filles, et dans ce nombre (ce qui me fit pitié pour
« la république) le fils d'un candidat, un enfant qui n'avait pas
« moins de douze ans, et qui dansait aux cymbales, exercice
« qu'un esclave libertin ne pourrait faire sans déshonneur. »

Cette molle éducation de la jeunesse, ces danses ioniennes
dont se plaint même Horace, ou des danses qui ne valaient
pas mieux, avaient, comme on le voit, précédé de long-
temps la monarchie d'Auguste. Scipion, auquel un historien[1]
attribue l'introduction du luxe dans Rome, Scipion, accusé
lui-même par l'austère Caton d'être un corrupteur de la
vertu romaine, avait déjà besoin de réprimander les mœurs
de son temps. Il avait voulu donner à sa patrie la politesse
et les arts : et il était devancé par le débordement du luxe
et des vices. Cette corruption hâtive et précipitée des Ro-

---

liberos suos homines nobiles docere ; sed cùm ductus sum in ludum
saltatorium, plus medius fidius in eo ludo vidi pueris virginibusque
quingentis ; in his unum (quo me reipublicæ maximè misertum est)
puerum bullatum, petitoris filium, non minorem annis duodecim,
cum crotalis saltare : quam saltationem impudicus servulus honestè
saltare non posset. (*Macrob. Saturn. lib. II. cap. X.*)

[1] Potentiæ Romanorum prior Scipio viam aperuerat, luxuriæ posterior aperuit. (*Velleius, Lib. II.*)

mains doit trouver, ce me semble, encore son explication dans leur négligence à l'égard de l'éducation publique. Ils n'avaient pas, comme les Grecs, cette foule de jeux, d'exercices et de fêtes, établis pour développer les corps et les âmes de la jeunesse. Leurs exercices étaient uniquement bornés à la guerre. Ce n'était pas cette gymnastique élégante de la Grèce. C'était seulement un apprentissage militaire commencé dans le *Champ de Mars*, et continué sous le drapeau, pour se rendre plus capable de soutenir de longues marches, de porter de lourds fardeaux, et de manier adroitement les armes. Nulle image de ces danses graves et religieuses où paraissaient les jeunes filles de l'Attique, la tête couronnée de fleurs; point de ces chœurs de musique où chantaient les vieillards, les jeunes hommes et les enfans; point de ces *théories* gracieuses qui parcouraient, aux sons de la lyre, les flots et les rivages de la Grèce; point de ces jeux olympiques, où l'on couronnait tour-à-tour la force de l'athlète, l'art du musicien et le génie du poëte. Rome avait méprisé, dans l'instruction de ses enfans, tout ce qui ne servait pas immédiatement à la guerre : elle n'eût pas compris comment le plus habile général[1] de la Grèce avait su danser et jouer de la flûte. Qu'arriva-t-il de cette rude indifférence? Ces mêmes choses que Rome avait dédaignées comme des arts, elle les reçut bientôt comme des vices, alors qu'elles entrèrent dans son sein avec tout le cortége du luxe asiatique, et qu'elles furent trouvées, pour ainsi dire, dans le butin de la victoire, parmi des amas d'esclaves qui en étaient les précepteurs, les dépositaires, et qui empoisonnaient de leur corruption ces sciences frivoles et innocentes, dont les magistrats de

---

[1] *Cornelius Nepos, in præf.*

la Grèce avaient su jadis faire un instrument de gloire et d'enthousiasme.

Cicéron, qui, d'après les nouveaux fragmens du quatrième livre de la République, adressait aux peuples de la Grèce des reproches trop fondés [1], et accusait avec justice l'infâme souillure qui déshonorait trop souvent les mœurs de leur jeunesse, avait-il également reconnu ce qui manquait à l'éducation de ces Romains infectés sitôt par tous les vices du reste de la terre? Il paraît avoir blâmé cette bizarre institution qui exerçait au larcin les enfans de Sparte [2]. Il félicite Rome de n'avoir jamais eu de plan d'éducation uniforme et public; mais n'avait-il rien à blâmer dans ces institutions domestiques confiées dans Rome presque toujours à des affranchis ou des esclaves? N'était-ce pas, pour les plus riches Romains, une déplorable grandeur, que celle qui leur permettait de ne placer auprès de leurs enfans, pour les instruire même dans les plus hautes études, que des hommes de condition servile, achetés chèrement, à cause de leurs talens, comme ce Dionysius dont Cicéron admirait le savoir, qu'il avait affranchi pour lui confier le soin d'élever son fils et son neveu, et par lequel il fut lâchement trahi? L'instruction n'est qu'une partie de l'éducation. Quel enseignement libéral un esclave peut-il donner? La timidité, le besoin de flatter, l'abjection d'âme attachée à son sort ne doivent-elles pas altérer, dans sa bouche, ce que la science a de plus

---

[1] Adeo ut Cicero dicat in libris de Re Publicâ opprobrio fuisse adolescentibus, si amatores non haberent. (*Servius ad Æneid.* lib. **X.** v. 525.)

[2] Non modo ut Spartæ rapere ubi pueri et clepere discunt. (*Nonius*, voce *clepere.*)

noble et de plus pur? N'est-il pas tenté naturellement de faire des calculs sur les vices du maître qu'il élève? Si l'on cherche la cause principale de cette corruption, si fréquente dans les derniers temps de la république et sous l'empire, on la trouvera peut-être dans l'usage de donner pour précepteurs aux jeunes patriciens et même aux héritiers des Césars, de misérables affranchis, pour qui la science n'était qu'un métier appris dans l'esclavage, et qui la transmettaient comme ils l'avaient reçue, sans en faire la force et la lumière de l'âme. Au reste, ce ne serait pas le seul exemple de cette justice de la Providence, qui veut que les vices produits par l'oppression servent à corrompre encore les oppresseurs, et qui leur renvoie ainsi la plus grande partie du mal qu'ils ont fait.

Aussitôt que chez les Romains l'austère simplicité de l'éducation paternelle eut fait place à l'enseignement de ces arts étrangers qu'apportaient des esclaves ou des vaincus, aucune institution publique n'étant établie pour en régler l'usage, la pente vers la corruption fut irrésistible; et l'on vit paraître cette insatiable frénésie de jouissances qui, nourrie sans cesse par les trésors de la conquête, enfanta ces prodigieux raffinemens de luxe et de débauche, dont l'histoire de Rome est remplie. Ils étaient portés à l'excès du temps de Cicéron; et le siècle de Scipion les avait vu naître et se développer rapidement. Les efforts de la législation pour arrêter ce torrent, les diverses métamorphoses du luxe pour éluder les lois somptuaires, la nature même et la succession de ces lois, leur sévérité décroissante, et pour ainsi dire, la corruption progressive qui les gagnait elles-mêmes, ou les rendait inutiles : voilà des choses qui, dans les idées de l'antiquité, tenaient de trop près à l'histoire de la constitution romaine, pour ne pas occuper une grande place dans l'ouvrage de

Cicéron. Nous voyons dans Tacite que, sous les empereurs, ces questions étaient encore agitées dans le sénat, bien que le despotisme n'ait rien à redouter du luxe et de la mollesse. Combien ne devaient-elles pas avoir eu d'importance, à une époque où la liberté florissante et jalouse s'effrayait de tout ce qui portait atteinte aux anciennes mœurs ! Tout ce qui, chez les Romains corrompus, produisit dans la suite tant d'inventions bizarres de faste et de débauche, avait été d'abord réprimé par des lois. Nous avons vu celle qui restreignait la parure des femmes. Le luxe de table attira également des prohibitions sévères : il paraît même que l'on ordonna, pendant quelque temps, de tenir, aux heures des repas, les portes des maisons ouvertes, et de ne souper que sous les yeux et, pour ainsi dire, sous la censure du public [1]. C'était un acheminement vers l'institution de ces tables communes établies à Lacédémone, et qui ne pouvaient guère convenir à Rome, divisée en deux ordres inégaux, et sans cesse enrichie par le butin de la guerre. Aussi cette loi ne dura point; et l'on se borna bientôt à régler par d'autres décrets la forme et la magnificence des repas. La loi *Orchia* [2] intervint la première : elle réduisit le nombre des convives. Cette dispo-

----

[1] Imperavi cœpit ut patentibus januis pransitarer et cœnaretur ; ut sic, oculis civium testibus factis, luxuriæ modus fieret. (*Macr. Saturn.* lib. II , cap. XIII.)

[2] Prima autem omnium de cœnis lex ad populum Orchia pervenit quam tulit C. Orchius tribunus plebis de senatûs sententiâ, tertio anno quàm Cato censor fuerat, cujus verba, quia prolixiora sunt prætereo. Summa autem ejus præscribebat numerum convivarum. Et hæc est lex Orchia, de quâ mox Cato in orationibus suis vociferatur, quòd plures, quàm præscripto ejus cavebatur, ad cœnam vocarentur. (*Macr. Saturn. loco prædicto.*)

sition ne tarda pas à être violée, malgré les plaintes et les
cris de Caton qui, dans ses harangues, revenait souvent sur
cet éternel abus des invitations à dîner. Vingt-deux ans
après, une loi plus forte et mieux observée parut nécessaire :
et l'on rendit la loi *Fannia*; elle avait été présentée par les
consuls, et sur le vœu de tous les gens de bien. « Car, dit
« un auteur ancien, cité par Macrobe[1], le mal était venu à ce
« point, que la plupart des jeunes citoyens vendaient, pour
« les jouissances de table, leur honneur et leur liberté, et que
« beaucoup de gens du peuple romain se rendaient pris de vin
« à l'assemblée des comices, et délibéraient dans un état d'i-
« vresse sur le salut de la république.» Un orateur, qui soutint
le projet de loi, porta plus loin l'amertume de ces descriptions,
et représenta ceux de ses concitoyens qui exerçaient les fonctions de législateurs et de juges, sous des traits peu con-
formes à nos idées de la dignité romaine, et trop librement
énergiques pour permettre une traduction entièrement fidèle :
« On reste, dit-il[2], à jouer aux dés, la tête parfumée d'en-
« cens, parmi des courtisanes; dix heures arrivent-elles,

---

[1] De hâc lege Sammonicus Serenus ita refert. Lex Fannia ingenti
omnium ordinum consensu pervenit ad populum ; neque eam præ-
tores aut tribuni, ut plerasque alias, sed ex omni bonorum consilio
et consensu ipsi consules pertulerunt, cùm res publica ex luxuriâ
conviviorum majora quàm credi potest detrimenta pateretur. Siquidem eò res redierat ut gulâ illecti plerique ingenui pueri pudi-
citiam et libertatem suam venditarent : plerique ex plebe romanâ
vino madidi in comitium venirent, et ebrii de rei publicæ salute
consulerent. (*Macrob. Saturn.* lib. II, cap. XIII.)

[2] Ludunt aleâ, studiose unguentis delibuti, scortis stipati. Ubi
horæ decem sunt, jubent puerum vocari, ut comitium eat percunc-
tatum, quid in foro gestum sit, qui suaserint, qui dissuaserint, quot

« on fait venir un esclave que l'on charge d'aller sur la place,
« s'enquérir de ce qui a été fait dans le forum, quels orateurs
« ont parlé pour ou contre, combien de tribus ont décrété
« l'adoption d'une loi, combien ont voté le rejet. Ensuite on
« part pour les comices, afin de ne pas supporter les dom-
« mages du procès; on arrive dans les comices, triste et
« appesanti; on ordonne aux orateurs de parler : ceux dont
« c'est l'affaire parlent. Le juge appelle les témoins ; puis il
« sort pour quelque besoin, il rentre; il dit qu'il a tout
« entendu; il demande les bulletins, il regarde les votes. A
« peine soutient-il ses paupières demi-fermées par l'ivresse.
« Au moment de délibérer, voici son discours : Qu'ai-je à
« faire avec tous ces étourdis? Que ne suis-je plutôt à boire
« du vin doux mêlé de vin grec, à manger une grive bien
« grasse, ou quelque bon poisson, un vrai loup du Tibre,
« pêché entre les deux ponts? »

La loi Fannia réglait la dépense de la table : elle la fixait
habituellement à dix sous d'airain par jour, portait cette
somme à trente sous pendant dix jours de chaque mois, et
l'étendait jusqu'à cent sous pendant les jeux romains, les
saturnales, et quelques autres jours privilégiés. Douze ans

---

tribus jusserint, quot vetuerint. Dum eunt, nulla es in angiporto
amphora, quam non impleant, quippe qui vesicam plenam vini
habeant. Veniunt in comitium tristes, jubent dicere. Quorum negotium est, dicunt. Judex testes poscit : ipsus it minctum. Ubi redit,
ait se omnia audivisse, tabulas poscit, litteras inspicit, vix præ
vino sustinet palpebras. Eunti in consilium, ibi hæc oratio : Quid
mihi negotii est cum istis nugacibus? Quàm potius potamus mul-
sum mixtum vino græco? edimus turdum pinguem, bonumque
piscem, lupum germanum, qui inter duos pontes captus fuit? (*Macr.
Saturn.* lib. II, cap. XIII.)

après, cette loi trop faible et hors d'usage fut fortifiée par la loi *Didia*, qui appliquait à toute l'Italie des prohibitions bornées d'abord aux habitans de Rome, et qui rendait passibles des peines fixées, non-seulement ceux qui auraient donné des festins défendus, mais tous les convives et tous les assistans.

Nous ne parlerons pas des lois qui suivirent, et particulièrement d'une loi somptuaire portée par le dictateur Sylla, monument de luxe bien plus que de sévérité[1], puisqu'elle s'occupait seulement de taxer le prix des mets, et qu'elle en énumérait une quantité prodigieuse, composés des substances les plus rares. Mais on voit que, bien avant cette époque, et dans le temps seul qui nous occupe, les désordres de la table avaient déjà été portés assez loin ; et l'on peut supposer que dans le quatrième livre de la République, Scipion ne faisait pas sur ce point des plaintes moins inutiles et moins sévères que sur les danses corruptrices de la jeunesse romaine.

Le luxe de la parure, faiblement réprimé dans les femmes par la loi *Oppia*, se communiquait aussi dès-lors à ces Romains qui long-temps n'avaient eu d'autre ornement que leurs armes et les couronnes de chêne conquises sur le champ de bataille. Ce luxe fort indifférent dans nos états modernes, où il n'est considéré que comme un objet de commerce, pouvait avoir trop d'influence sur des mœurs républicaines pour ne pas inquiéter le zèle des bons citoyens. On sait quel soin les Romains avaient apporté au choix, à la distinction gra-

---

[1] Has sequitur lex Cornelia, et ipsa sumptuaria quam tulit Cornelius Sulla dictator ; in quâ non conviviorum magnificentia prohibita est, nec gulæ modus factus ; verum minora pretia rebus imposita : et quibus rebus, dii boni ! quàmque exquisitis et pene incognitis generibus deliciarum ! quos illic pretia, quasque offulas nominat ! (*Macr. Saturn*. lib. II, cap. XIII.)

duée, à la simplicité des vêtemens : la dignité de la toge caractérisait la paisible autorité du commandement.

Le respect de la toge romaine faisait considérer la moindre altération dans la forme d'un si noble vêtement, comme un luxe blâmable. Nous pouvons encore invoquer sur ce point l'autorité de Scipion lui-même. Dans un passage rapporté par Aulugelle[1], Scipion s'élevant avec amertume contre un certain Sulpicius Gallus, dont il accusait publiquement les mœurs et la vie dissolue, lui reprochait, entre autres griefs, de paraître dans les festins avec une tunique à longues manches. Nous voyons ailleurs que Virgile désigne ces tuniques comme une parure efféminée, peu faite pour une jeunesse guerrière.

Et tunicæ manicas et habent redimicula mitræ.

Cet éloignement pour un luxe si commun dans l'Asie, et même dans la Grèce, se concevra sans peine, si l'on songe qu'à Rome le commerce fut long-temps ignoré ou méprisé. La monnaie même, agent nécessaire du commerce, n'y était point connue dans les deux premiers siècles. On ne frappa

---

[1] Hâc antiquitate inductus, P. Africanus Pauli filius, vir omnibus bonis artibus atque omni virtute præditus, P. Sulpic o Gallo homini delicato, inter pleraque alia quæ objectabat, id quoque probro dedit qnòd tunicis uteretur manus totas operientibus. Verba sunt hæc Scipionis : « Nam qui quotidie unguentatus adversum speculum or- « netur, cujus supercilia radantur, qui, barba volsâ, feminibusque « subvolsis ambulet, qui, in conviviis adolescentulus cum amatore, « cum chiridotâ tunicâ inferior accubuerit, qui non modo vinosus « sed virosus quoque sit; eumne quisquam dubitet, quin idem fe- « cerit quod cinædi facere solent? » (*Aul. Gell. Noct. attic.* lib. VII, cap. XII.)

de pièces de cuivre que sous le règne de Servius; et le métal d'argent ne fut employé au même usage, qu'après les guerres contre Pyrrhus, et cinq années seulement avant la première guerre punique [1]. Enfin, l'or monnayé n'eut cours que soixante-douze ans après cette époque, c'est-à-dire du temps même de Scipion. Pline [2] observe même, que les Romains n'exigeaient pas des peuples vaincus de l'or pour rançon, et que dans le tribut imposé aux Carthaginois, après la défaite d'Annibal, ce métal n'est point spécifié. Il était, à cette époque, d'un usage fort rare à Rome; et, suivant une autre remarque de Pline, ce ne fut qu'après la troisième guerre punique, et la ruine de Carthage, que l'on dora les lambris du Capitole, magnificence qui, sous les empereurs, devint commune dans les maisons des simples particuliers.

Ces faits, qui supposent bien peu de développement donné au commerce, expliquent comment, lors même que la conquête de tant d'états eut livré à Rome les productions et les industries du reste du monde, le négoce était encore, aux yeux des admirateurs des anciennes mœurs, une profession avilissante, compagne du luxe et de la décadence. Ce qui paraissait autrefois une occupation indigne d'un peuple laboureur et guerrier, paraissait alors également indigne d'un peuple dominateur. Les lois fiscales, les taxes sur les produits que le commerce étranger apportait à Rome, ne sem-

---

[1] Populus romanus ne argento quidem signato, ante Pyrrhum regem devictum usus est, etc. Argentum signatum est anno urbis CDLXXXV, Q. Ogulnio, C. Fabio, coss. quinque annis ante primum bellum punicum. (*C. Plinii Natur. Histor.* lib. XXXIII.)

[2] Aureus nummus post annum LXII percussus est quàm argenteus. (*C. Plinii Natur.* lib. XXXIII)

blaient pas non plus un mode assez honorable de remplir ce trésor de la république, enrichi par la dépouille des rois. « Je ne veux pas [1], » disait Scipion, dans une phrase de ce quatrième livre conservée par le grammairien Nonius, « je « ne veux pas que le même peuple soit le roi et le douanier « de l'univers ; et j'estime que pour les états, comme pour « les particuliers, le meilleur revenu, c'est l'économie. » Une telle maxime suffirait pour indiquer la prodigieuse différence qui sépare les temps anciens de nos temps modernes, où l'on trouverait peut-être, que le peuple roi est précisément celui qui est en même temps le facteur et le douanier de l'univers.

A côté des progrès du luxe matériel, jugés suivant les opinions de l'antiquité, Cicéron avait dû traiter plus soigneusement encore ce qui tient au luxe de l'esprit, les arts, les lettres, les théâtres, tout ce brillant cortége de la civilisation et de la richesse. Rien n'était plus ancien, chez les Romains, que les fêtes et les pompes publiques. Mais ces fêtes, assorties d'abord au goût d'un peuple de pâtres et de soldats, avaient conservé l'empreinte de cette rude origine ; et lors même que la magnificence et le génie des arts étaient venu les embellir, il y était resté quelque chose de rude et de barbare, comme les premières mœurs qui les avaient inspirées.

Fort anciennement, les citoyens prenaient part aux combats du cirque, soit par eux-mêmes, soit en y faisant paraître leurs chevaux ou leurs esclaves. Pline le natu-

---

[1] Nolo eumdem populum imperatorem et portitorem esse terrarum. Optimum autem et in privatis familiis et in re publicâ vectigal duco esse parcimoniam. (*Nonius.*)

raliste cite [7] un fragment de la loi des Douze Tables relatif
aux récompenses et aux couronnes qui pouvaient s'obtenir
ainsi dans ces jeux guerriers. Cela, comme on voit, se rapprochait assez des coutumes élégantes de la Grèce, dans ses
fêtes d'Olympie. Mais le jeu sanguinaire des gladiateurs
n'appartenait qu'à Rome; ou du moins aux Samnites, à qui
Rome l'avait emprunté. Cicéron, dans aucun de ses ouvrages connus, n'a réprouvé cet affreux usage qui faisait du
sang et du meurtre le passe-temps des spectateurs romains.
N'en avait-il rien dit dans ce quatrième livre? L'exemple
de Platon, si attentif à rendre les guerriers de sa république
aussi humains que braves, et à fortifier leurs muscles et
leurs âmes par des exercices sans danger pour les vertus morales, ne lui avait-il pas fait sentir, sur ce point, ce qui
manquait aux vieilles mœurs romaines? Nous l'ignorons,
et nous en doutons: telle est la puissance d'un préjugé national sur les plus beaux génies d'une nation! Les Romains,
il faut le dire, comparés aux Grecs, ne furent jamais que
des sauvages civilisés, des barbares pleins d'un admirable
talent d'imitation, et instruits à force d'art, dans une urbanité qui ne passait pas jusqu'au fond de leurs mœurs, et qui
polissait leur langage, sans humaniser leur nature. La guerre
continuelle, le besoin de la destruction ou de l'esclavage
des autres peuples, renouvelaient sans cesse en eux cette
férocité primitive. Les combats de gladiateurs avaient été
d'abord, dans leurs usages religieux, une espèce d'héca-
tombe offerte à la mort, et par laquelle on honorait les fu-

---

[7] Inde illa XII Tabularum lex : *Qui coronam parit ipse, pecuniâve,
ejus virtutis ergo duitor ei.* Quam servi equive meruissent pecuniâ
partam lege dici, nemo dubitaret. (*C. Plin. Secun. nat. Hist.
lib. XXI.*)

nérailles des citoyens illustres. Le goût du sang inné dans ce peuple en fit bientôt une partie nécessaire de toutes les fêtes publiques, et de ces jeux sans nombre consacrés à la foule des divinités que Rome adorait.

Comment Scipion Emilien, malgré son atticisme, aurait-il blâmé cette coutume? Nous lisons dans l'histoire que le premier Africain, son illustre et vertueux modèle, donna dans Carthagène un spectacle de gladiateurs, d'où l'on rejeta les esclaves comme un sang trop vil, et où l'on n'admit que des hommes de condition libre, qui se dévouaient à la mort pour plaire au général. Bien plus, deux jeunes princes d'Ibérie, parens et issus des deux sœurs, se disputaient alors le misérable trône d'une ville soumise à la protection romaine. Scipion leur permit de combattre corps à corps dans cette fête sanglante, avec un acharnement qui ne se termina que par la mort du plus jeune, et qui, ajoute froidement Tite-Live, fit voir à l'armée, par un remarquable exemple, combien la passion du pouvoir est un dangereux fléau pour les mortels.

Il est à croire que la philosophie, complice de l'orgueil et de l'ambition de Rome, n'éleva aucune plainte contre cette barbare coutume, et laissa le peuple jouir d'un spectacle que l'on croyait salutaire au courage, et politiquement utile. Cette réclamation, comme beaucoup d'autres, était réservée au christianisme, qui la fit entendre dans les premiers siècles de l'empire, où ce genre de férocité, mêlé à des mœurs molles et lâches, était devenu encore plus révoltant. Et cependant telle était la puissance d'une atroce habitude, que ces spectacles se renouvelèrent même sous des empereurs chrétiens, et ne cédèrent qu'à la longue opiniâtreté de l'éloquence évangélique. Le poëte Prudence, dans le quatrième siècle, représentait en vers énergiques ces affreux spectacles, et les jeunes Romaines attentives aux vicissitudes du combat, à la chute du vaincu, et donnant elles-mêmes le signal de sa mort :

Pectusque jacentis
Virgo modesta jubet converso pollice rumpi.

Il pressait Théodose d'abolir ces jeux barbares, et de mériter cette palme d'humanité que son père lui avait laissée à cueillir. « Plus de victimes, disait-il, dont les souffrances « soient un amusement public. Que ce cirque odieux, sa- « tisfait du sang des bêtes, ne fasse plus un jeu des meurtres « humains. »

Arripe dilatam tua , dux, in tempora famam ,
Quodque patris superest successor laudis habeto.
Nullus in urbe cadat, cujus sit pœna voluptas.
Jam solis contenta feris infamis arena
Nulla cruentatis homicidia ludat in armis.

Rome chrétienne avait encore besoin de telles leçons : et il y avait cependant plus de six siècles que Térence avait fait applaudir, dans *l'Andrienne*, ce beau vers qui semblait dicté par l'humanité la plus tendre :

Homo sum , et humani nihil a me alienum puto !

Tant les maximes ont peu d'influence sur les mœurs !

Au reste, si le théâtre romain avait quelquefois retenti d'accens si purs, il avait été plus souvent l'image d'une société corrompue ; et peut-être les sages de l'ancienne Rome s'étaient-ils montrés moins indulgens pour la licence de la scène que pour la cruauté du cirque. On connaît ce trait de Caton assistant aux jeux de la déesse Flore, et sortant de l'assemblée, parce que le peuple n'osait pas, sous ses yeux, demander la représentation de quelques bouffonneries obscènes qui faisaient un accessoire ordinaire de la fête.

Quelle que soit l'idée que cette anecdote nous donne du caractère des jeux scéniques, n'oublions pas que ces jeux, à Rome comme dans la Grèce, avaient une origine religieuse. Ce fut l'an 391 de Rome, après les ravages d'une maladie contagieuse, que l'on employa ce moyen de conjurer le fléau et d'apaiser les dieux. Ce n'était d'abord qu'une sorte de pantomime jouée par des Etruriens que l'on avait appelés pour cet usage. Ensuite, la jeunesse romaine, mêlant à l'imitation de ces danses des plaisanteries en vers grossiers, il en naquit un art nouveau. Des histrions romains se formèrent, et bientôt s'exercèrent à des représentations nommées *satyres*, mélanges de chants, de danses, et de vers semblables à ces vers fescennins dont parle Horace. Livius Andronicus fut le premier qui remplaça ces *satyres* par des espèces de fables dramatiques. Rien n'était plus imparfait et plus grossier que ces commencemens. L'auteur, à ce qu'il paraît, représentait à lui seul toute sa pièce. Un premier pas vers le progrès de l'art fut la permission donnée à Livius de se faire aider par un enfant qui chantait, tandis que lui-même continuait à faire la pantomime. La loi s'occupa bientôt de réprimer les écarts de ces jeux nouveaux, et les réduisit, comme dit Tite-Live[1], à être un art. Alors de jeunes Romains empruntèrent aux Osques, peuple d'Italie fort anciennement civilisé, une autre forme de drame plus régulier, plus décent,

---

[1] Cùm vis morbi nec humanis consiliis, nec ope divinâ levaretur victis superstitione animis ludi quoque scenici, nova res bellicoso populo (nam circi modo spectaculum fuerat) inter alia cœlestis iræ placamina instituti dicuntur. (*Tit.-Liv.*, lib. VII.)

et qui prit le nom d'*atellanes*, genre de composition théâtrale dont il ne nous reste aucun vestige.

Avec quelle curiosité n'aurions-nous pas entendu Scipion, le protecteur et l'ami de Térence, expliquer les progrès de cet art du théâtre qui se développa si vite à Rome, et en marquer l'influence sur les mœurs publiques ! De précieux fragmens de cette partie du quatrième livre nous ont été conservés. On y voit les différences, assez connues, qui séparèrent le théâtre romain de celui des Grecs, et ne permirent jamais qu'il eût le même génie et la même puissance. Mais ces fragmens nous laissent cependant désirer encore de précieux détails.

Quant à la tragédie romaine, il ne paraît pas qu'elle ait pu fournir, du temps de Scipion, beaucoup de remarques et de vues morales. Elle était toute grecque et toute mythologique. Cicéron aimait et citait les vieux poëtes qui donnèrent à cette tragédie quelque énergie mêlée de rudesse. Il leur enlève souvent des expressions hardies et nerveuses, dont il admire la force dans un temps où la poésie romaine était encore si loin de la perfection. Mais ces mêmes poëtes, considérés sous un point de vue plus élevé, ne pouvaient rien lui offrir de ce que les tragédies d'Athènes présentaient aux méditations des sages et au patriotisme des citoyens. Ennius, qui chanta en vers héroïques les actions des Romains, n'avait mis sur la scène que les traditions de la Grèce. Pacuvius, contemporain de Scipion, n'avait traité aucun sujet national, et n'avait ainsi fait de la tragédie qu'une œuvre littéraire, une imitation des fables de la Grèce. Ce ne fut que plus tard, et presque du temps de Cicéron, que l'idée vint au poëte Accius de mettre sur la scène l'expulsion des Tarquins. Mais jusque-là Hécube, Priam, Oreste, Achille, Agamemnon, et tout ce fonds de tragédie grecque qui dure encore, avait seul occupé le théâtre romain.

Du reste, ce point admis que, chez les Romains, la tragédie fut d'abord et long-temps étrangère à toute intention politique et nationale, il restait à examiner, pour Scipion et pour ses amis, l'influence que pouvaient avoir sur les mœurs de la république ces représentations toutes idéales, toutes littéraires, des crimes, des passions, des aventures qui formaient les annales héroïques de la Grèce. De plus, ces premières tragédies d'Ennius et de Pacuvius, imitées entièrement de Sophocle et d'Euripide, étaient pleines des maximes et des sentences de la philosophie grecque : et cette philosophie, ainsi rendue populaire, était une innovation qui avait son importance.

Cicéron, dans un ouvrage entièrement philosophique, dans les *Tusculanes* [1], a blâmé la morale de la tragédie, les fausses images qu'elle donnait des héros et des dieux, et le tort même qu'elle faisait à la nature humaine, en la montrant faible, furieuse, abattue par la douleur. Il a supposé que ces spectacles de larmes et de désespoir affaiblissaient les âmes ; et cette observation, empruntée de Platon [2], porte évidemment sur les mœurs de la tragédie grecque, où, comme on le sait, tous les excès de la souffrance, et même les cris et les gémissemens de la douleur physique, étaient un moyen convenu d'attendrissement et de terreur. De là

---

[1] Videsne poetæ quid mali afferant? Lamentantes inducunt fortissimos viros : molliunt animos nostros ; ita sunt dulces ut non legantur modo, sed ediscantur. (*Tusc.* lib. II, cap. XI.)

[2] Recte igitur a Platone educuntur ex câ civitate quam finxit ille, cùm mores optimos et optimum rei publicæ statum exquireret. (*Tusc.* lib. II, cap. XI.)

Cicéron conclut, dans ce passage, que Platon avait eu raison, en traçant sa république idéale, d'en bannir ces poëtes qui par leurs accens trop pathétiques, brisent la mâle vigueur de la vertu. Mais, malgré cette proscription philosophique une première fois exprimée, je ne suis pas convaincu qu'il ait dû reproduire le même anathème, dans la théorie de sa propre république, beaucoup moins spéculative que celle de Platon. Les Romains du temps de Scipion n'étaient pas comme les Grecs de l'*Académie*, ou comme les Français du siècle de Rousseau, des hommes fatigués de toutes les jouissances littéraires, et ramenés par la satiété même de ce noble délassement, à une sorte d'austérité systématique et paradoxale qui discute et réprouve ses propres émotions. Platon argumente sérieusement contre les vices de la morale d'Homère. Le premier Scipion, au contraire, avait encouragé de son admiration et de son amitié le vieux Ennius, qui traduisit pour les Romains l'*Iliade* avec tous les beaux délires dont elle est remplie. La poésie, les fables héroïques, les traditions de la Grèce, étaient alors pour les Romains une passion de jeunesse, à laquelle ils se livraient sans calcul. Le second Scipion, l'Emilien de nos dialogues, était encore plus épris des lettres, et y portait un sentiment plus délicat et plus élevé. Celui qui, vainqueur de Carthage, et voyant, d'une colline élevée, l'incendie de cette malheureuse ville, et la chute de ses palais abîmés dans les flammes, redisait, les yeux en pleurs, et en songeant à Rome, les beaux vers d'Homère :

« Un jour viendra que la ville sacrée de Troie, et Priam,
« et le peuple du vaillant Priam, seront anéantis ; »

cette âme douce et fière, toute émue du charme encore nouveau des beaux-arts, devait jouir du grand pathétique

II.

des tragédies grecques transportées sur le théâtre romain, plutôt que de discuter subtilement le danger que ces attendrissantes peintures pouvaient avoir pour la fermeté stoïque. Dans un autre ouvrage, Cicéron nous a retracé, par la bouche de Lælius [1], les vertueuses et pures émotions qu'excitait dans l'âme des Romains la belle scène imitée du théâtre grec, où les deux héros de l'amitié, Oreste et Pylade, se disputaient l'honneur de mourir l'un pour l'autre, et où chacun des deux amis se prétendait la victime que le tyran voulait immoler.

Du reste, ou ce même Lælius, ou Scipion avait blâmé, dans le quatrième livre *de la République*, l'abus que les poëtes dramatiques pouvaient faire quelquefois de la puissance qu'ils exerçaient sur les cœurs égarés par le prestige du théâtre. Saint Augustin nous en a conservé la preuve dans un passage où lui-même, avec sa pureté chrétienne, s'élève contre les fictions dangereuses dont la mythologie remplissait les théâtres. Il représente la faiblesse des lois et des prohibitions morales contre les exemples de ces dieux qui, dit-il, « semblaient multiplier et semer les crimes, en les « faisant solennellement connaître au peuple, parmi les pom- « pes de la scène, comme des actions qu'eux-mêmes avaient « faites, afin que la perversité humaine [2] fût animée par

---

[1] Qui clamores totâ caveâ nuper in hospitis et amici mei, M. Pacuvii, novâ fabulâ, cùm, ignorante rege uter eorum esset Orestes, Pylades Orestem se esse diceret, ut pro illo necaretur; Orestes autem, ita ut erat, Orestem se esse perseveraret! Stantes plaudebant in re fictâ : quid arbitramur in verâ fuisse facturos? Facile indicabat ipsa natura vim suam. (*De Amicitiâ.*)

[2] Quomodo igitur tanta animi et morum mala, bonis præceptis et legibus, vel imminentia prohiberent, vel insita extirpanda cu-

« une autorité divine. » Il ajoute : « En vain Cicéron récla-
« mait-il ; en vain s'écriait-il en parlant des poètes : Lorsque
« ces hommes se voient encore appuyés par les cris et les suf-
« frages du peuple, sage et beau précepteur sans doute, que
« de ténèbres ils répandent ! que de vaines terreurs ils ins-
« pirent ! que de passions ils enflamment ! »

Cette corruption du théâtre, relativement aux fausses
idées qu'il donnait des dieux, aux vices qu'il leur attribuait,
était le tort commun de tout le paganisme ; mais l'empreinte dut en être plus sensible encore dans la comédie
que dans la tragédie. Les courroux injustes, les ressenti-
mens implacables imputés aux dieux, sous la loi suprême
d'une inexplicable fatalité, étaient bien moins dangereux
pour le sentiment moral, que la peinture trop libre de
leurs ridicules aventures et de leurs humaines faiblesses.
Là, nécessairement l'incrédulité sortait de l'image du vice ;
et le culte périssait avec les mœurs.

Les vieux Romains qui croyaient au dieu du Capitole,
ne devaient-ils pas voir d'un front chagrin, Plaute lui faisant jouer la comédie, suivant son expression ? et les défenseurs des anciennes mœurs, dans lesquelles l'adultère
d'une femme était puni de mort, ne devaient-ils pas s'inquiéter, qu'aux yeux du peuple, il fût consacré par l'exem-

---

rarent dii tales : qui etiam seminanda et augenda flagitia curave-
runt, talia vel sua, vel quasi sua facta per theatricas celebritates
populis innotescere cupientes : ut tamquam auctoritate divinâ, suâ
sponte nequissima libido accenderetur humana : frustra hoc excla-
mante Cicerone, qui cùm de poetis ageret : ad quos cùm accessiset,
inquit, clamor et approbatio populi, quasi magni cujusdam et sapientis magistri, quas illi obducunt tenebras ? quos invehunt metus ?
quas inflammant cupiditates ? (*August. de Civitate Dei*, lib. II.)

ple de Jupiter? On sait jusqu'à quel point avait été portée à cet égard la hardiesse du théâtre d'Athènes, et l'impiété d'Aristophane, l'accusateur de Socrate. Le théâtre romain ne prenait pas des libertés moins étranges : on y voyait tous les caprices amoureux de Jupiter; on y voyait sa mort; et on y entendait lire sous son nom un testament burlesque. La chaste Diane était ignominieusement foucttée sur la scène. Il y paraissait trois Hercules, dont la voracité famélique était un sujet inépuisable de bouffonneries [1]. La loi n'avait mis aucun terme à cette licence. Elle avait protégé contre toute attaque injurieuse la réputation des citoyens, mais nullement celle des dieux [2]. Aussi saint Augustin, frappé de cette apparente contradiction, s'écrie-t-il, en faisant allusion au traité *de la République*, et en apostrophant le principal interlocuteur de ce dialogue : « Eh quoi ! Scipion, « vous louez cette précaution qui interdit aux poëtes l'in-« jure contre tout citoyen romain, tandis que nul des dieux « n'est épargné ! Vous tenez donc plus à la considération du « sénat qu'à celle du Capitole : Rome vous paraît plus digne « de respect que le ciel. De sorte que les poëtes ne peuvent « exercer leur malignité contre vos concitoyens [3], et que, « tranquilles à l'égard des dieux, ils peuvent leur prodiguer

---

[1] Dispicite Lentulorum et Hostiliorum venustates, utrum mimos an deos vestros, in jocis et strophis rideatis : Mœchum Anubim, et masculam lunam, et Dianam flagellatam, et Jovis mortui testamentum recitatum et tres Hercules famelicos irrisos. (*Tertull. Apolog.* cap. 15.)

[2] Nec tragici quidem aut comici parcunt, ut non ærumnas, vel rrores domus alicujus dei præfentur. (*Tertull. Apolog.* cap. 14.)

[3] Itane tandem, Scipio, laudas hanc poetis romanis negatam esse licentiam, ut cuiquam opprobrium infligeret Romanorum, cùm

« l'insulte, sans que ni censeur, ni magistrat, ni pontife,
« les empêche. Il a paru scandaleux apparemment, que
« Plaute, que Nævius pût médire des Scipions, ou Cœcilius
« de Caton : et il a paru convenable que votre ami Térence
« excitât les vices d'un jeune homme par l'exemple de Ju-
« piter très-grand et très-bon. »

Le passage auquel l'apôtre chrétien fait une allusion si sévère, est, au reste, le seul qui, dans les six comédies de Térence, soit marqué d'une telle empreinte. Partout ailleurs ce pur et gracieux écrivain, lors même qu'il peint la passion sous de vives couleurs, conserve la décence du langage, et respire même une sorte de bonté morale, qui sans doute n'est pas la vertu, mais qui n'est dénuée ni de charme, ni de puissance. La politesse et la dignité de Scipion semblent avoir passé sur ses élégans ouvrages ; et sans doute c'est à Térence que s'appliquait, dans le dialogue de la *République*, cette définition de la comédie conservée par le grammairien Donat : « La comédie est l'imitation de la vie [1], le miroir de la
« coutume, et l'image fidèle de la vérité. »

Pour exprimer quelques idées sur l'influence morale du

---

videas eos nulli deorum pepercisse vestrorum? Itane pluris tibi habenda visa est existimatio vestræ curiæ, quàm Capitolii, imo Romæ unius quàm cœli totius, ut linguam maledicam in cives tuos exercere poetæ etiam lege prohiberentur, et in deos tuos securi, tanta convicia, nullo senatore, nullo censore, nullo principe, nullo pontifice prohibente, jacularentur? Indignum videlicet fuit ut Plautus, aut Nævius Publio, et Cneio Scipioni, aut Cœcilius M. Catoni malediceret : et dignum fuit ut Terentius vester flagitio Jovis optimi maximi adolescentium nequitiam concitaret. (*August. de Civitate Dei*, lib. II, cap. XII.)

[1] Comœdia est imitatio vitæ, speculum consuetudinis et veritatis imago.

théâtre comique, le cadre choisi par Cicéron était d'autant plus favorable, que ce fut précisément dans le siècle de Scipion que la comédie latine fit ses plus heureux progrès, et reçut un degré de perfection encore refusé, dans cette époque, au reste de la littérature romaine. De plus, cette renommée qui attribuait à Scipion et à Lælius une part dans les ouvrages de Térence, ne paraît pas avoir été un vain bruit ; et le poëte, dans un de ses prologues, la combat [1] avec une molle complaisance qui semble la fortifier. Il est même resté sur ce point des traditions détaillées. Un certain Mummius, dans une harangue citée par Suétone, avait dit en termes exprès [2] : « Scipion l'Africain, empruntant le per- « sonnage de Térence, fit sous ce nom paraître sur la scène « les jeux secrets de son loisir. » Cornélius Népos, autorité plus connue, raconte à ce sujet une anecdote assez piquante, si elle est vraie. Un jour, Lælius, alors à sa campagne de Pu- téoles, étant à composer dans son cabinet, fit long-temps attendre, pour souper, sa femme et ses amis ; venant enfin, il dit qu'il n'avait jamais été mieux inspiré en écrivant. On le pressa de montrer ce qu'il avait fait ; et il récita des vers qui se trouvent aujourd'hui dans l'*Heautontimorumenos*. Au

---

[1] Nam quod isti dicunt malevoli, homines nobiles
Eum adjutare, assidueque una scribere :
Quod illi maledictum vehemens existumant,
Eam laudem hic ducit maximam, cùm illis placet,
Qui vobis universis et populo placent ;
Quorum operâ in bello, in otio, in negotio,
Suo quisque tempore usus est sine superbiâ.
(Adelph. in prologo.)

[2] Q. Mummius in oratione pro se ait : P. Africanus, qui a Terentio personam mutuatus, quæ domi luserat ipse, nomine illius in scenam detulit. (*Sueton. de Claris Poetis.*)

reste, pour contre-partie de cette anecdote, Suétone nous a conservé une vieille épigramme assez spirituellement maligne, où l'on reproche à Térence d'avoir perdu son temps et sa gloire à fréquenter le palais des grands de Rome, à écouter la voix éloquente de Scipion, à souper chez Lælius, pour aller mourir ensuite dans la pauvreté, et loin de sa patrie, oublié de ses illustres amis [1]. Ne croyons pas cette épigramme. En vérité, il serait trop cruel que ce patronage de la puissance envers le talent, toujours assez redoutable pour les hommes de lettres, ait si mal fini, même de la part de Scipion, et lorsqu'il s'agissait de Térence.

Quoi qu'il en soit de ces minutieuses anecdotes, dont certainement Cicéron ne parlait pas dans le quatrième livre de la *République*, on conçoit assez l'ingénieuse supposition d'un dialogue, où l'on avait le plaisir d'entendre parler sur le théâtre Scipion et Lælius, soupçonnés d'avoir fait des comédies. Un peu avant eux, ou de leur temps, six poëtes s'étaient déjà illustrés dans cette carrière, en imitant, non pas le cynisme politique d'Aristophane, mais le ton de la moyenne comédie, et les pièces de Ménandre, Philemon, Diphile,

---

[1] Dum lasciviam nobilium, et fucosas laudes petit ;
Dum Africani vocem divinam inhiat avidis auribus ;
Dum ad Furium se cœnitare et Lælium, pulchrum putat ;
Dum se amari ab hisce credit, crebro in albanum rapi
Ob florem ætatis suæ : ipsis sublatis rebus ad summam
       Inopiam redactus est.
Itaque e conspectu omnium abiit in Græciam in terram ultimam.
Mortuus est in Stymphalo Arcadiæ oppido. nil Publius
Scipio profuit, nihil ei Lælius, nil Furius :
Tres per idem tempus qui agitabant nobiles facillime,
Eorum ille operâ ne domum quidem habuit conductitiam,
Saltem ut esset, quo referret obitum domini servulus.
          (*Suetonius, in vitâ Terentii.*)

Epicharme, et de cette foule d'ingénieux comiques produits par la Grèce.

On sait, et Milton avait dit, il y a long-temps, que dans Athènes, la comédie politique était véritablement ce que la liberté de la presse est dans quelques états modernes, une espèce de puissance démocratique jugeant des affaires et des hommes. Le caractère des mœurs romaines, et la fierté du patriciat, n'admettaient pas l'imitation de cette licence athénienne. D'ailleurs, les lois des Douze Tables[1], fort antérieures au premier développement de la poésie latine, avaient condamné tous les écrits satiriques avec la rigueur que l'aristocratie porte dans la répression de ce genre de délit; et ces lois subsistaient. On ne peut douter que leurs dispositions menaçantes n'aient servi, autant que l'attrait d'un travail facile, à porter les comiques latins vers l'imitation exclusive et la traduction presque littérale de la moyenne comédie grecque, de celle qui se bornait uniquement aux tableaux de la vie commune, et à la supposition de quelques aventures particulières. Tel est le caractère de tout le théâtre de Plaute et de Térence. Noms des personnages, lieux de la scène, peintures de mœurs, choix de détails, tout est étranger, grec, sicilien, asiatique; tout se passe dans Athènes, à Calydon, à Epidamme, à Ephèse, etc., et en même temps tout appartient à l'ordre privé, aux situations domestiques; et rien ne rappelle, même par des allusions éloignées et inoffensantes, même par des imitations qui n'auraient plus été qu'historiques, les souvenirs de la comédie politique d'Eupolis et d'Aristophane. Quelques essais dans le genre hardi de la

---

[1] Id quidem etiam XII Tabulæ declarant condi jam tum solitum esse carmen : quod ne liceret fieri ad alterius injuriam, leges sanxerunt. (*Tuscul.* lib. IV.)

vieille comédie grecque avaient été cependant tentés à Rome, un peu avant Plaute, et se reproduisirent du temps de Cicéron, au milieu des luttes si vives de l'ambition et de la liberté. Après la première guerre punique, Nævius, qui fut poëte et soldat, et qui chanta cette guerre, dans laquelle il avait combattu, s'était avisé, dans des espèces de drames nationaux, de traduire sur la scène, et de poursuivre de ses sarcasmes, les personnages les plus illustres de Rome. Le croira-t-on? il n'avait pas respecté la vertu même du premier Scipion, et cette pureté de mœurs dont les historiens ont fait tant de bruit. Dans ses vers malins, il représentait le vainqueur de l'Afrique, le héros des Romains, arraché demi-nu, par son père, de chez une courtisane. Tel fut même, au rapport d'Aulu-Gelle [1], l'influence de ces méchancetés du poëte, qu'elles induisirent, dans la suite, un historien célèbre, Valérius Antias, à démentir l'opinion commune sur la magnanimité de Scipion en Espagne, et à prétendre que le jeune Romain, loin de rendre généreusement la belle

---

[1] Nos satis habebimus, quod ex historiâ est, id dicere : Scipionem istum, verone an falso incertum, famâ tamen, cùm esset adolescens, haud sincerâ fuisse, et propemodum constitisse hosce versus a Cn. Nævio poëtâ in eum scriptos esse :

Etiam qui res magnas manu sæpe gessit gloriose ;
Cujus facta viva nunc vigent ; qui apud gentes solus
Præstat : eum suus pater cum pallio uno ab amicâ abduxit.

Illis ego versibus credo adductum Valerium Antiatem adversum cæteros omnes scriptores de Scipionis moribus sensisse ; et eam puellam captivam non redditam patri scripsisse, contra quam nos supra diximus, sed retentam a Scipione, atque in deliciis amoribusque ab eo usurpatam. (*Auli-Gellii* lib. VI, cap. VIII.)

captive à ses parens, l'avait aimée avec passion, et au lieu
d'imiter Alexandre, avait fait ce que fit Masinissa. Et puis
maintenant, croyez à l'histoire ; ou plutôt dites, si vous
l'osez, que les calomnies des poëtes ne sont pas dangereuses !

Le second Africain, apparemment par dépit d'une telle
insulte à la gloire de son aïeul, ne ménageait pas, comme
nous le verrons dans quelques fragmens de ce quatrième
livre, les abus de la licence théâtrale ; et il félicitait la législation romaine de les avoir sévèrement réprimés. En
effet, l'audace de ce Nævius n'avait pas été impunie. Jeté
dans un cachot par l'ordre des magistrats nommés *triumvirs*, il fut en vain réclamé par les tribuns, protecteurs naturels de tous les médisans ; il ne put sortir de prison qu'a-
près avoir eu le temps d'y composer deux comédies, où il
rétractait les injures et les sarcasmes dont il avait blessé
plusieurs des principaux personnages de l'Etat[1]. Mais toujours
poursuivi par la haine de ces puissans ennemis, il fut réduit
à s'expatrier ; et il alla mourir à Utique, dans le même pays
qui bientôt après devait envoyer à Rome l'élégant et sage
Térence.

Cet exemple, et sans doute l'exacte surveillance des édiles
qui jugeaient les pièces de théâtre, détourna les poëtes
comiques d'une franchise ou d'une malignité si dangereuse.
Nous voyons bien dans les lettres de Cicéron, que Publius,
auteur de petites comédies appelées *mimes*, laissait échap-

---

[1] Sicuti de Nævio quoque accepimus, fabulas eum in carcere duas
scripsisse, Hariolum et Leontem ; cùm ob assiduam maledicentiam
et probra in principes civitatis de græcorum poetarum more dicta,
in vincula Romæ a triumviris conjectus esset. Unde post a tribunis
plebei exemtus est, cùm in iis, quas supra dixi, fabulis, delicta sua
et petulantias dictorum, quibus multos ante læserat, diluisset. (*Auli-
Gellii*, lib. III, cap. III.)

per contre la puissance de malignes allusions, vivement saisies par cette sagacité populaire que développe le sentiment de la servitude[1]. Macrobe nous raconte aussi comment Labérius, dans une pièce où César l'avait forcé de jouer lui-même, glissa quelques vers dont l'application, faite par tous les assistans, blessa le dictateur. Mais ces anecdotes appartiennent à une époque de politesse sociale où l'extrême raffinement des esprits donne à la satire des armes puissantes, fussent-elles imperceptibles. Il n'en est pas moins vrai que, dans le long intervalle depuis Nævius jusqu'à César, la comédie, constamment cultivée à Rome, paraît n'y avoir été qu'une œuvre littéraire, un amusement de l'esprit, étranger à toute intention morale ou politique.

Elle n'en fut pas moins florissante, et elle n'en peignit pas moins quelquefois des personnages romains, mais toujours, à ce qu'il semble, sans personnalités contemporaines, sans désignation individuelle. Indépendamment des pièces imitées des Grecs, telles que celles de Plaute, de Cœcilius, de Térence, le théâtre romain eut des comédies nationales, où l'on mettait en scène tous les rangs des citoyens, et qui portaient les noms de *Prætextæ*, de *Togatæ*, de *Tabernariæ*, suivant qu'elles offraient des personnages du premier ordre, de simples citoyens, ou des esclaves. Afranius s'était exercé dans ce genre, et avait mérité presque d'être comparé à Ménandre.

> Dicitur Afrani toga convenisse Menandro.

Il paraît que ses pièces bornées à des peintures de mœurs privées, et remarquables par la gracieuse élégance du style,

---

[1] Duas a te accepi epistolas heri : ex priore theatrum Publiumque cognovi bona signa consentientis multitudinis. (*Cicer. ad Familiares.*)

respiraient un genre de corruption trop commun dans les mœurs antiques [1], mais dont l'impudente publicité sur un théâtre paraît le plus honteux et le plus inconcevable degré de l'abjection humaine.

Ce poëte était contemporain de Scipion et de Térence. Si Quintilien trouve que les comédies de Térence, dont l'expression conserve tant de décence, ne devaient pas être lues avant l'âge *où les mœurs sont en sûreté*, suivant sa belle expression, de quelle censure les grands hommes de la république ne devaient-ils pas frapper, dans Afranius, une licence odieuse?

Sans parler de cette affreuse dépravation, nous voyons assez, par les comédies de Plaute, à quel excès de grossièreté licencieuse était porté le langage habituel de la scène comique chez les Romains. On ne doit pas s'étonner dès-lors qu'elle eût plus d'une fois attiré la réprobation des censeurs, de ces magistrats gardiens des mœurs publiques, et dont quelques arrêts offrent une sévérité que nous avons peine à concevoir. L'énergique Tertullien, en attaquant les théâtres de son temps, s'appuyait de cette antique autorité, et citait à cette occasion une curieuse anecdote : « Souvent, dit-il [2],

---

[1] Togatis excellit Afranius : utinamque non inquinasset argumenta fœdis amoribus, mores suos fassus ! (*Quintil.* lib. X, cap. L)

[2] Nam sæpe censores nascentia cùm maxime theatra destruebant, moribus consulentes, quorum scilicet periculum ingens de lasciviâ providebant, etc. Itaque Pompeius magnus, solo theatro suo minor, cùm illam arcem omnium turpitudinum exstruxisset, veritus quandoque memoriæ suæ censoriam animadversionem, Veneris ædem superposuit; et ad dedicationem edicto populum vocans, non theatrum, sed Veneris templum nuncupavit, cui subjecimus, inquit, gradus spectaculorum. Ita damnatum et damnandum opus templi titulo prætexit et disciplinam superstitione elusit. (*Tertull. de Spectaculis.*)

« les censeurs faisaient détruire les théâtres, dans l'intérêt
« des mœurs. Aussi, lorsque le grand Pompée, petit par cette
« seule faiblesse, fit bâtir son théâtre, ce réceptacle de tous
« les vices, craignant dans l'avenir, pour sa mémoire, le
« blâme des censeurs, il construisit au-dessus un édifice
« consacré à Vénus; et convoquant le peuple par un édit
« pour l'inauguration de ce lieu, il en fit la dédicace sous le
« titre, non pas de théâtre, mais de temple de Vénus, au pied
« duquel, ajouta-t-il, j'ai fait placer des gradins pour un
« spectacle. Ainsi il couvrit du frontispice d'un temple ce
« monument condamné et digne de l'être; et il éluda la mo-
« rale par la superstition. »

On voit par ce fait, et par la réflexion de l'orateur chrétien, que le théâtre latin remontait, en vieillissant, vers l'origine toute religieuse qu'avaient eue ses premiers et informes
essais, et dont il avait paru si long-temps s'écarter. Le vice
affectait par calcul ce qui n'avait été d'abord que le résultat
du hasard et de l'ignorance. On concevra, pour le dire en
passant, que cette disposition dut s'accroître dans la suite
par les progrès du christianisme, et qu'ainsi les théâtres devinrent le point d'appui, et pour ainsi dire la principale for-
teresse du culte païen, faiblement défendu par ses prêtres.
C'est l'explication des anathèmes terribles lancés par les
premiers Chrétiens contre les théâtres: et cela montre aussi
combien ces anciens anathèmes s'appliqueraient peu justement dans toute leur rigueur, à nos théâtres modernes, et à
un état de société si différent de cette première époque.

Quoi qu'il en soit, une sorte d'hypocrisie publique eut
beau vouloir, à Rome, consacrer les théâtres, jamais on ne
leur donna, chez un peuple fier et grave, l'importance et la
considération qu'ils avaient dans la Grèce. Cette vérité se

marque assez par la manière différente dont les acteurs étaient traités dans les deux pays[1]. Cicéron n'avait pas cru ce fait indigne d'observation. Il remarquait, dans le quatrième livre de *la République*, qu'Eschine[2] qui, dans sa jeunesse, avait joué la tragédie, prit part au gouvernement d'Athènes; et que le comédien Aristodème fut envoyé en ambassade auprès de Philippe, pour les négociations les plus importantes. A Rome, au contraire, la profession d'acteur était réputée déshonorante; et non-seulement elle éloignait de toute dignité, mais elle entraînait la privation des droits civiques, et l'exclusion du service militaire. Cette sévérité souffrait pourtant une exception pour ceux qui jouaient dans les pièces nommées *Atellanes*[3].

Cicéron, l'élève de Roscius dans l'art de la déclamation, son ami, son admirateur passionné, souscrivait-il, dans le traité de la *République,* à cet anathème dont les vieilles mœurs romaines frappaient la profession du théâtre? Nous sommes tentés de le croire, en l'entendant ailleurs, lors même qu'il fait le plus touchant éloge du caractère et des vertus de

---

[1] In scenam vero prodire, et populo esse spectaculo, nemini in eisdem gentibus fuit turpitudini. (*Cornelius Nepos.*)

[2] Siquidem, quod in eo quoque de Re Publicâ libro commemoratur, et Æschines atheniensis vir eloquentissimus, qui cùm adolescens tragœdias actitavisset, rem publicam capessivit; et Aristodemum, tragicum item actorem, maximis de rebus pacis et belli legatum ad Philippum Athenienses sæpe miserunt. (*August. de Civit. Dei.*)

[3] Atellani autem ab Oscis acciti sunt, quod genus delectationis italicâ severitate temperatum, ideoque vacuum notâ est : nam neque tribu movetur, neque a militaribus stipendiis repellitur. (*Val. Max.* lib. II.)

Roscius, regretter qu'un si honnête homme ait paru sur la scène. De son temps, il est vrai que déjà la licence des comédiens, le scandale de leurs fortunes, l'orgueil de leur luxe étaient portés à un excès qui devait, aux yeux des partisans de l'ancienne discipline, renforcer le préjugé défavorable attaché à cette profession. Æsopus, acteur célèbre, contemporain de Cicéron, laissa en mourant deux millions de biens à sa fille. Et le sage Roscius, dont Cicéron vante le désintéressement, ne paraissait jamais dans une représentation à moins d'une somme considérable que lui payait l'État.

Au siècle de Scipion, il était à croire que l'on ne connaissait pas encore ces abus, qui furent si prodigieusement surpassés dans la suite par les honneurs et les richesses, dont la folie des empereurs combla quelquefois un danseur ou un baladin. Sous Tibère, on rendit un décret[1] pour interdire à tout sénateur de faire visite à des pantomimes, et aux chevaliers de les accompagner, lorsqu'ils sortaient en public. Mais dans les premiers siècles de la république, les acteurs, confondus sous le nom d'histrions, étaient passibles des verges, sur l'ordre du préteur. L'histoire ne nous a transmis le nom d'aucun de ceux qui jouèrent dans les pièces de Térence. Il semble que ces comédies, pleines de délicatesse et d'élégance, exigeaient un jeu aussi naturel que savant, et qui élevait déjà les efforts du comédien à la dignité d'un art, et d'un art difficile autant que flatteur pour le goût et l'imagination. Était-il juste que des hommes occupés d'un tel emploi, et qui le remplissaient avec distinction, fussent traités comme gens

---

[1] Multa decernuntur ex quis maxime insignia : ne domos pantomimorum senator introiret ; ne egredientes in publicum romani equites cingerent. (*Tac. Ann.* lib. I.)

de condition servile? Et n'y avait-il pas un milieu entre cette dure proscription et l'apothéose du comédien Paris, sous le règne de Néron? L'art théâtral, dans ses rapports avec une des parties les plus importantes de l'art oratoire, devait d'ailleurs, dans une république, patrie naturelle de l'éloquence, paraître fort digne d'intérêt. Sans doute c'était une grande présomption à Roscius lui-même de composer un livre, où il mettait le talent de l'acteur en parallèle avec celui de l'orateur; mais ce don précieux de la scène, lorsqu'il est porté à la perfection, n'en est pas moins une grande puissance, une source de belles émotions, un rare talent, dont il est d'autant plus juste de jouir avec enthousiasme, qu'il ne dure que l'instant de la vie, et meurt tout entier.

Dans ce quatrième livre, où conversaient les esprits les plus polis d'une époque éclairée, et où Cicéron tenait la plume, sans doute à l'examen moral et politique du théâtre, se trouvaient joints des jugemens ingénieux et rapides sur le mérite des principales productions de ce genre. Quintilien nous dit quelque part [1], avec toute l'autorité d'une opinion mûrement approfondie, que le poëte comique Ménandre est, de tous les écrivains grecs, le plus propre à

---

[1] Menander, qui vel unus, meo quidem judicio, diligenter lectus, ad cuncta quæ præcipimus effingenda sufficiat, ita omnem vitæ imaginem expressit; tanta in eo inveniendi copia, et eloquendi facultas; ita est omnibus rebus, personis, affectibus accommodatus. Nec nihil profecto viderunt, qui orationes quæ Charisii nomine eduntur, a Menandro scriptas putant. Sed mihi longe magis orator probari in opere suo videtur; nisi forte aut illa mala judicia, quæ Epitrepontas, Epicleros, Lochos habent; aut meditationes in Psophodà, et Nomothete, et Hypobolimæo, non omnibus oratoriis numeris sunt absolutæ. (*Quintiliani*, lib. X, cap. I.)

former l'orateur homme d'état et moraliste. Bien qu'au jugement de César, Térence ne soit qu'un demi-Ménandre, cependant des pièces qui, pour l'élégance du style et l'expression naïve des mœurs, étaient une image de cet admirable modèle, devaient fournir plus d'une remarque relative aux progrès de la langue et du goût. Elles avaient paru, d'ailleurs, au milieu d'une foule d'autres comédies[1] également distinguées par toutes les grâces de la diction romaine. Dans quel rang s'y trouvaient-elles placées? Faut-il en croire un écrivain cité par Aulu-Gelle[2], qui dans une liste des poëtes comiques de Rome, n'accorde à Térence que la sixième place? Nous pouvons juger cette décision par rapport à Plaute, que le nomenclateur place le second. Mais Cœcilius, Nævius, Licinius, Attilius, méritaient-ils d'être préférés à Térence? S'il en est

---

[1] Dulces latini leporis facetiæ per Cœcilium Terentiumque et Afranium suppari ætate nituerunt. (*Vell. Paterc.* lib. I.)

[2] Sedigitus in libro, quem scripsit de poetis, quid de iis sentiat qui comœdias fecerunt, et quem ex omnibus præstare cæteris putet, ac deinceps quo quemque in loco et honore ponat, his versibus demonstrat :

> Multos incertos certare hanc rem vidimus,
> Palmam poetæ comico cui deferant.
> Eum meo judicio errorem dissolvam tibi :
> Ut contra si quis sentiat, nihil sentiat.
> Cœcilio palmam Stacio do comico.
> Plautus secundus facile exsuperat cæteros ;
> Dein Nævius, qui fervet, pretium tertium est :
> Si erit, quod quarto datur, dabitur Licinio.
> Post insequi Licinium facio Attilium.
> In sexto sequitur hos loco Terentius.
> Turpilius septimum, Trabea octavum obtinet.
> Nono loco esse facile facio Luscium.
> Decimum addo causâ antiquitatis Ennium.
>
> (*Auli Gellii Noct. attic.* lib. XV, cap. xxiv.)

ainsi, quels trésors d'élégance et d'esprit renfermait donc cette partie de la littérature latine, où Quintilien prétend cependant que Rome ne possédait rien en comparaison de la Grèce ?

Aulu-Gelle, dans un chapitre de ses *Nuits attiques,* a rapproché divers passages de ce désespérant Ménandre, et de Cœcilius, son imitateur habituel; et il montre combien l'expression grecque l'emporte par le tour, la grâce, l'abandon, sur tout l'art du comique latin ; mais ces parallèles sont courts, choisis peut-être avec peu de goût, et appliqués à des citations d'un intérêt médiocre. Combien quelques mots de Scipion, ou de Lælius, nous en auraient dit davantage!

La comédie paraît avoir été le fruit le plus abondant et le plus heureux de la littérature latine, dans le siècle de Scipion ; mais elle était loin d'être le seul. Les lettres, sans devenir encore une espèce de profession, comme dans nos temps modernes, et sans être animées par l'enthousiasme inspirateur qui les fit naître dans la Grèce, se produisaient déjà sous des formes diverses. Il faut nommer d'abord la satire, dont Quintilien[1] attribue l'invention aux Romains, et qui fut pour eux une espèce de supplément à leur théâtre comique, trop gêné par les lois, et une véritable imitation des libertés de la vieille comédie d'Athènes. Lucile, encore admiré du temps d'Horace, dont il importunait la renommée, fut le premier maître dans ce genre hardi. Ses satires, fort nom-

---

[1] Satira quidem tota nostra est, in quà primus insignem laudem adeptus est Lucilius, qui quosdam ita deditos sibi adhuc habet amatores, ut eum non ejusdem modo operis auctoribus, sed omnibus poetis præferre non dubitent : ego quantum ab illis, tantum ab Horatio dissentio, qui Lucilium fluere lutulentum, et esse aliquid quod tollere possis, putat. Nam et eruditio in eo mira, et libertas, atque inde acerbitas, et abunde salis. (*Tabii Quintil.* lib. X, cap. I.)

breuses, et divisées en trente livres, s'il faut en croire les citations éparses qui nous restent, attaquaient sans réserve les vices des grands et du peuple, désignaient librement un juge prévaricateur, un citoyen pervers, un fripon, un débauché. Son vers âpre et dur était un fer chaud qui imprimait des notes d'infamie.

Mais Lucile, au milieu de ses témérités et de son ardent cynisme, avait recherché, par conscience ou par politique, l'amitié de Scipion et de Lælius, les premiers des Romains. Sous la protection de leur crédit et de leurs vertus, il lançait les traits de sa verve meurtrière; il peignait d'un style d'airain les vices et la corruption de ses concitoyens; il les montrait attentifs [1] à se tromper les uns les autres par de fausses caresses et de faux semblans d'amitié, se faisant, sous le masque de la probité, une guerre sourde et continue, comme des peuples ennemis; enfin usant déjà de tous les vices d'une vieille société. Mais dans ses plus amères invectives, il laissait quelque chose de consolant pour l'orgueil national. Nommait-il le peuple romain, il avait soin de dire : «Ce peuple [2] qui « vaincu dans beaucoup de combats, ne l'a été dans aucune « guerre; avantage qui renferme tous les autres. » Ailleurs,

---

[1] Nunc vero, a mane ad noctem, festo atque profesto,
Totus item pariterque dies, populusque patresque
Jactare indu foro se omnes, decedere nusquam :
Uni se atque eidem studio omnes dedere et arti,
Verba dare ut caute possint, pugnare dolose ;
Blanditiis certare, bonum simulare virum se,
Insidias facere, ut si hostes sint omnibus omnes.
(*C. Lucil. in Fragmentis.*)

[2] Ut populus romanus victus vi, et superatus præliis
Sæpe est multis, bello vero nunquam, in quo sunt omnia.
C. Lucil. in Fragmentis, lib. XXVI.

il fait consister la vertu à être l'ennemi public et personnel des méchans et des mauvaises mœurs; définition parfaitement analogue au caractère et au besoin des états libres. Enfin, dans l'ordre des intérêts que l'on doit consulter, il place d'abord l'intérêt de notre patrie, ensuite celui de nos parens, et le nôtre au troisième et dernier rang [1].

Sans doute, aux yeux du sage Scipion et du doux Lælius, ce virulent accusateur des vices était un citoyen utile, dont ils calculaient l'influence au profit des mœurs et de la vertu. Un demi-siècle auparavant, Ennius, uniquement attentif à chanter les guerres et les faits d'armes des Romains, avait mérité l'estime du premier Africain, dont il célébrait la gloire. Rome, encore rude et toute belliqueuse, n'avait pas alors besoin d'une autre poésie, et n'aurait pas voulu l'entendre. Les expressions ardentes d'Ennius, sa verve toute pleine du feu des combats, étaient assorties à des imaginations sans cesse occupées par les travaux de la guerre. C'était le poëte d'une armée. L'époque plus avancée de Scipion

---

[1] Virtus, Albine, est pretium persolvere verum
Queis inversamur, queis vivimu' rebu' potesse :
Virtus est homini, scire id, quod quæque habeat res :
Virtus, scire homini rectum, utile, quid sit honestum :
Quæ bona, quæ mala item, quid inutile, turpe, inhonestum :
Virtus, quærendæ rei finem scire modumque ;
Virtus, divitiis pretium persolvere posse :
Virtus, id dare, quod re ipsa debetur honori ;
Hostem esse atque inimicum hominum morumque malorum,
Contra defensorem hominum morumque bonorum,
Magnificare hos, his bene velle, his vivere amicum :
Commoda præterea patriæ sibi prima putare,
Deinde parentûm, tertia jam postremaque nostra.

(C. Lucil.)

Émilien devait demander autre chose aux lettres et à la poésie; elle pouvait y chercher un correctif salutaire contre les vices grossiers et la licence. Lucile était le poète d'une société déjà corrompue.

Du reste, à cette époque, on écrivait encore assez peu en prose, et seulement sur les objets d'utilité immédiate, la guerre, l'agriculture, l'histoire. Caton, que Pline appelle le premier des hommes dans la pratique de toutes les choses utiles, avait embrassé à cet égard toutes les connaissances de son temps, dans un style concis et simple, dont le siècle d'Auguste prisait encore le bon sens et l'énergie. Son ouvrage *de Re Rusticá*, conservé jusqu'à nous, semble le recueil des axiômes d'un fermier laborieux. Passionné pour l'étude, mais ennemi des arts de la Grèce, dont Rome devait subir le joug, Caton avait eu pour principal objet, dans son livre des *Origines*, de contester aux Grecs l'honneur d'avoir colonisé l'Italie; et il s'était attaché à retrouver sur le sol du *Latium* la trace des vieilles mœurs nationales et de la civilisation indigène. Il racontait aussi, dans cet ouvrage, la première et la seconde guerre punique, et plusieurs autres expéditions des Romains, mais avec une grande brièveté, et en marquant les événemens décisifs de chaque campagne, sans nommer les généraux. Les autres historiens[1] la-

---

[1] Si aut ad Fabium, aut ad eum, qui tibi semper in ore est, Catonem, aut ad Pisonem, aut ad Fannium, aut ad Venonium venias; quamquam ex his alius alio plus habet virium, tamen quid tam exile, quàm isti omnes? Fannii autem ætate conjunctus Antipater paulo inflavit vehementius, habuitque vires agrestes ille quidem atque horridas, sine nitore, ac palæstra; sed tamen admonere reliquos potuit ut accuratius scriberent. Ecce autem successère huic belle, Clodius, Asellio: nihil ad Cœlium, sed potius ad antiquorum languorem, atque inscitiam. (*Cicer. de Legibus*, lib. I.)

tins de cette époque inspiraient peu d'estime à Cicéron; et dans son *Traité des Lois*, il les nomme d'une manière assez dédaigneuse, en leur reprochant d'être tout-à-fait privés de force et d'élégance. Un de ces historiens jugés avec tant de rigueur avait cependant une idée très-vraie de son art, si nous en jugeons par un court passage que nous a conservé Aulu-Gelle. « Raconter, disait cet écrivain, sous quel consul « la guerre a commencé, de quelle manière elle s'est termi- « née, quel général est entré en triomphe dans Rome, puis « rebattre en détail tous les faits de cette guerre, et en même « temps oublier de dire quelle mesure a décrété le sénat, « quelle loi, quelle proposition a passé, quelle politique a « tout dirigé, c'est faire des contes pour les enfans, et non « pas écrire l'histoire.[1] »

Il paraît enfin que Cicéron, à l'exemple de Platon, avait, dans ce quatrième livre, blâmé l'influence de la musique, et que l'un des interlocuteurs du dialogue la proscrivait comme un art dangereux pour les mœurs. Un Grec du qua- trième siècle, Quintilien Aristide, auteur d'un traité sur la musique, rappelle et combat cette opinion, « qu'il ne peut, « dit-il, imputer à Cicéron lui-même, admirateur du comé- « dien Roscius, et si passionné pour tout ce qui tenait au « rhythme oratoire. » On voit par ce genre d'objection, à quel point la musique, chez les anciens, se confondait avec tous les arts; et cela même peut expliquer l'importance

---

[1] Scribere autem bellum quo initum consule, et quo modo con- fectum sit, et quis triumphans introierit, et quæ eo in bello gesta sunt iterare; non prædicare autem interea quid senatus decreverit, aut quæ lex rogatiove lata sit, neque quibus consiliis ea gesta sint: id fabulas pueris est narrare, non historias scribere. (*Aul. Gell. lib.* V, cap. XVIII.)

qu'on lui attribuait, et le soin jaloux avec lequel on surveillait tous les effets d'un art si puissant. Pour nous, froids
habitans d'une zone humide, nous ne pouvons juger de
la domination que le charme des sons exerçait sur ces
nations poétiques et musicales, dont la langue seule était une
perpétuelle mélodie. Les Romains mêmes semblent déjà, sur
ce point, doués d'une sensibilité bien inférieure à celle des
Grecs ; et nous ne croyons pas que ce soit à Rome qu'on ait
jamais pu dire qu'une innovation dans la musique faisait une
révolution dans l'Etat, ni que jamais aucun censeur se soit
cru obligé, comme cet éphore de Sparte, de couper, par mesure de prudence, quelques cordes nouvelles ajoutées à la
lyre. Il semble d'ailleurs que la musique est une science de
doux loisir et de vie voluptueuse, dont l'empire, lors même
qu'il était favorisé chez les Romains par l'organisation physique et le climat, devait être affaibli et restreint par l'activité laborieuse de leur existence. La perfection dans la musique est bonne pour les Italiens de Rome ; les Romains
avaient mieux à faire.

En examinant tout ce qui touchait à la civilisation et aux
arts, Cicéron avait dû parler plus d'une fois, dans ce livre,
de la censure qui, sous d'autres rapports, tenait une si grande
place dans la constitution romaine. Mais en ne la considérant
ici que sous le rapport des mœurs privées, quelles observations
n'offrait pas cette singulière institution, qui était pour ainsi
dire dans l'ordre moral ce que la dictature était dans l'ordre
politique et militaire, c'est-à-dire, qui blâmait, réprimandait,
flétrissait, sans discussion, sans jugement et sans appel ! Rien
ne prouve mieux, ce semble, combien l'autorité est nécessaire aux hommes, que ces pouvoirs extrêmes qui, dans les
sociétés les plus libres, sont établis sur certains points. Le

censeur blâmait un citoyen dont le champ[1] était mal cultivé ; il frappait de sa réprobation le célibataire, le parjure, le débiteur infidèle ou négligent ; il punissait de la même peine un consul pour avoir indiscrètement embrassé sa femme, en présence de sa fille.

Cicéron nous dit, dans un fragment de ce quatrième livre, qu'une magistrature si sévère épouvanta d'abord les Romains [2] ; et il ajoute : « L'arrêt du censeur n'inflige « presque au condamné que de la honte ; aussi, comme « toute cette pénalité se résout en flétrissure nominale, le « châtiment appliqué en ce cas s'appelle *ignominie*[3]. » Admirable rapprochement d'idées ! cette magistrature dont la rigueur fit trembler Rome, n'avait pour frapper, que des peines d'opinion. Elle était simplement l'organe d'un point d'honneur public. N'y a-t-il pas dans ce peu de mots un bel éloge du peuple qu'elle effrayait ?

Nous verrons plus tard, et Cicéron avait probablement examiné ailleurs, comment la censure était un des principaux ressorts du gouvernement même, par l'influence qu'elle exerçait sur la formation de ce sénat, dont la politique profonde et constante préparait l'esclavage du monde. Rappelons seulement ici que, lorsque Scipion Emilien [4],

---

[1] Agrum male colere censorium probrum judicabatur. (*Plin. Hist. nat.* lib. XV.)

[2] Horum enim severitatem dicitur inhorruisse primum civitas. (*Nonius*, voce *horridum.*)

[3] Censoris judicium nihil fere damnato affert nisi ruborem ; itaque quia omnis judicatio ea versatur tantummodo in nomine, animadversio illa ignominia dicta est. (*Nonius*, voce *ignominia.*)

[4] Ne Africanus quidem posterior nos de se tacere patitur : qui censor cùm lustrum conderet, inque solite fieri sacrificio scriba ex

élevé à la dignité de censeur, célébra l'imposante cérémonie du *Lustre*, et qu'au milieu de toutes les pompes religieuses et guerrières dont cette fête était entourée, le héraut prononça la formule de la prière publique, par laquelle on demandait aux dieux l'agrandissement de la république, le vainqueur de Carthage fit suspendre cette lecture, et déclara que désormais la république était assez puissante, et qu'il suffisait de demander aux dieux la conservation de sa prospérité. Dans la pensée de l'ouvrage écrit par Cicéron, dans ce désir si noble de montrer la république au comble de sa gloire, et libre encore, pouvait-il choisir un plus heureux interprète, que ce même Scipion qui avait ainsi rectifié les vœux de l'ambition romaine, que le grand homme qui semblait avoir ainsi voulu, en présence des dieux, poser un terme au prodigieux accroissement de cette grandeur qui ne pouvait plus périr que par elle-même. Imaginez quel admirable mouvement, quelle touchante allusion l'idée de ce grand jour et de ce vœu sublime, devait inspirer à Cicéron faisant parler l'Africain ! Quelle éloquence de l'âme et du patriotisme devait vivifier ces peintures des mœurs romaines, que nous, compilateurs du dix-neuvième siècle, nous avons faiblement essayé de remplacer par des anecdotes et des traits épars recueillis sur les ruines de la littérature romaine, à deux mille ans de tels hommes et de tels souvenirs !

---

publicis tabellis solemne ei precationis carmen præiret, quo dii immortales, ut populi romani res meliores amplioresque facerent rogabantur : « Satis, inquit, bonæ ac magnæ sunt. Itaque precor ut eas « perpetuo incolumes servent. » Ac protinus in publicis tabulis ad hunc modum carmen emendari jussit : quâ votorum verecundiâ deinceps censores in condendis lustris usi sunt. (*Valer. Maxim.* lib. IV.)

M. TULLI CICERONIS
DE RE PUBLICA
LIBER QUARTUS.

I. . . . ¹ gratiam★. Quàm commode ordines descripti, ætates, classes, equitatus in quo suffragia sunt etiam senatûs : nimis multis ² jam stulte hanc utilitatem tolli cupientibus, qui novam largitionem quærunt aliquo plebiscito reddendorum equorum.

★ Atque ipsa mens quæ futura videt, præterita meminit. (*Nonius, de Num. et Cas.*)

Præclare M. Tullius : Etenim si nemo est , inquit, quin emori malit, quàm converti in aliquam figuram bestiæ, quamvis hominis mentem sit habiturus ; quanto est miserius, in hominis figurâ, animo esse efferato ? mihi quidem tanto videtur, quanto præstabilior est animus corpore. (*Lactantius, Inst. V. 11.*)

¹ Folium unicum in vaticano codice superest cum inscripto titulo quarti libri. Etsi autem hæ quatuor pagellæ valde exiguam particulam habent, nihilominus id confirmant, quod edita fragmenta innuebant, nempe quarto libro actum fuisse de disciplinâ rei publicæ deque moribus instituendis ; quod ut fieret, postulavit a Scipione Tubero, lib. II. XXXVIII.

² Cod. *multi.*

DE LA RÉPUBLIQUE.

LIVRE QUATRIÈME.

I. . . . .[1] QUELLE convenance dans la distinction, par ordres, par âges[2], par classes, en y comprenant l'ordre équestre, où votent les sénateurs! Trop de gens veulent, il est vrai, follement détruire cette institution, dans l'espoir de quelque prodigalité sur la valeur des chevaux qu'un plébiscite ferait restituer au trésor.

---

[1] Ce livre est réduit à un seul feuillet, dans le manuscrit du Vatican. L'éditeur de Rome réunit à ce faible débris les passages que saint Augustin avait transcrits dans *la Cité de Dieu*, et dans une épitre à Nectaire. Il croit pouvoir y rattacher aussi quelques fragmens de Cicéron, transmis et conservés sans indication de l'ouvrage auquel ils appartenaient. Ces fragmens, précieux pour les philologues, ne pouvaient trouver place dans la traduction. Ils sont cités au bas du texte latin.

[2] « Romulus avait divisé le peuple romain en vieillards et en jeunes « gens. Servius Tullius établit, dans la suite, cinq divisions dans « la classe des jeunes gens. » Aulu-Gelle donne ce détail d'après un historien nommé Tubéron. (*Aul. Gell.* liv. **X**, chap. **XXVIII.**)

II. Considerate nunc cætera quàm sint provisa sapienter ad illam civium beate et honeste vivendi societatem : ea est enim prima causa coeundi; et id hominibus effici ex re publicâ debet, partim institutis, alia legibus. Principio disciplinam puerilem ingenuis, de quâ Græci multum frustra laborarunt, et in quâ unâ Polybius noster hospes nostrorum institutorum negligentiam accusat, nullam certam aut destinatam legibus, aut publice expositam, aut unam omnium esse voluerunt. Nam . . . . . . ,

. . . .

III. . . . . ri, nudari [1] puberem *. Ita sunt alte repetita quasi fundamenta quædam verecundiæ [2]. Juventutis vero exercitatio quàm absurda in gymnasiis! quàm levis epheborum illa militia! quàm con-

---

* Secundum Tullium qui dicit, Ad militiam euntibus dari solitos esse custodes a quibus primo anno regantur. (*Servius ad Æn.* V. 546.)

[1] Vocabulum *nudari* superadditur in codice inter *ri* et *puberem*. Id nisi vocabulum fuisset superadditum, haud erat absurdum hiatus finem ita fere sarcire : « More romano, cum patre filium non solere « lavari puberem ; » quam rem testantur Cic. Off. I. 55, de Or. II. 55 ; Plut. in Cat. cens. xx, et Quæst. rom. t. vii. p. 109 ; Ambros. Off. I. 18.

[2] Ita cod. posteriore manu ; at priore *verecunda*.

II. Voyez d'ailleurs que de précautions, sagement prises, afin d'assurer aux citoyens les avantages d'une vie heureuse et pure ; ce qui est le premier but de toute société, et ce qui doit résulter, pour les individus, des soins de la république, par le concours des mœurs et des lois. D'abord, quant à la manière d'élever les enfans de condition libre, objet habituel des vains efforts des Grecs, et le seul point sur lequel Polybe accuse la négligence de nos institutions, les Romains ont voulu que l'éducation ne fût ni fixée, ni réglée par les lois, ni donnée publiquement, ni uniforme pour tous. [1] . . . .

III. Dans nos mœurs anciennes, il était interdit au jeune homme pubère de se montrer nu dans le bain. Tant on s'y prenait de loin, pour jeter le germe des sentimens de pudeur ! Chez les Grecs, au contraire, quelle inconvenante école pour la jeunesse, que les exercices de leurs gymnases ! quelle frivole préparation aux travaux de la guerre ! quelles luttes indécentes, quels impurs amours libres et permis ! Je ne parle point des Éléens et des Thébains, chez

---

[1] Dans cette juste et vive censure, Cicéron s'est abstenu de rappeler la république de Platon. Polybe, en comparant les institutions des divers états, ne parle pas non plus de institutions idéales proposées par Platon. Il donne une raison ingénieuse de ce silence. « Je « ne puis, dit-il, admettre cette constitution toute chimérique à en- « trer en concurrence avec les républiques réelles et effectives ; de « même que l'on ne permet pas l'accès de la lice à ceux qui n'ont « pas fait les exercices ordonnés, et qui ne sont pas inscrits sur le « rôle des athlètes. »

trectationes [1] et amores soluti et liberi! Mitto apud Eleos et Thebanos, apud quos in amore ingenuorum libido etiam permissam habet et solutam licentiam. Lacædemonii ipsi cùm omnia concedunt in amore juvenum, præter stuprum, tenui sane muro dissæpiunt id quod excipiunt : complexus enim concubitusque permittunt : pallas [2] inter pecus. Hîc Lælius : Præclare intelligo, Scipio, te in his [3] Græciæ disciplinis, quas reprehendis [4], cum populis nobilissimis malle quàm cum tuo Platone luctari, quem ne attingis quidem ; præsertim cùm. . . . .

IV. Nunquam comœdiæ, nisi consuetudo vitæ pa-

---

[1] Ita cod. alterâ manu ; at priore *contrectationis*.

[2] Ita lego prorsus in codice ; et notemus adagium. Pallis seu velis dissæpiebantur olim conclavia, ut illa Antigoni regis apud Senecam, de Irâ, III. 22, observante Forcellino : « Cùm inter dicentes et au- « dientem palla interesset. » Sic etiam Theodorici regis palatio prætenduntur pallæ in musivo ravennatensi ; et sunt pro foribus in vaticani Virgilii nec non Terentii picturis. Vis autem proverbii est : « Si pallas inter homines obtendas, eas ob reverentiam, nisi datâ « licentiâ, tollere non audebunt ; pecus (lascivientes nimirum ju- « venes) si quis ita dissæpire velit, insanus videatur. » Confer Silentiarium, Anthol. III. LXIII. 91. Generatim vero hanc in Græcos invectionem videtur Cicero accersere a scriptis Catonis. Lege Plut. in Cat. cens. XXIII.

[3] Cod. *is* pro *his*.

[4] Cod. *reprendis* priscâ orthographiâ, sicuti in palimpsestis ambrosianis et in palatino.

lesquels cette passion jouit d'une licence entière et autorisée ; mais les Lacédémoniens, même en permettant tout à cet égard, hors le crime de violence, n'ont laissé à la pudeur et à l'honnêteté que de bien faibles barrières.

LÆLIUS. Je vois parfaitement, Scipion, qu'au sujet de ces institutions grecques dont vous faites la censure, vous aimez mieux encore vous attaquer aux coutumes des peuples les plus renommés, que de vous en prendre à votre cher Platon, que vous ne nommez pas. . . . .

IV. ¹Jamais la comédie², si l'habitude des mœurs

---

¹ De longues lacunes séparent ce passage du précédent, et il n'est lui-même qu'un bien faible débris de ce que ce livre contenait sur le théâtre.

² Cicéron paraissait goûter assez médiocrement les jeux scéniques de son temps ; du moins, si nous en jugeons par la manière chagrine et dédaigneuse dont il rend compte à un ami, de la plus magnifique de ces solennités, de celle qui eut lieu pour inaugurer le théâtre du grand Pompée. On voit par sa lettre à Marius, que la profusion et l'entassement des spectacles divers réunis dans ces fêtes, en rendaient la pompe fatigante, et que le bon goût avait peu de choses à y faire. C'étaient déjà tous les inconvéniens dont se plaint Horace, et surtout l'empiètement du cirque sur le théâtre, l'abus des représentations matérielles, des spectacles qui ne parlent qu'aux yeux, substitué à l'intérêt dramatique et aux beautés littéraires.

> Verum equitis quoque jam migravit ab aure voluptas
> Omnis ad incertos oculos et gaudia vana.
> Quatuor aut plures aulæa premuntur in horas,
> Dum fugiunt equitum turmæ, peditumque catervæ.

teretur, probare sua theatris flagitia potuissent[1]. Et Græci quidem antiquiores vitiosæ suæ opinionis quamdam convenientiam servaverunt, apud quos fuit etiam lege concessum, ut quod vellet comœdia, de quo vellet, nominatim diceret[2].

Quem illa non attigit? vel potius quem non vexavit? cui pepercit? Esto, populares homines improbos in re publicâ, seditiosos, Cleonem, Cleophontem, Hyperbolum læsit. Patiamur, etsi ejusmodi cives a censore melius est quàm a poetâ notari : sed Periclem, cùm jam suæ civitati maximâ auctoritate plurimos annos domi et belli præfuisset, violari versibus et eos agi in scenâ, non plus decuit, quàm si

---

[1] Locum hunc rursus memorat Augustinus, ep. xci. 4, ad Nectarium : « Lege vel recole in eisdem (de Rep.) libris, quàm prudenter « disseratur, etc. » Quartum de Rep. librum fortasse respicit Tertullianus, de Spect. xviii : « Sæculari litteraturâ lusoriam vel ago- « nisticam scenam dispungunt; quòd sint tragœdiæ et comœdiæ « scelerum et libidinum auctrices, cruentæ et lascivæ, impiæ et « prodigæ, etc. » Consonat autem sibi Cicero, Tusc. iv. 32 : « De « comœdiâ loquor, quæ, si hæc flagitia non probaremus, nulla esset omnino. » Universim vero Cicero, summus philosophus et politicus egregius, romanos ludos, licet magnificos, pedibus trahit ac stomachatur ad Marium scribens (ad Fam. VII. 1), Crasso et Pompeio coss. nempe anno antequam hanc in politicis libris vituperationem theatri recitandam curaret.

[2] Tractus a verbis *et Græci* huc usque utrum sit tullianus an potius augustinianus, ambigo.

publiques ne l'avait autorisée, n'aurait pu faire goûter les infamies qu'elle étalait sur le théâtre.

Qui n'a-t-elle pas atteint? ou plutôt qui n'a-t-elle pas déchiré? à qui fit-elle grâce? Qu'elle ait blessé des flatteurs populaires, des citoyens malfaisans, séditieux, Cléon, Cléophon, Hyperbolus, à la bonne heure; souffrons-le; bien que, pour de tels hommes, la censure du magistrat vaille mieux que celle du poëte. Mais que Périclès, gouvernant la république depuis tant d'années, avec le plus absolu crédit, dans la paix ou dans la guerre, soit outragé par des vers; et qu'on les récite sur la scène : cela n'est pas moins étrange que si, parmi nous, Plaute et Nævius se fussent avisés de médire de Scipion, ou Cécilius de Caton.

Mox trahitur manibus regum fortuna retortis;
Esseda festinant, pilenta, petorrita naves;
Captivum portatur ebur, captiva Corinthus.

Cet abus existait au siècle de Scipion, puisqu'il causa la chute de la plus intéressante des pièces de Térence, de l'*Hecyre*, dont le peuple interrompit la représentation, pour courir à une danse de pantomimes.

A l'époque de Cicéron, il paraît, qu'afin de satisfaire toutes les curiosités à la fois, on s'était avisé d'introduire dans les pièces mêmes tout ce que l'on pouvait rassembler de magnificences et de merveilles faites pour les yeux; et c'est là ce qui choquait Cicéron. « Quel plaisir, écrivait-il à son ami, peut-on trouver à voir, dans « *Clytemnestre*, des multitudes de mulets, dans *le cheval de Troie*, « plusieurs milliers de boucliers; et à l'occasion du plus mince com- « bat, un équipement complet d'infanterie et de cavalerie? »

II. 9

Plautus, noster voluisset, aut Nævius Publio et Cnæo Scipioni, aut Cæcilius Marco Catoni maledicere.

Nostræ contra duodecim tabulæ, cùm perpaucas res capite sanxissent, in his hanc quoque sanciendam putaverunt, si quis occentavisset, sive carmen condidisset, quod infamiam faceret flagitiumve alteri. Præclare; judiciis enim magistratuum, disceptationibus legitimis propositam vitam, non poetarum ingeniis, habere debemus; nec probrum audire, nisi eâ lege ut respondere liceat, et judicio defendere.

Nos lois des Douze Tables, au contraire, si attentives à ne porter la peine de mort que pour un bien petit nombre de faits, ont compris dans cette classe le délit d'avoir récité publiquement, ou d'avoir composé des vers qui attireraient sur autrui le déshonneur et l'infamie ; et elles ont sagement décidé : car notre vie doit être soumise à la sentence des tribunaux, à l'examen légitime des magistrats, et non pas aux fantaisies des poëtes ; et nous ne devons être exposés à entendre une injure, qu'avec le droit d'y répondre, et de nous défendre devant la justice.

FRAGMENTA INCERTÆ SEDIS APUD VARIOS AUCTORES EXSTANTIA.

Ait quodam loco Tullius, — se non putare idem esse arietis et P. Africani bonum. (*Augustinus, contra Julian.* iv. 60.)

Eademque objectu suo umbram noctemque efficiat, cùm ad numerum dierum aptam, tum ad laborum quietem. (*Nonius,* voc. *aptam.*)

Cùmque autumno terras ad concipiendas fruges patefecerit; hieme ad conficiendas relaxârit; æstivâ maturit e alia mitigaverit, alia torruerit. (*Nonius,* voc. *mitis.*)

Cùm adhibent in pecuda pastores. (*Nonius,* voc. *pecuda.*)

Cicero in quarto de Re Publicâ — Armentum — et ab eo armentarius. (*Priscianus super* xii *ver. Virg.,* p. 1220.)

Cui quidem utinam vere fideliter abunde ante auguraverim. (*Nonius,* voc. *auguro.*)

Admiror, nec rerum solum, sed verborum etiam elegantiam. Si jurgant, inquit, Benevolorum concertatio, non lis inimicorum, jurgium dicitur. *Et in sequenti :* Jurgare igitur lex putat inter se vicinos, non litigare. (*Nonius,* voc. *jurgium.*)

Eosdem terminos hominum curæ atque vitæ, sic pontificio jure sanctitudo sepulturæ. (*Nonius,* voc. *sanctitudo.*)

Quòd insepultos reliquissent eos, quos e mari propter vim tempestatis excipere non potuissent, innocentes necaverint. (*Nonius,* voc. *excipere.*)

Nec in hàc dissensione suscepi populi causam sed bonorum. (*Nonius, de Doct. indag.*)

Non enim facile valenti populo resistitur, si aut nihil impertias juris, aut parum. (*Priscianus,* lib. XV, p. 1014.)

FRAGMENS.

Le soin minutieux de tout recueillir fait rassembler ici quelques fragmens du quatrième livre, qui n'ont pu se lier aux passages retrouvés par l'éditeur romain, ni même s'encadrer dans l'espèce de supplément que nous avons essayé. Ce sont des phrases ou peu significatives, ou citées d'une manière incomplète par les grammairiens, qui n'y cherchaient que l'exemple de l'emploi d'un mot. Faut-il les traduire? Apprendrai-je quelque chose au lecteur, en répétant dans notre langue des mots presque isolés qui ne disent rien, même dans l'original?

« On emploie des bergers pour la garde des troupeaux. »

« *Armentum* vient d'*armentarius*. »

« Dans cette discussion, je n'ai pas pris la cause du peuple,
« mais celle des gens de bien. »

« Puissé-je lui avoir fait d'avance une prédiction assez fidèle! »

Quelques autres phrases apprennent quelques petits faits de philologie. « J'admire dans ces lois non-seulement la justesse
« des choses, mais celle des termes : s'agit-il de plaider; la
« discussion entre amis, et non la querelle entre ennemis,
« s'appelle plaidoierie, dit la loi. »

Dans une autre de ces phrases mutilées, Cicéron paraît rappeler la barbare sentence des Athéniens, qui firent périr les capitaines de leur flotte, parce qu'ils n'avaient pu, après une tempête, recueillir les corps de leurs soldats, et leur donner la sépulture.

Cependant, au milieu de ces débris énigmatiques de phrases sans liaison, il en est une qui conserve beaucoup de sens:

« On ne résiste pas aisément à un peuple devenu puissant, soit
« qu'on ne lui accorde aucun droit, soit qu'on lui en accorde
« trop peu. »

CINQUIÈME LIVRE

CINQUIÈME LIVRE
DE LA RÉPUBLIQUE.

CE cinquième livre n'a pas moins péri que le précédent ; et les fragmens nouveaux découverts par le savant éditeur, bien que l'on y retrouve quelques traces du dialogue original, ne présentent que de médiocres indices sur les questions qu'il devait embrasser. Nous sommes donc réduits à des conjectures, faiblement appuyées sur quelques mots, quelques phrases éparses, et sur des inductions tirées du plan général de l'ouvrage. Nous n'avons pas même de nombreux débris. A peine pouvons-nous, en rapprochant les diverses questions que Cicéron avait traitées dans les livres précédens, supposer avec quelque vraisemblance celles qu'il avait pu réserver pour ces derniers livres. Mais l'importance qu'il donnait à ces questions, le rapport qu'il établissait entre elles, le problème, l'examen, la solution, tout nous échappe, tout nous manque, tout est inaccessible à nos efforts.

Essayons cependant de rassembler quelques souvenirs, et de hasarder quelques recherches sur les parties de la politique et de la civilisation romaine, que Cicéron n'a pas traitées dans les premiers livres *de la République*, et qui pouvaient trouver place dans celui-ci.

Le cinquième livre s'ouvrait par un préambule, dont sain

Augustin nous a conservé d'admirables traits, et dans lequel Cicéron, avant de ramener ses interlocuteurs sur la scène, exprimait la profonde douleur que lui causait l'affaiblissement des anciennes mœurs, et la décadence de la république.

De tels aveux et de telles plaintes, placés à l'entrée de ce livre, font assez naturellement présumer qu'il était consacré à retracer les vertus antiques et les fortes institutions qui, du temps de Scipion, existaient encore, et se maintenaient contre la corruption naissante, dont nous avons plus haut indiqué les progrès. On ne peut douter, en effet, que du temps de Scipion, Rome, comme tous les états rapidement agrandis, n'offrît un singulier mélange de luxe et d'austérité, de magnificence et de parcimonie, de vices nouveaux et de vertus antiques, qui n'avaient pas encore eu le temps de céder à la prospérité.

Indiquer la source de ces vertus, montrer leur alliance avec la gloire de Rome, les défendre, les prémunir, appeler les lois à leur aide, expliquer enfin les principes de la constitution romaine, était un texte naturel, dont nous ne pouvons mesurer toute l'étendue, et que nos préjugés modernes ne nous laissent peut-être pas saisir dans toutes ses parties.

On a dit, en effet, et souvent répété que ces vertus romaines si célèbres n'étaient qu'un résultat de la nécessité, ne prouvaient que le défaut de civilisation et d'industrie ; qu'elles avaient duré précisément autant que la pauvreté, ou plutôt qu'elles n'étaient autre chose que cette pauvreté même parée d'un beau nom. L'esprit philosophique introduit dans l'histoire n'a pas sur ce point épargné les plaisanteries. Une vraie philosophie pourrait cependant trouver autre chose dans ces traditions ; et Cicéron s'était proposé sans doute une telle recherche. afin d'opposer de grands exemples à ces prodiges de luxe et d'avarice qui, de son temps, désolaient la république.

Ne perdons pas de vue un premier fait. Le peuple romain fut dès l'origine un peuple agricole autant que guerrier : de là naquirent des habitudes de simplicité, qui subsistèrent long-temps, et se soutinrent au milieu même des richesses. Le pyrrhonisme historique essayera, s'il veut, de plaisanter sur la charrue de Cincinnatus : mais pouvons-nous douter, cependant, que ce genre de modération n'ait été long-temps, à Rome, commun et volontaire, lorsque nous voyons dans Pline un triomphateur célèbre, un consul qui avait ajouté au territoire de la république la plus grande partie de l'Italie, déclarer à la tribune[1], que tout Romain, à qui sept arpens de terre ne suffisaient pas, était un citoyen pernicieux? À cette époque cependant, existait déjà la loi qui défendait seulement de posséder plus de cinq cents arpens; et déjà Licinius Stolo, auteur de cette loi, avait été puni pour l'avoir transgressée. Ce n'était donc pas, comme on le voit, la matière qui manquait à l'avarice; et les mœurs étaient plus sévères que les lois.

Telle était l'influence des premières institutions et des antiques coutumes de Rome, dont il faut reconnaître partout la trace dans le génie de la république agrandie. Un des premiers établissemens de Romulus avait été celui de douze prêtres, nommés les prêtres des champs. Dans le partage des citoyens en tribus, les tribus rurales[2], formées

---

[1] Manii Curii post triumphos immensumque terrarum adjectum imperio nota concio est : Perniciosum intelligi civem cui septem jugera non erant satis. (*Plin. Hist. natur.* lib. XVII.)

[2] Rusticæ tribus laudatissimæ eorum qui rura haberent. Urbanæ vero in quas transferri ignominia esset, desidiæ probro. Itaque qua-

de ceux qui habitaient la campagne, étaient les plus ho-
norées. Les tribus urbaines, au contraire, peu nombreuses
et peu estimées, étaient celles où l'on reléguait les citoyens
oisifs et négligens. Les premiers citoyens de la république
vivaient aux champs; et de là même le nom et l'usage de
ces officiers, appelés *viatores*, parce qu'ils étaient toujours
en route, pour porter à ces illustres Romains occupés des
travaux rustiques, les ordres des consuls, ou les convocations
pour le sénat.

En rappelant ces souvenirs, avec une imagination peut-
être trop poétique, en montrant la terre du Latium autrefois heureuse et fière de produire sous des mains triomphales[1],
Pline ajoutait, d'ailleurs avec beaucoup de vérité, un fait
historique dont l'importance ne pourrait être contestée.
« Maintenant, dit-il, ces mêmes champs sont abandonnés
« à des esclaves enchaînés [2], à des mains coupables, à des
« hommes flétris par la marque. » Dans ce changement qui
substituait à une population indépendante, propriétaire et
librement laborieuse, des bandes de captifs ou de malfaiteurs
travaillant sous le fouet d'un maître [3], se trouvent en effet
toutes les causes de la corruption et de la décadence romaine.
Plutarque rapporte que le motif principal des Gracques, dans
leur première et généreuse entreprise, avait été l'indignation

---

tuor solæ erant a partibus urbis, in queîs habitabant Suburrana,
Palatina, Collina, Esquilina. (*Plin. Hist. nat.* lib. XVIII.)

[1] Ipsorum tunc manibus imperatorum colebantur agri, ut fas est
credere, gaudente terrà vomere laureato, et triumphali aratore.
(*Plin. Hist. natur.* lib. XIII.)

[2] Nunc eadem vincti pedes, damnatæ manus inscriptique vultus
exercent. (*Plin. Hist. nat.* cod. lib.)

[3] Coli rura ab ergastulis pessimum est, et quidquid agitur a des-
perantibus. (*Plin. Hist. nat.* cod. lib.)

de voir l'Italie dépeuplée de cultivateurs romains, par les usurpations des grands de Rome, qui livraient à des esclaves les possessions immenses qu'ils avaient envahies. Les hommes les plus attachés à la constitution romaine pouvaient, sur ce point, éprouver le même sentiment que les Gracques, qui furent accusés d'avoir voulu la détruire. En effet, avec les petites propriétés cultivées par des possesseurs indépendans, disparurent les milices de citoyens attachés aux lois de leur pays : et alors vinrent les armées de prolétaires, d'affranchis, d'étrangers, indifférentes à la patrie, et ne reconnaissant que la voix du général. Salluste observe que ce fut ainsi que Marius[1], nommé consul, recruta ses légions ; et dèslors le chemin fut tracé pour tous les ambitieux. Lorsque plus tard, Sylla, proscripteur et spoliateur, voulut rendre ses soldats propriétaires, en leur partageant les terres des condamnés, le remède fut plus funeste que le mal : car ces hommes, introduits par la violence dans le rang des propriétaires, n'en devinrent pas meilleurs citoyens, et n'y furent que les défenseurs du crime et de l'usurpation d'un homme. Ils ne prirent ni le respect des lois, essentiel à la propriété, ni les habitudes d'ordre et d'économie naturelles à la vie agricole. Ils corrompirent les mœurs des campagnes. Regardant leurs domaines et leurs champs comme le butin d'un jour, ils le dissipèrent dans la débauche ; et ils furent prêts pour de nouvelles guerres civiles, parce qu'ils avaient besoin de confiscations nouvelles.

Voilà les maux que Cicéron avait vus, contre lesquels il avait lutté avec autant de courage que de génie. Ne devait-

---

[1] Ipse interea milites scribere, non more majorum neque ex classibus, sed, uti cujusque libido erat, capite censos plerosque. (*Sallus.* *Jugurt.* 86.)

il pas se plaire à chercher dans les temps antiques un contraste à ces affligeantes images? et en était-il un plus frappant que le tableau des occupations rustiques des anciens Romains, si bien liées à leurs travaux guerriers; et que tout le détail de cette vie saine, forte et pure, qui préparait de vigoureux soldats, des milices citoyennes, et des généraux incorruptibles? L'agriculture, comme étant une source de richesse publique, devait attirer son attention; mais je ne doute pas que, suivant la manière habituelle de raisonner des anciens, elle ne lui ait paru plus importante, comme première gardienne des mœurs, du patriotisme et du courage. C'est ainsi que l'envisage le vieux Caton, au commencement de son curieux traité *de Re Rusticâ*.

« Il n'y aurait rien de mieux[1], dit-il, que de s'enrichir par « le négoce, si cette voie était moins périlleuse, ou que de « prêter à usure, si le moyen était plus honnête; mais telle est « sur ce point l'opinion de nos ancêtres, et les dispositions de « leurs lois, de manière qu'ils condamnent le voleur à restituer « le double, et l'usurier à rendre le quadruple. Vous pouvez

---

[1] Est interdum præstare mercaturis rem quærere ni tam periculosum scit; et item fœnerari, si tam honestum scit. Majores enim nostri hoc sic habuerunt, et ita in legibus posuerunt; furem dupli condemnari, fœneratorem quadrupli. Quanto pejorem civem existimârint fœneratorem quàm furem hinc licet existimari : et virum bonum cùm laudabant, ita laudabant, bonum agricolum bonumque colonum. Amplissime laudari existimabatur, qui ita laudabatur. Mercatorem autem strenuum studiosumque rei quærendæ existimo; verum (ut supra dixi), periculosum et calamitosum. At ex agricolis et viri fortissimi et milites strenuissimi gignuntur; maximeque pius quæstus stabilissimusque consequitur, minimeque invidiosus : minimeque male cogitantes sunt, qui in eo studio occupati sunt. (*M. Porcius Cato, de Re Rusticâ.*)

« juger par là combien l'usurier leur paraît un citoyen pire
« que le voleur. Voulaient-ils, au contraire, louer un homme
« de bien; ils le nommaient bon laboureur et bon fermier;
« et cet éloge paraissait le plus complet qu'on pût recevoir.
« Quant au marchand, je le trouve homme actif et soigneux
« d'amasser, mais de condition périclitante et calamiteuse.
« Pour les laboureurs, ils engendrent les hommes les plus
« courageux, et les soldats les plus robustes; c'est de leur
« profession que l'on tire le profit le plus légitime, le plus
« sûr et le moins attaquable; et ceux qui y sont occupés
« sont le moins sujets à penser à mal. »

On voit dans la naïveté un peu grossière de ce langage
toute la rudesse des vieilles mœurs romaines, lorsqu'elles
n'étaient pas polies par l'urbanité naturelle d'un Scipion ou
d'un Lælius. La simplicité de Caton semble bien plus près
de l'avarice que de l'héroïsme; il a l'air de repousser le luxe
surtout parce qu'il coûte cher; il a peur du commerce, à
cause des risques. On le soupçonnerait presque de regretter
que les lois aient proscrit un aussi bon moyen de s'enrichir
que l'usure; et ce qui lui plaît dans le labourage, c'est la
certitude et la solidité du gain. Cependant l'avantage moral
de la vie agricole ne lui échappe pas non plus : et après avoir
dit qu'elle fournit les plus vigoureux soldats, il peint l'inno-
cence de cette vie par cet éloge si vrai et si simplement exprimé : « Ceux qui sont adonnés à ce travail pensent fort
« peu à mal. »

Du reste, Caton, dans ce traité, est uniquement un cul-
tivateur intelligent, économe, âpre au gain. Plutarque lui
reproche d'avoir donné le conseil de vendre les bœufs vieil-
lis au service de la charrue; et il s'attendrit avec l'expression
la plus touchante et la plus gracieuse sur ce traitement fait
à de vieux compagnons de peine et de travail. Caton n'en-

tenait pas ces délicatesses ; il songeait seulement à faire une bonne maison. « Que le maître[1], dit-il, vende les vieux « bœufs, les jeunes veaux, les petites brebis, la peau, la « laine ; qu'il vende les chariots usés, les ferremens inutiles, « l'esclave vieux, l'esclave malade, et tout ce qu'il peut avoir « de trop. Je veux qu'un père de famille soit de sa nature « vendeur, et nullement acheteur. » Voilà une simplicité de mœurs qui n'est pas celle que notre imagination prête à Régulus et à Cincinnatus. Il faut avouer aussi qu'elle ne rappelle pas ces descriptions si agréables de la vie agricole, cette passion des champs si naïvement et si élégamment retracée, à laquelle Cicéron s'abandonne dans son admirable traité *de la Vieillesse*, et qu'il exprime par l'organe même de Caton. La politesse du siècle de Cicéron, et le charme de son heureux génie, embellissent fort, dans ce dialogue, l'avare rusticité du vieux Caton, telle qu'il l'a montrée lui-même dans ses propres écrits.

Du reste, il est assez naturel de supposer que ce goût du travail et du gain, cette activité avide et parcimonieuse, représentée par Caton, marqua le passage entre la modération véritable, la vertueuse simplicité des premiers temps, ou plutôt des premiers grands hommes de la république, et les excès de faste et de volupté qui suivirent. La vie dure et laborieuse procura les richesses, et servit à les augmenter ; puis, quand elles furent portées au comble, le luxe et les vices inventèrent mille moyens de les dissiper ; le crime et la violence, mille moyens de les reproduire.

---

[1] Vendat boves vetulos, armenta delicula, oves deliculas, lanam, pelles, plaustrum vetus, ferramenta vetera, servum senem, servum morbosum, et si quid aliud supersit, vendat. Patrem-familiâs vendacem, non emacem esse oportet. (*M. Porcius Cato, de Re Rusticâ*, cap. xi.)

Ce qui se conserva des anciennes mœurs, ce fut un goût pour l'agriculture, commun aux plus grands citoyens de Rome. Marius, qu'à la vérité son obscure naissance et ses premiers travaux avaient fait laboureur, Marius, sept fois consul, se fit remarquer par l'intelligence et l'étendue de ses exploitations agricoles. On admirait, entre autres travaux, des plants de vignes qu'il avait distribués sur les coteaux de ses domaines, avec un si habile emploi du terrain, que l'on y reconnaissait, dit Pline[1], tout l'art du profond tacticien et du grand général. Pompée, simple dans ses mœurs, peu jaloux de vastes possessions, Pompée à qui l'on a donné cette louange, que jamais il n'avait acheté le champ d'un voisin pauvre, aimait et surveillait les travaux de ses terres. Le livre rempli de tous les détails de la culture la plus variée, que Varron écrivit à quatre-vingts ans, et surtout les admirables *Géorgiques* de Virgile, nous prouvent que ce vif intérêt pour les objets champêtres subsista long-temps, au milieu du changement de tout le reste. Nous voyons, plus tard, un savant homme, Columelle, écrire sur cette matière pour rappeler ses contemporains à la pratique d'un art qui avait été la gloire et la force de leurs aïeux. Enfin, dans la suite, l'agriculture, affaiblie depuis long-temps par l'accumulation des propriétés dans la même main, et l'emploi exclusif des esclaves, détruite enfin par les confiscations, les impôts arbitraires et la peste du despotisme, nous montre l'Italie exposée à de continuelles famines, misérable après tant de conquêtes, impuissante au dehors, et ne se suffisant plus à elle-même.

---

[1] Villam in Misenensi posuit C. Marius septies consul, sed peritià castrametandi, sic ut comparatos ei cæteros etiam Sulla felix cœcos fuisse diceret. (*Plin. Hist. natur.* lib. XVIII.)

On conçoit dès-lors comment, aux yeux d'un esprit aussi prévoyant que Cicéron, la prospérité de l'agriculture devait être mise au nombre des premières causes et des plus indispensables appuis de la grandeur romaine. La prédilection habituelle pour l'ancien temps, qui fait le caractère de son ouvrage *sur la République*, trouvait ici naturellement sa place, et nulle part elle n'était mieux fondée.

Sénèque, dans une de ses lettres, nous retrace la maison de campagne du premier Scipion, et le bain étroit et simple où il lavait son corps fatigué d'un travail rustique et couvert de poussière. Pline nous parle des arbres que ce grand homme avait plantés. Combien de telles allusions et de tels souvenirs devaient-ils animer l'entretien que Cicéron attribuait au descendant adoptif de Scipion!

L'agriculture, si honorée dans les premiers jours de Rome, était-elle assujétie à quelque redevance, à quelque tribut envers l'Etat? Ces terres, originairement partagées par Romulus, ou conquises sur les peuples d'Italie, étaient-elles franches et libres? Cicéron[1] et Pline[2] nous apprennent qu'après la défaite de Persée, Paul Emile ayant apporté dans le trésor de la république l'immense butin de cette victoire et les richesses du monarque prisonnier, depuis cette époque, le peuple romain cessa de payer l'impôt. L'imagination, à ce récit, croirait voir les antiques dépouilles de l'Orient amas-

---

[1] Omni Macedonum gazâ, quæ fuit maxima, potitus est Paulus : tantum in ærarium pecuniæ invexit, ut unius imperatoris præda finem attulerit tributorum. (*De Officiis*, lib. II, cap. XXII.)

[2] Intulit Æmilius Paulus, Perseo victo e macedonicâ prædâ bis millies et trecenties cent. mill., a quo tempore populus romanus tributum pendere descivit. (*Plin. Hist. nat.* lib. XXXIII, cap. XVII.)

sées par les Macédoniens, passer aux Romains, comme la succession d'Alexandre, et suffire à l'exemption des charges publiques d'un si grand peuple. Mais Tite-Live [1] nous avertit que ces richesses n'étaient que le produit des mines, et le résultat des impôts accumulés pendant trente ans, depuis la guerre de Philippe contre les Romains.

Scipion, dans le traité *de la République,* rappelait sans doute, à la gloire de son père Paul Emile, ce présent, le plus magnifique dont jamais un général victorieux ait doté ses concitoyens. Mais laissant de côté ce que de tels souvenirs ont de grand et d'extraordinaire, et considérant les choses d'après la manière froide et positive des modernes, nous conclurons de ce fait, que chaque citoyen romain propriétaire payait un impôt, jusqu'à la mémorable conquête de la Macédoine ; que cet impôt était sans doute très-léger, pour que le butin d'une seule victoire, si considérable qu'on le suppose, ait pu suffire à racheter indéfiniment cette dette des particuliers envers l'Etat.

Mais cet impôt était-il unique, ou multiplié sous différentes formes ? temporaire ou permanent ? Avait-il besoin d'être sanctionné par le peuple ? Toutes questions difficiles, sur lesquelles la négligence rapide des historiens nationaux nous donne peu de lumières, au moins pour les premiers temps. Il paraît que, dans l'origine, les rois avaient établi des taxes sur les terres et sur les marchandises. Aux premiers jours de la révolution républicaine accomplie par les

---

[1] Eoque id mirabilius erat, quòd tantum pecuniæ intra triginta annos post bellum Philippi cum Romanis, partim ex fructu metallorum, partim ex vectigalibus aliis conservatum erat. (*Tit. Liv.* lib. XLV.)

II.

patriciens, ceux-ci, pour retenir et flatter le peuple, supprimèrent les droits d'entrée, et firent porter l'impôt, dit Tite-Live [1], sur la classe seule des riches. Le monopole du sel fut également retiré à des fermiers, qui l'exploitaient d'une manière onéreuse pour le peuple. Mais il est vraisemblable que ces mesures de faveur ne se prolongèrent pas audelà des premiers périls de la liberté romaine. Quoi qu'il en soit, un demi-siècle après, nous voyons, dans Tite-Live, le sénat établir [2] un nouvel impôt pour la solde des troupes en campagne, et le peuple acquitter cet impôt, malgré la résistance des tribuns. Tite-Live nous raconte, à ce sujet, que l'usage de l'argent monnayé n'existant pas encore, on amenait au trésor public des chariots tout chargés de cuivre. La censure venait d'être établie, et c'était cette magistrature qui avait l'inspection et la surveillance des revenus publics. Le *cens*, d'où elle prenait son nom, était, comme on sait, la revue ou le dénombrement des citoyens romains. Là, chaque citoyen déclarait, sous la foi du serment, son nom, son âge, le nombre de ses enfans, et la valeur de ses biens; la taxe lui était appliquée d'après cette estimation. Ce mode

----

[1] Salis quoque vendendi arbitrium, quia impenso pretio venibat in publicum, omni sumptu ademptum privatis : portoriis quoque et tributo plebe liberatâ : ut divites conferrent, qui oneri ferendo essent; pauperes satis stipendii pendere, si liberos educarent. (*Tit. Liv.* lib. II.)

[2] Indicto jam tributo, edixerunt etiam tribuni, auxilio se futuros, si quis in militare stipendium tributum non contulisset. Patres bene cœptam rem perseveranter tueri; conferre ipsi primi; et quia nondum argentum signatum erat, æs grave plaustris quidam ad ærarium convehentes, speciosam etiam collationem faciebant. (*Tit. Liv.* lib. IV.)

d'imposer se rapprochait, comme on voit, de l'*income-tax*, quelquefois usité chez les Anglais. Les censeurs avaient de plus le droit de hausser la taxe d'un particulier, en punition de quelques fautes.

Mais l'impôt, considéré dans son universalité, était-il établi par les suffrages du peuple? Aucun souvenir historique ne le prouve; et ce silence semble rendre plus vraisemblable l'induction contraire. Nous voyons dans Tite-Live [1], que pendant la seconde guerre punique, la taxe des citoyens romains avait été doublée, et que le sénat, par un décret, la réduisit de moitié. Cette phrase ne fait-elle pas supposer que le pouvoir qui diminuait la taxe, était le même qui en avait ordonné la création? Ailleurs, il nous dit que les matelots [2] venant à manquer pour une expédition importante, les consuls, en vertu d'un sénatus-consulte, ordonnèrent une taxe proportionnelle, par laquelle les citoyens inscrits sur le rôle des derniers censeurs, étaient tenus à fournir un ou plusieurs matelots, et la solde qui leur était nécessaire pour six mois ou pour un an. Ces contributions

---

[1] Senatus, quo die primium est in Capitolio consultus, decrevit, ut quo eo anno duplex tributum imperatur, simplex confestim exigeretur, ex quo stipendium præsens omnibus militibus daretur, præterquam qui milites ad Cannas fuissent. (*Tit. Liv.* lib. XXIII.)

[2] Cùm deessent nautæ, consules ex senatûs-consulto edixerunt : « Ut qui L. Æmilio, C. Flaminio censoribus, millibus æris quin- « quaginta ipse aut pater ejus census fuisset, usque ad centum millia, « aut cui postea res tanta esset facta, nautam unum cum sex men- « sium stipendio daret : qui supra centum millia usque ad trecenta « millia tres nautas cum stipendio annuo; qui supra trecenta millia « usque ad decies æris, quinque nautas ; qui supra decies, septem ; « senatores octo nautas cum annuo stipendio darent. » (*Tit. Liv.* lib. XXIV.)

semblent, à la vérité, des faits extraordinaires et accidentels; mais n'est-il pas manifeste que l'intervention du sénat suffisait pour les établir? Dans un autre passage, Tite-Live dit : « Sur la demande des censeurs, on leur assigna, pour divers « travaux publics, le produit d'un impôt établi pour un an. » Mais il ne daigne pas s'arrêter à plus de détails.

Au reste, l'impôt, qui fut aboli depuis la victoire de Paul Emile, c'était sans doute et uniquement le *cens*, la taxe personnelle, imposée d'après l'estimation de la fortune de chaque citoyen. Les droits d'entrée, que Scipion, comme nous l'avons vu plus haut, trouvait mal assortis à la dignité du peuple romain, subsistèrent toujours, et devaient même s'accroître avec le luxe et la richesse publique.

Il paraîtrait, d'après quelques mots de Tite-Live, que les censeurs étaient maîtres d'établir des droits de cette espèce, par l'autorité de leurs charges. En parlant d'Emilius et de Licinius, qui remplissaient cette dignité dans l'année 573 de Rome, et qui firent de grands travaux publics, achevés depuis par Scipion Emilien, Tite-Live dit négligemment : « Les censeurs établirent aussi beaucoup de droits de douane, « et d'autres taxes. »

Le trésor de la république recevait, d'ailleurs, divers tributs des peuples vaincus et alliés; il avait la dépouille des rois, et quelquefois leur succession testamentaire; mais quant à la contribution que les citoyens eux-mêmes payaient à l'état, il paraît que cette contribution, peu considérable, abolie dans ce qui touchait à la taxe personnelle, depuis la victoire de Paul Emile, était réglée par le sénat. Ainsi, ce qui fait le point principal de la liberté politique chez les peuples modernes, le vote libre de l'impôt, n'était pas, à ce qu'il paraît, compté parmi les objets habituels des délibérations du peuple romain. C'était, pour ainsi dire, un intérêt médiocre et secondaire, abandonné à la prudence des magistrats.

Il ne semble pas à présumer que Cicéron eût discuté, dans ce livre, les divers points de la législation romaine qui pouvaient servir de sauve-garde et d'appui à ces mœurs antiques dont il fait l'éloge exclusif, et dont il déplore la perte irremédiable. Un si vaste sujet l'aurait entraîné trop loin. Il y consacra, plus tard, un ouvrage entier, le traité *des Lois*[1]. C'est là que, suivant ses propres expressions, il cherche, il recueille les lois qui lui paraissent le plus convenables et le mieux assorties à la nature et aux formes de cette république, définie par lui dans un premier ouvrage. C'est là, pour ainsi dire, qu'à l'exemple de Platon, mais avec un but différent, il se propose de rédiger le code de la *Cité*, qu'il a non pas théoriquement imaginée en philosophe spéculatif, mais décrite en orateur et en panégyriste. Mais s'il avait cru nécessaire de réserver pour un travail particulier la discussion

---

[1] Quoniam scriptum est a te de optimo rei publicæ statu, consequens esse videtur, ut scribas tu idem de legibus. Sic enim fecisse video Platonem illum tuum. (*De Legibus*, lib. I.)

Quoniam igitur ejus rei publicæ, quam optimam esse docuit in illis sex libris Scipio, tenendus est nobis et servandus status; omnesque leges accommodandæ ad illud civitatis genus, serendi etiam mores, nec scriptis omnia sancienda, repetam stirpem juris a naturâ. (*Ibidem.*)

An censes, cum in illis de Re Publicâ libris persuadere videatur Africanus, omnium rerum publicarum nostram veterem illam fuisse optimam, non necesse esse optimæ rei publicæ leges dare consentaneas? At imo prorsus ita censeo — ergo adeo exspectate leges, quæ genus illud optimum rei publicæ contineant. (*Ibid.*)

Quoniam leges damus liberis populis, quæque de optimâ re publicâ sentiremus, in sex libris ante diximus, accommodabimus hoc tempore leges ad illum, quem probamus civitatis statum. (*Ibid.*)

abstraite des lois romaines, nous voyons, dans les nouveaux fragmens découverts par M. Mai, qu'il n'avait pas cru pouvoir séparer du traité *de la République*, tout ce qui touchait à l'administration de la justice et à la puissance judiciaire. Il est, en effet, aussi impossible de concevoir une société sans justice légale, que de la concevoir sans gouvernement. D'ailleurs, dans les républiques de l'antiquité, le droit de juger, souvent exercé par le peuple lui-même, disputé et envahi successivement par les divers corps de l'état, faisait une partie trop essentielle de l'ordre politique, pour en être séparé dans la théorie et dans l'examen.

Fidèle à son plan, et toujours respectueux pour les antiques traditions romaines, Cicéron, comme nous le verrons dans un précieux fragment de ce cinquième livre, remonte à l'image de cette première justice, de cette justice paternelle exercée par les rois : il rapporte même, à ce sujet, que la sagesse des premiers temps assignait aux rois de vastes possessions, des terres, des prairies cultivées et entretenues par le travail du peuple, pour que nul soin ne détournât les rois de la noble fonction de rendre la justice. Mais ces idées, empruntées à une civilisation simple et patriarchale, seront fort loin sans doute de répondre à notre curiosité sur les juridictions romaines, telles que les besoins et les mœurs d'une puissante république avaient dû les établir. On ne peut douter cependant que Cicéron n'eût traité cette partie sérieuse de la question. La vraisemblance du dialogue, et le nom même de ses interlocuteurs, semblaient l'inviter à cet examen. C'était au temps et sous les yeux de Scipion Émilien, que s'était agité le grand débat sur l'exercice du pouvoir judiciaire, et que Gracchus avait fait une loi pour transférer à l'ordre des chevaliers le droit de juger, dont les sénateurs étaient investis jusqu'alors. Cette loi, qui fut un

changement notable dans la constitution romaine, avait dû
laisser de trop vifs et de trop récens souvenirs, pour ne pas
occuper une place dans les entretiens de Scipion, de Lælius,
illustres appuis de cette aristocratie sénatoriale, à laquelle
C. Gracchus ne porta point de coup plus rude, et plus cruellement ressenti. L'examen de cette innovation devait amener
celui des tribunaux romains, question curieuse et difficile,
que l'érudition n'a pas encore parfaitement éclaircie.

Il faut remarquer, au reste, que les difficultés qui subsistent encore à cet égard, tiennent surtout à la confusion
des temps, et aux contradictions apparentes des historiens. Cette mobilité dans les institutions, qui résultait,
à Rome, de la lutte violente des partis, est en effet la véritable cause de l'incertitude jetée sur quelques parties du
gouvernement romain. Comme un demi-siècle voyait quelquefois s'opérer les changemens les plus décisifs, à moins
d'une attention minutieuse à la série des faits et des dates,
on est exposé à mêler des choses à la fois très-diverses et
très-rapprochées, et à se former de fausses idées, par la réunion de circonstances qui, bien que voisines dans l'histoire,
n'appartiennent pas à un même système de gouvernement.

Pour nous, nous arrêtant à l'époque où Cicéron plaçait
ce dialogue, il nous sera moins difficile de rappeler quelles
étaient, jusqu'à cette époque, les variations qu'avaient subies
les tribunaux romains, et quelle était enfin l'espèce de juridiction et les formes de justice légale, dont Scipion et ses contemporains avaient dû parler : on retrouve d'abord l'ancienne et
très-naturelle division du civil et du criminel, ou, comme le
dit Cicéron, des jugemens publics et des jugemens privés[1]. Les

---

[1] Omnia judicia aut distrahendarum controversiarum aut punien-
dorum maleficiorum reperta sunt. (*Cicer. pro Cæcina*, cap. II.)

rois avaient réuni les deux juridictions. Cicéron nous dit dans un passage de ce cinquième livre : « Les particuliers venaient « demander au roi toutes les décisions de justice. » Et Denys d'Halicarnasse nous apprend que les rois prononçaient les sentences de mort. Mais l'antique tradition du jugement d'Horace montre aussi que l'intervention du peuple existait déjà, au moins sous la forme d'appel contre une première sentence. Ce double pouvoir, les rois eux-mêmes avaient été bientôt obligés de le déléguer en partie. Tite-Live compte parmi les actes tyranniques de Tarquin, d'avoir jugé les crimes capitaux personnellement et sans conseil, contre l'usage de ses prédécesseurs.

Les consuls, héritiers presqu'absolus du pouvoir des rois, exercèrent d'abord cette double juridiction ; nous voyons en frémissant Brutus juger ses fils à mort, soit comme magistrat, soit peut-être comme père ; mais il est certain que dans la même année le consulat perdit cette terrible prérogative, par une loi de Valérius, qui rétablit l'appel au peuple. Dès lors, les accusations criminelles étaient jugées par des commissaires nommés à cet effet, et qui prirent le nom de *quæsitores parricidii*, d'après l'acception étendue que l'ancienne langue romaine donnait à ce mot de *parricidium*. C'étaient des espèces de jurés élus par le peuple. Le dictateur avait également, et il conserva le droit du glaive, mais plutôt par une attribution militaire que par une prérogative politique. Ainsi, Manlius donnant un second exemple de l'atrocité de la vertu romaine fait trancher la tête à son fils, pour avoir violé la discipline. Toutefois, ce fut ce même droit dictatorial dont se prévalut dans la suite le barbare Sylla pour faire assassiner, au sein de Rome, tant de citoyens paisibles et désarmés. Depuis la loi de Valérius, le droit de juger à mort paraissait d'ailleurs avoir été exclusivement délégué au peuple, qui l'exerçait, soit comme nous l'avons dit, en nommant des commissaires ; soit en statuant lui-même dans les comices assemblés. L'histoire nous montre cette dernière forme pour toutes les grandes condamnations politiques : c'est par sentence du peuple que Manlius fut précipité de la roche Tarpéienne : c'était par le peuple qu'avait été jugé Coriolan ; et pour anticiper sur une époque postérieure à celle de Scipion, c'était en vertu de cet antique privilége du peuple, confirmé par plusieurs lois, que les ennemis de Cicéron lui reprochèrent avec tant d'amertume d'avoir fait périr par une simple sentence du sénat, les complices de Catilina, ces hommes si criminels et si justement condamnés.

Le peuple et les commissaires nommés *quæsitores parricidii* : voilà quels étaient donc les juges légitimes qui pouvaient porter des sentences de mort. La loi des Douze Tables avait prodigué, avec une barbare rigueur, les cas où cette sentence était applicable. Par exemple, elle prononçait la peine capitale contre l'homme qui avait conduit son troupeau sur une terre ensemencée, ou coupé le blé d'autrui ; inhumanité odieuse, mais concevable dans la barbarie des premières mœurs d'une peuplade agricole et guerrière. Mais cette législation si sanglante s'adoucit beaucoup dans la suite ; la loi Porcia supprima la peine de mort et permit qu'elle fût remplacée par le bannissement pour tout citoyen romain. Il semblerait naturel de supposer que cette restriction n'était relative qu'aux crimes politiques, et laissait subsister la peine de mort pour beaucoup de crimes privés compris dans les lois anciennes. On ne croira point, par exemple, que la peine portée contre le *parricide*, dans la loi des Douze Tables, ait été jamais abolie. Il paraît donc qu'à dater d'une époque fort ancienne, depuis la loi Porcia, les jurisconsultes introduisirent une fiction légale qui détruisait le bénéfice de cette loi pour les meurtriers, les empoisonneurs, pour les criminels proprement dits. Tout Romain convaincu de crime était considéré comme déchu de son rang de citoyen; et tombé dans la classe des esclaves : il devenait, suivant la belle expression des jurisconsultes romains, esclave du châtiment, *servus pœnæ :* il était puni en cette qualité; et le privilége du citoyen se maintenait à côté du supplice que les lois infligeaient au scélérat. Mais cette fiction ne s'étendait pas aux hommes accusés pour des crimes d'état : et si l'on songe à l'effrayante mobilité et aux passions furieuses des républiques anciennes, on doit croire que la loi Porcia, qui avait ainsi limité les vengeances et les erreurs populaires, en rendant sacrée la personne d'un Romain, fut un bienfait public, jusqu'au moment où l'excès de la corruption enfantant des crimes inouïs, cette inviolabilité même du citoyen devint un péril pour l'état.

Ce qu'il y a de certain, c'est que depuis la loi Porcia, une foule de citoyens illustres, accusés par ces animosités de faction si communes dans les états libres, satisfirent par un exil momentané à la haine de leurs ennemis, et à l'aveugle emportement du peuple qui les condamnait. Ainsi, ce vertueux Rutilius, dont le nom est si heureusement rappelé dans le préambule de ce dialogue, Rutilius qui, suivant l'expression de Cicéron, attaqué par de puissans ennemis, se défendit comme s'il eût parlé dans la république de Platon, ne porta point la peine de cette généreuse indifférence, et ne subit le sort ni de Socrate ni de Phocion. Par là, Rome évita la honteuse tache qui souille les annales des Athéniens; elle ne prononça la mort d'aucun de ses grands hommes. Sous ce rapport, la loi Porcia semble avoir été le plus heureux correctif aux passions du gouvernement républicain, et à la nature même de ces tribunaux souvent composés de tout un peuple.

La juridiction civile, attribuée d'abord aux consuls comme un démembrement de l'autorité royale, resta dans leurs mains ou fut déléguée par eux seuls, jusqu'à l'époque où l'accroissement de la république, et la complication des intérêts privés, exigea la création d'une magistrature nouvelle. Ce fut l'an 380 de Rome que l'on établit un préteur chargé particulièrement de l'administration de la justice. Dans l'intervalle écoulé depuis l'expulsion des rois, jusqu'à l'an 380, les magistratures passagères qui avaient été substituées quelquefois aux consuls, le décemvirat, le tribunat militaire, enfin, le pouvoir public de l'état, avaient constamment exercé la juridiction civile; mais il paraît aussi que dès l'origine les sénateurs avaient été dans cette fonction les auxiliaires du premier pouvoir de l'état : et c'était là même qu'ils avaient pris leur principal ascendant et leur plus durable autorité. Denys d'Halicarnasse pense que cet usage de désigner des juges parmi les sénateurs était pratiqué par les rois, pour toutes les affaires qu'ils ne se réservaient pas à eux-mêmes. Les expressions de la loi des Douze Tables [1] indiquent également l'exercice fréquent de cette faculté. Les juges ainsi nommés recevaient une formule d'après laquelle ils devaient prononcer en appliquant les termes de la loi : c'étaient pour ainsi dire des jurés de droit pris dans une seule classe, et qui prononçaient dans les limites de la question qui leur était proposée : *si paret, condemna.*

Le préteur hérita du droit de nommer les juges, et le privilége de ces désignations paraît avoir continué de ne s'appliquer qu'à des membres de l'ordre sénatorial, jusqu'à l'année de Rome 630, c'est-à-dire jusqu'à la fameuse loi de T. Grac-

---

[1] Judicem arbitrumve in jure datum. (*Aul. Gell.* lib. XX, cap. 1.)

chus qui dépouilla les sénateurs de cette grande prérogative pour la transférer toute entière à l'ordre des chevaliers.

Mais ici viennent s'offrir de graves difficultés que le texte perdu de Cicéron laisse indécises, et qui vont changer nos observations en controverses. Trois cents sénateurs occupés la plupart de fonctions militaires pouvaient-ils suffire au jugement de toutes les affaires de Rome ? Tout le pouvoir judiciaire était-il en effet renfermé dans les sénateurs ? Ne faut-il pas supposer avec plusieurs érudits que c'était seulement la juridiction criminelle qui leur était attribuée par privilége, et qui leur fut tour-à-tour enlevée par Caïus Gracchus, et restituée par Sylla ? L'histoire nous montre en effet qu'avant l'époque de Gracchus, de simples citoyens avaient été juges dans des causes civiles, et Cicéron, parlant sous le régime des lois de Sylla, soutint plusieurs actions civiles devant des juges choisis dans l'ordre équestre. Cette difficulté pourra peut-être se résoudre par quelques distinctions. Pour tous les crimes publics, il n'y avait eu d'abord d'autre juge que le peuple, lorsque ces crimes intéressaient la sûreté ou la dignité de l'état; mais lorsqu'ils n'étaient que des attentats contre la vie ou la fortune des citoyens, la connaissance en était quelquefois dévolue au sénat; ainsi, dans le récit de Tite-Live sur le crime d'empoisonnement commis par un grand nombre de femmes romaines, il paraît manifeste que le jugement de cette affaire fut prononcé par le sénat.

Quant à la juridiction civile, on ne peut douter que le sénat ne l'ait exclusivement exercée, aussi long-temps que les consuls, qui seuls avaient le droit de désigner les juges, furent exclusivement choisis dans l'ordre des patriciens; cela même était une conséquence de cette forte aristocratie, qui embrassait tous les moyens de dominer et de conduire un peuple fier et tumultueux. L'anecdote célèbre du greffier Flavius,

qui publia le premier les jours précis des audiences judi-
ciaires, prouve bien que l'application des lois civiles était
alors dirigée par les seuls membres du sénat, puisque l'époque même des séances des tribunaux était un mystère d'état,
dont la révélation parut aux patriciens un dangereux scandale.

Mais lorsque le peuple eut enfin obtenu l'admission au
consulat et à toutes les grandes dignités, il est difficile de
croire que les consuls plébéïens n'aient pas, dans le nombre
des juges qu'ils désignaient, compris des membres du peuple. Au reste, si l'on observe que chaque tribunal se formait par la désignation d'un seul juge, qui choisissait lui-
même ses assesseurs, il est naturel de penser que lors même
que cette désignation eût porté toujours sur un sénateur, les
auxiliaires qu'il se donnait devaient être souvent choisis dans
l'ordre équestre et dans le peuple. Même résultat suivit sans
doute l'établissement de la préture : en effet, le préteur continua de désigner pour différentes affaires un juge qui prenait le nom de *judex quæstionis*, et qui choisissait des conseillers ou assesseurs : mais il paraît que dans un tribunal où
le préteur présidait lui-même, siégeaient dix conseillers nécessairement choisis dans l'ordre sénatorial ; on ne peut
croire qu'un second tribunal, également présidé par le préteur, et qui se composait de cent cinq juges, eût été choisi en
entier parmi les membres du sénat. C'est ici que l'impossi-
bilité tirée du petit nombre de sénateurs se montre dans toute
sa force ; mais les anciens nous apprennent que ce tribunal
des *centumvirs* avait fort peu d'importance sous la république. Ainsi les affaires civiles les plus nombreuses et les plus
importantes étaient probablement jugées, soit par les juges
de l'ordre sénatorial, sous la présidence du préteur, soit par
les juges de la question que désignait ce même préteur, et
qui formaient chacun leur tribunal. On conçoit dès-lors

comment le sénat pouvait suffire à cette juridiction, et sous quel mode les plébéiens étaient admis à en faire partie. Ce juge de la question nommé par le préteur représentait en quelque sorte le *juge* des assises anglaises, et l'on pouvait considérer les *assesseurs* comme des jurés choisis dans le peuple.

Quant à la juridiction criminelle d'intérêt public, qui, selon quelques savans, aurait seule appartenu au sénat, il est manifeste que dans l'origine elle ne lui était pas attribuée, et qu'elle n'aurait pas formé ce pouvoir judiciaire si exorbitant, qui faisait la force du sénat, et qui lui fut enlevé par Caïus Gracchus. En effet, comme nous l'avons dit, et de l'aveu universel, la plus grande partie des crimes publics était jugée directement par le peuple, ou par des commissaires de son choix. Est-il naturel de supposer qu'il se fût constamment assujetti à ne prendre ces commissaires que dans le sénat ?

Mais on peut reporter à une époque plus rapprochée l'influence presque absolue du sénat sur la justice criminelle, et la faire dater du premier établissement des juridictions permanentes, qui furent substituées au jugement même du peuple. Ce fut l'an 609 de Rome, que, pour obvier à la multitude des délits politiques, on institua quatre tribunaux chargés de connaître, le premier, des crimes de lèse-majesté, le second, de la brigue, le troisième, des concussions, le quatrième, du péculat. Comme chacun de ces tribunaux fut placé sous la présidence d'un préteur, la composition des juges fut la même que pour le premier tribunal, originairement composé d'un préteur et de dix sénateurs. C'est ainsi que le sénat, maître de la plus importante partie de la juridiction civile, se trouva saisi de la nouvelle juridiction criminelle qui naissait de la multiplicité des délits politiques.

On conçoit aussi les fréquentes collusions que dut amener la nature des crimes et des coupables qui paraissaient devant ces tribunaux, et comment Gracchus put facilement arracher au sénat cette extension nouvelle d'une immense prérogative.

Ces formes de la justice dans Rome, liées de si près aux intérêts réciproques et à la lutte continuelle des pouvoirs de l'état, devaient occuper une grande place dans le cinquième livre de *la République*. Que de réflexions ne faisait pas naître cette justice arbitraire et corrompue, que les partis s'enviaient et s'arrachaient l'un l'autre, comme une arme puissante et un instrument de domination et de vengeance ! Il faut le dire, les peuples de l'antiquité n'ont presque point connu la justice telle qu'on peut la concevoir, impartiale, exacte, impassible. « Aux dieux ne plaise, disait Thémistocle, « que je préside au tribunal où mes amis n'aient pas plus d'a- « vantage que mes ennemis ! » Et les anciens, en citant cette parole, y voient presque l'expression d'un vœu naturel et légitime. Toute l'histoire des républiques grecques montre la justice faible, incertaine, arbitraire, assiégée par le génie des orateurs, comme une conquête assurée au plus audacieux et au plus habile. Au temps de Cicéron, la dépravation de cette justice était portée à un excès de scandale et d'impudence dont ses lettres sont remplies, et qui nous étonne encore. La manière même dont ce grand homme conçoit et enseigne l'éloquence, semble supposer qu'il n'attendait dans le juge que des vices, ou des passions au moins. En admettant que cette corruption des tribunaux publics, dans ce qu'elle avait de plus vil, eût suivi le progrès du luxe romain, et se fût développée, surtout depuis Scipion, il n'est pas moins vraisemblable que dès l'époque de ce grand homme, elle avait déjà ce caractère mobile et passionné que devaient entretenir les institutions mêmes de Rome.

Sans doute on n'avait pas encore vu ce que Cicéron raconte dans ses lettres : un Clodius, convaincu de profanation, absous à une majorité surabondante, et réclamant tout haut l'argent qu'il avait donné à plusieurs de ses juges, dont le complaisant suffrage avait été superflu pour l'absolution. Cette naïveté de corruption, cette publique vénalité n'appartenait qu'aux derniers temps de la république ; mais l'injustice, la passion, le caprice, avaient marqué souvent les sentences de la justice romaine, dans les plus beaux jours de la république. Scipion, le premier Africain, avait été condamné à l'exil. Toutefois, cette justice inégale et tumultueuse rendue par le peuple, avait une sorte de grandeur et rappelait de beaux souvenirs. Un tribun avait infligé une amende à Scipion l'Asiatique, frère de l'Africain, et il menaçait de le faire conduire en prison. Sempronius Gracchus, père des deux illustres frères, tribun du peuple et l'adversaire acharné des Scipions, s'oppose à cette violence par le décret suivant [1] : « Attendu que Lucius Cornélius Scipion l'Asia-
« tique a jeté dans les fers des généraux ennemis dont il
« avait triomphé, il me paraît contraire à la dignité de la

---

[1] Cùm Augurinus tribunus plebei L. Scipionem prædes non dantem prehendi et in carcerem duci jussisset; tum Tib. Sempronius Gracchus tribunus plebei pater Tiberii atque Caii Gracchorum, cùm P. Scipioni Africano inimicus gravis ob plerasque in re publicâ dissensiones esset, juravit palam in amicitiam inque gratiam secum P. Africano non redîsse; atque ita decretum ex Tabulâ recitavit. Ejus decreti verba hæc sunt : Cùm L. Cornelius Scipio, Asiaticus, triumphans hostium duces in carcerem conjectaverit, alienum videtur esse dignitate rei publicæ in eum locum imperatorem populi romani duci in quem locum ab eo conjecti sunt duces hostium. Ita Q. L. Cornelium Scipionem Asiaticum a collegæ vi prohibeo. (*Aul. Gell.* lib. VII, cap. XIX.)

« république de conduire un général du peuple romain dans
« ce même lieu où lui-même a jeté nos ennemis vaincus ;
« ainsi je défends Lucius Cornélius Scipion l'Asiatique,
« contre la poursuite de mon collègue. » On comprend assez
que dans une forme de gouvernement où tous les pouvoirs
et toutes les passions interviennent ainsi dans les jugemens
publics, aucune justice paisible et régulière ne fut possible ;
c'était beaucoup qu'elle ne fût troublée du moins que par
des passions généreuses : tout fut perdu lorsque l'arbitraire
des jugemens fut vénal au lieu d'être seulement partial et
capricieux. Scipion, le grand Scipion, accusé de concussion
devant le peuple, qui prononçait encore sur ce genre de
délit, ne répondit que par un mot sublime : « Romains, à
« pareil jour j'ai vaincu Annibal : allons au Capitole en rendre
« grâces aux dieux ! » Et cette manière de finir une question
de comptabilité, qui ne serait point admise aujourd'hui,
confondit les accusateurs, les juges, et enleva tous les suffrages. Mais un siècle plus tard, les plus vils prévaricateurs,
les plus déhontés concussionnaires s'arrogeaient, par la corruption ou la menace, la même inviolabilité qu'un grand
homme avait obtenue par enthousiasme.

Ainsi la justice, à Rome, avait été, jusqu'au temps des
Gracques, dans les mains du sénat ; les causes politiques
étaient seules portées devant le peuple ; et dans le sixième
siècle, la plupart de ces causes retombaient encore sous la
juridiction du sénat, par l'établissement des quatre tribunaux perpétuels, qui furent présidés chacun par un préteur.

Mais ce sénat, dont la prérogative était si étendue, comment lui-même se formait-il, aux diverses époques de la
république ? Ce problème, souvent agité, aurait besoin d'une
solution précise. Il y a plus d'un siècle, un ministre anglais
proposa cette question à l'élégant auteur des *Révolutions Ro-*

maines, qui ne s'était nullement occupé d'une telle difficulté
dans son ouvrage. Vertot répondit par une ingénieuse dissertation. Midleton écrivit sur le même sujet avec plus de
profondeur; et le savant M. de Beaufort a discuté ce même
point dans son *Histoire du Gouvernement romain*. Tant
de recherches et de conjectures n'ont pas tout éclairci.
Pour les premiers temps de Rome, il paraît bien que les
sénateurs étaient choisis par le souverain ; mais ensuite la
question devient douteuse. D'une part, Tite-Live[1] nous dit
que Brutus compléta le nombre de trois cents sénateurs,
ce qui semble supposer qu'il les choisit lui-même. Et ailleurs, ce même Tite-Live fait dire[2] au tribun Canuléius,
que les anciens sénateurs avaient été choisis ou par les rois,
ou par l'ordre du peuple, depuis l'expulsion des rois. Mais
cette contradiction n'est qu'apparente ; et ces mots, *l'ordre
du peuple*, *jussu populi*, peuvent désigner un acte consulaire fait sous l'autorité du peuple ; et en effet, si le peuple
avait réellement et directement choisi les sénateurs, serait-
il possible que l'histoire n'offrît aucune trace de ces élections, qui auraient dû être si importantes, et si disputées? Les
consuls paraissent donc évidemment avoir exercé seuls ce droit
de nomination au sénat, jusqu'à l'époque de l'institution de
la censure, l'an 310 de Rome. Et tant que le consulat fut
le privilége des patriciens, on conçoit comment des patriciens seuls composèrent le sénat. Mais rien ne permet de
croire, comme le supposait lord Stanhope, que la naissance

---

[1] Cædibus diminutum Patrum numerum ad trecentorum summam explevit. (*Tit.-Liv.*)

[2] Aut ab regibus lecti, aut post reges exactos jussu populi. (*Tit.-
Liv.* lib. **IV**, cap. **IV**.)

donnât de plein droit entrée dans ce premier conseil de la république : elle n'était, pour ainsi dire, qu'une candidature, une condition d'éligibilité.

Il paraît qu'à cette époque, la fonction de sénateur n'était pas même à vie. A l'époque du *cens* quinquennal, les consuls, ou les tribuns militaires alors en charge, dressaient une liste du sénat, et ils la composaient à leur choix, sans être assujétis à conserver les anciens membres, et sans que l'omission fût déshonorante pour ceux qui n'étaient pas désignés de nouveau. A l'époque de la création de la censure, les *censeurs* eurent le privilége exclusif de former la liste du sénat. Mais depuis lors ce fut un déshonneur d'être effacé de la liste. Un passage du grammairien Festus[1] est positif à cet égard : « Autrefois, dit-il, les sénateurs omis sur la liste « n'encouraient aucune flétrissure : de même que les rois « choisissaient et remplaçaient à leur gré ceux qu'ils vou- « laient admettre dans le conseil public ; ainsi, depuis l'ex- « pulsion des rois, les consuls et les tribuns mili'aires y « appelaient leurs plus proches parens parmi les patriciens, « et ensuite parmi le peuple : mais la loi tribunitienne « Ovinia prescrivit aux censeurs d'admettre au sénat les « plus gens de bien dans toutes les curies. De là ceux qui « furent, à l'avenir, omis et rayés de la liste passèrent pour « flétris. »

---

[1] Præteriti senatores quondam in opprobrio non erant : quòd ut reges sibi legebant sublegebantque, quos in consilio publico haberent, ita post exactos eos, consules et tribuni militum potestate, conjunctissimos sibi quosque patriciorum deinde plebeiorum legebant. Donec Ovinia tribunitia intervenit, quà sancitum est ut censores optimum quemque curiatim senatu legerent. Quo factum est, ut qui præteriti essent, et loco moti, ignominiosi haberentur. (*Festus*, voce *præteriti*.)

Tite-Live ne se sert pour désigner sur ce point le pouvoir des censeurs, que de ces expressions générales, *choisir la liste du sénat, lire la liste du sénat.* Mais il semble que cette loi Ovinia, citée par Festus, avait dû sans doute prescrire quelques règles pour l'exercice de ce pouvoir si exorbitant remis aux censeurs. La première était de conserver, lorsqu'il n'y avait pas de motif contraire, les sénateurs anciennement inscrits, et d'admettre ceux[1] qui avaient exercé les magistratures curules. Ces magistratures ne donnaient donc pas directement l'entrée du sénat. Il en était ainsi du moins jusqu'à la troisième guerre punique. Mais l'an 623 de la fondation de Rome, le tribun Attinius fit adopter un plébiscite par lequel les tribuns devinrent sénateurs en vertu de leur charge. L'histoire offre aussi l'exemple d'un dictateur choisi pour recréer, au milieu de la seconde guerre punique, le sénat, dont la plupart des membres avaient péri ; mais cet exemple unique ne déroge pas au droit dont jouirent constamment les censeurs[2], de former la liste du sénat, en suivant certaines règles, que même ils oubliaient quelquefois. Les troubles de Rome et la tyrannie de Sylla ayant amené, pendant dix-sept ans, l'interruption de la censure,

---

[1] Senatores, aut qui eos magistratus gessissent, unde in senatum legi deberent.

[2] Adeo magnâ caritate patriæ omnes tenebantur ut arcana consilia Patrum conscriptorum multis sæculis nemo senator enunciaverit. Q. Fabius Maximus tantummodo, et is ipse per imprudentiam, de tertio punico bello indicendo, quod secreto in curiâ erat actum, P. Crassus petens domum revertenti in itinere narravit ; memor eum triennio ante quæstorem factum, ignarusque nondum a censoribus in ordinem senatorium allectum : quo uno modo etiam his, qui jam honores gesserant, aditus in curiam dabatur. (*Val. Max.* lib. II. c. II.)

Cicéron ne fut pas redevable de son entrée dans le sénat à la désignation des censeurs ; mais il y prit place de droit, comme ayant exercé la questure. Toutes les grandes dignités curules[1] entraînaient le même privilége pour ceux qui n'étaient pas déjà sénateurs avant d'y être appelés. Enfin, les tribuns furent également sénateurs de droit, après l'année de leur tribunat.

Ainsi l'autorité des censeurs se trouva bornée par des exceptions assez nombreuses, en même temps que l'exercice de cette autorité était soumis à certaines traditions, à certains usages, et même à quelques lois positives.

Nous voyons d'abord, dans Denys d'Halicarnasse, que l'âge nécessaire pour être choisi sénateur avait été fixé par un réglement ; et l'on peut conjecturer que cet âge était celui de trente ans. La naissance semblait également une condition importante ; mais elle ne fut pas exactement observée. A l'époque de la révolution républicaine, Brutus fit entrer dans le sénat des plébéiens, qui prirent un nom que, dans nos idées modernes, on pourrait traduire par celui de représentans de la petite propriété : *Patres minorum gentium.* Il paraît que ces nouveaux élus devinrent sénateurs[2] sans

---

[1] Nam et curulibus magistratibus functi, qui nondum a censoribus in senatum lecti erant, senatores non erant. (*Aul. Gell.* lib. III, cap. XVII.)

[2] Traditum inde fertur, ut in senatum vocarentur qui Patres quique conscripti essent : conscriptos videlicet in novum senatum appellabant lectos. (*Tit.-Liv.* lib. II, cap. I.)

Adlecti dicebantur apud Romanos, qui propter inopiam ex equestri ordine in senatorum sunt numero adsumpti : nam Patres dicuntur qui sunt patricii generis, conscripti qui sunt scriptis adnotati. (*Festus*, voce *conscripti.*)

être patriciens, et qu'il se conserva entre eux et les anciens sénateurs une différence d'origine, quoiqu'il y eût égalité de prérogative. Eux seuls d'abord portaient ce titre de *pères conscrits* qui devint, dans la suite, la dénomination commune pour désigner les membres du sénat. Quoi qu'il en soit, les charges publiques étant la voie naturelle et ordinaire pour arriver au sénat, et cette voie étant, depuis le quatrième siècle de Rome, ouverte à tous les citoyens, l'admission des plébéiens dans le sénat, dont Brutus avait donné l'exemple, dut se renouveler sans cesse; et l'on peut croire que la distinction primitive entre les sénateurs d'ancienne et de nouvelle origine, ne tarda point à s'affaiblir. C'était surtout l'ordre des chevaliers, classe intermédiaire dans la république, qui servait ainsi à recruter le sénat, et à réveiller l'émulation des familles patriciennes. On voit dans Tite-Live que, du temps de Persée, roi de Macédoine, (et c'est l'époque de ce dialogue), l'ordre équestre était appelé *le séminaire du sénat*. Dans le cinquième siècle de la république, un censeur, le fameux Appius Claudius, s'étant avisé de porter sur la liste du sénat des fils d'affranchis, les consuls [1] déclarèrent au peuple ne tenir aucun compte de cette élection, qui resta comme annulée, et ils rétablirent la liste faite par les censeurs précédens.

Une certaine quotité de biens était également exigée, au moins dans les derniers temps de la république : elle se montait alors à huit cent mille sesterces ; mais la condition principale était d'avoir servi l'Etat. Et voilà sans doute ce qui, dans les beaux siècles de Rome, donnait au corps du sénat tant d'expérience et de vigueur. Les fonctions publiques étaient la candidature pour y parvenir ; et comme

---

[1] Tit.-Liv. lib. IX, cap. XXIX, XXX, XLVI.

ces fonctions étaient conférées dans les élections des comices, les patriciens mêmes, pour arriver au sénat, étaient obligés de mériter les suffrages de leurs concitoyens : ainsi les hommes les plus braves et les plus habiles de l'état composaient nécessairement ce conseil de la république. Il avait à la fois quelque chose de permanent et de mobile ; il était aristocratique et populaire, immuable dans ses desseins, toujours le même dans sa forme ; représentant tous les antiques souvenirs, et tous les noms glorieux de la patrie, il se recrutait sans cesse par les services présens et les illustrations nouvelles. Il offrait tous les avantages de l'hérédité, comme on le voit assez par ces grandes familles, dont les noms s'y reproduisent et s'y perpétuent sans interruption, pendant plusieurs siècles ; et il imposait aux héritiers de ces mêmes familles la nécessité d'une continuelle émulation, pour arriver, par l'épreuve des emplois publics, à la dignité sénatoriale. On conçoit dès-lors comment le sénat déployait, et tant de persévérance dans ses vues, et tant de sagacité dans sa politique. Il avait constamment le même intérêt, et il acquérait constamment des forces et des lumières nouvelles.

Un corps si fortement organisé devait exercer un grand pouvoir ; et ce pouvoir, objet des vœux, des regrets et des théories de Cicéron, était sans doute habilement exposé et défendu dans le *cinquième livre de la République.* C'est là même qu'—se rattache cette prédilection pour les premiers temps qui avait dicté tout l'ouvrage. Plus on remonte, en effet, aux premières époques de la liberté romaine, plus on y trouve l'autorité du sénat dominante et paisible. Bien que les maximes de la souveraineté du peuple eussent suivi la chute de Tarquin, cette prétendue souveraineté avait été réellement interceptée par le sénat. En reconnaissant au peuple le droit d'élire les magistrats, et de décider la paix ou la guerre. Le sénat s'était réservé le droit exclusif de réunir les assemblées du peuple, et d'approuver ou de rejeter les résolutions du Forum : il avait seul la convocation, l'initiative et la sanction. Ce pouvoir était une continuation et un accroissement de celui que les sénateurs avaient exercé à l'égard du peuple, du temps même des rois, ou plutôt c'était la réunion dans un même corps de la juridiction sénatoriale et de la royauté même [1].

Sans doute le sénat ne demeura point dans une possession paisible de cette exorbitante autorité ; mais les conquêtes extérieures lui rendirent bien plus en étendue de pouvoir qu'il ne perdit en puissance directe sur le peuple de Rome, et au milieu des réclamations perpétuelles du tribunat, des séditions fréquentes du peuple, parmi tous les orages de la place publique, le sénat romain exerça pendant plusieurs siècles la plus haute et la plus irrésistible autorité que des hommes aient eue sur d'autres hommes.

Les principaux appuis de cette autorité tenaient à la grandeur des intérêts qu'il avait à traiter, et dont il disposait souverainement. Il était le gardien suprême de la religion, dont tous les ministres étaient choisis dans son sein et soumis à ses ordres. Aucune innovation ne pouvait s'introduire dans le culte public sans un sénatus-consulte quelquefois confirmé par une loi, mais qui la précédait toujours. Cette prérogative chez un peuple superstitieux enfermait de grandes conséquences. On consultait les auspices avant de procéder aux élections, aux délibérations, enfin à toute affair publique ; et

---

[1] Libertatis originem inde , magis quia annum imperium consulare factum est, quàm quòd deminutum quicquam sit ex regiâ potestate numeres. (*Tit.-Liv.* lib. I)

les sénateurs avaient seuls le droit de prendre les auspices. Dès-lors ils pouvaient à leur gré interrompre, différer, suspendre les assemblées du peuple. Seuls ils avaient également le dépôt des livres sibyllins, et pouvaient en permettre la lecture et en donner l'interprétation.

Le sénat avait d'autres prérogatives non pas plus puissantes, mais dont la force se rapporte davantage aux idées modernes. Il recevait les ambassadeurs des rois et des nations étrangères, il nommait également les ambassadeurs de Rome, toujours choisis dans le nombre des sénateurs[1]; il les dirigeait par ses ordres et par sa politique. Ce droit seul chez un peuple, faisant toujours des guerres et des alliances, était l'instrument d'un immense pouvoir; ce n'était pas sur la place publique comme dans Athènes, que des envoyés étrangers venaient plaider devant une multitude mobile et passionnée. C'était dans le sénat qu'ils étaient reçus, dans ce sénat que l'éloquent Cynéas prit pour une assemblée de rois. Là souvent les rois eux-mêmes venaient demander grâce, et négocier les débris de leurs états.

Le sénat réglait également, avec un pouvoir absolu, l'administration des provinces et le commandement des armées. Il tenait sous sa main tous les capitaines, excepté les consuls, il leur accordait des gouvernemens plus ou moins avantageux; il en prolongeai. la durée, il disposait de ces prodi-

---

[1] Ne hoc quidem senatui relinquebas, quod nemo unquam ademit, ut legati ex ejus ordinis autoritate legarentur? Adeone tibi sordidum consilium publicum visum est? Adeo afflictus senatus, adeo misera et prostrata res publica, ut non nuncios belli ac pacis, non curatores, non interpretes, non bellici consilii auctores, non ministros muneris provincialis senatus more majorum deligere posset. *Cic. in Vatinium*, cap. XV.

gieuses récompenses, de ces proies si opulentes que la conquête de tant d'états offrait dès le sixième siècle à l'avidité des préteurs romains. Le sénat seul accordait ce titre d'allié ou d'ami du peuple romain, devenu l'ambition des rois. Il réglait la destinée des nations vaincues ; c'est à lui qu'un préteur venait dire après la défaite de la confédération des Latins : « Les Dieux vous ont rendus maîtres si absolus dans « cette question, qu'il dépend de vous que le Latium soit « anéanti ou conservé[1]. » Le sénat jugeait aussi à la fin de chaque guerre, les services qu'avaient rendus, les sentimens qu'avaient montrés les peuples alliés ; il leur distribuait des récompenses ou des châtimens.

Il ordonnait les fêtes , les réjouissances publiques , les grands et petits triomphes , et il avait ainsi dans sa main le prix le plus élevé de l'ambition patriotique. Il tenait la couronne de lauriers suspendue sur la tête de ces généraux vainqueurs du monde; il assurait leur soumission par l'espoir d'un glorieux salaire , ou les punissait par un refus.

Puissant à Rome, mais sous la condition d'y trouver les perpétuelles résistances des tribuns , il étendait sur le reste de l'Italie une juridiction incontestée. Il connaissait tous les crimes qui s'y commettaient, et il se donnait l'attribution plus haute et vraiment impériale de juger les différens des villes entre elles , et de régler souverainement leurs droits.

Il possédait sans contrôle, ce qui dans nos idées modernes est la puissance même, l'administration de tous les deniers publics dont il était le dépositaire et le dispensateur. Nous avons vu plus haut que souvent les taxes publiques furent établies par la seule autorité d'un sénatus-consulte.

---

[1] Ita vos hujus consilii potentes dii fecerunt, ut sit Latium necne in vestrà manu positum sit. (*Tit.-Liv.*)

Mais indépendamment de cette prérogative singulière, dont l'application était peu fréquente, et ne nous est pas bien nettement connue, le sénat était le premier et suprême inspecteur du trésor public, placé dans le temple de Saturne, sous la garde des questeurs [1].

Le sénat exerçait aussi une haute juridiction sur tous les magistrats à l'exception des consuls et des tribuns. Il pouvait leur infliger une flétrissure, les éloigner de Rome, blâmer et casser leurs actes.

Enfin il avait en lui-même, il possédait virtuellement pour ainsi dire, cette dictature dont l'emploi n'était permis à Rome que par intervalles et pour un temps limité ; il pouvait par un seul mot, la simple formule, *ne quid detrimenti res publica capiat*, revêtir les consuls d'un pouvoir illimité.

Tant de prérogatives attaquées sans cesse, et battues pour ainsi dire en brèche par les perpétuels assauts du tribunat, furent successivement affaiblies. Le plus ancien et le plus décisif de ces empiétemens populaires, fut la création des plébiscites, c'est-à-dire des décrets qui, rendus par le peuple seul, étaient ratifiés d'avance par un sénatus-consulte qui avait précédé la tenue même des comices. Beaucoup d'autres priviléges du sénat lui furent arrachés, mais on peut dire cependant, et l'on voit par tous les ouvrages de Cicéron, que jusqu'à l'usurpation de César, le gouvernement résida dans ce corps illustre, qui l'emportait sur le peuple par la constance et la sagesse des vues, et par l'avantage de tenir et de manier tous les ressorts de l'empire.

---

[1] Eripueras senatui provinciæ decernendæ potestatem, imperatoris diligendi judicium, ærarii dispensationem ; quæ nunquam sibi populus romanus appetivit, qui nunquam hæc a summi consilii gubernatione auferre conatus est. (Cic. *in Vatinium*, cap. xv.

Cicéron qui avait fondé sa gloire et sa force sur la puissance du sénat, ne trouve point d'expressions assez magnifiques pour le célébrer. Il le nomme le conseil perpétuel, le gardien, le président de la république; le juge, le protecteur, le refuge de tous les peuples.

Du milieu de cette puissante et habile assemblée, Cicéron faisait sans doute sortir l'homme d'état, le grand citoyen qui règne sur tout un peuple par la sagesse et l'éloquence. Cette idée d'une dictature pacifique fondée sur la justice et sur le charme de la parole, cette imitation du pouvoir que Périclès avait si long-temps exercé dans Athènes, le séduisit toujours : il la rêvait encore, lorsque la république n'était déjà plus, et que le jeune Octave venait paisiblement recueillir l'usurpation de César. Mais une si haute ambition, dans un temps où les armes et la force pouvaient seules prendre la première place, le trompa presque toujours, et le fit successivement adopter la fortune et l'imprudence de Pompée, flatter la victoire de César, et enfin préparer à son insu l'élévation d'Octave.

Quoi qu'il en soit, Cicéron se formait les idées les plus pures de ce citoyen prédominant, de cet homme d'état par excellence, pour lequel il réclamait une autorité que, dans son cœur, il se déférait à lui-même. Il lui proposait pour récompense et pour soutien, la gloire, et pour terme de ses efforts, le bonheur des citoyens, la grandeur et l'illustration de l'Etat. Il a lui-même rappelé, dans une de ses lettres, les paroles dont il s'était servi pour rendre cette idée, en la revêtant de ces vives comparaisons qui sont familières à son génie. « De même, disait-il[1], que le pilote se

---

[1] Consumo igitur omne tempus considerans quanta vis sit illius viri, quem nostris libris satis diligenter, ut tibi quidem videtur,

« propose pour but le succès de la navigation, le médecin
« la santé, le général la victoire, ainsi cet homme qui con-
« duit la république a devant les yeux le bonheur des ci-
« toyens, un bonheur appuyé sur la force, enrichi par
« l'abondance, illustré par la gloire, annobli par la vertu :
« c'est là cette œuvre grande et glorieuse parmi les hommes,
« dont je veux qu'il assure l'accomplissement. »

La nature de ce pouvoir, qui naissait tout entier de la
persuasion, était liée de trop près à la pratique et à l'art de
l'éloquence, pour que Cicéron n'ait pas dû, dans ce cinquième
livre, l'envisager sous ce dernier point de vue. Il avait, dans
le livre précédent, considéré l'influence des premiers rhéteurs établis à Rome, sur l'éducation de la jeunesse; mais
ne devait-il pas, ensuite, examiner l'éloquence comme un
ressort de l'état, tour-à-tour si dangereux, ou si salutaire?
Parler d'un homme d'état, c'était parler d'un orateur. Scipion, Lælius, Scévola, tous les personnages que Cicéron
introduisait sur la scène, avaient eu, dans leur temps, la
puissance de la parole. Les adversaires contre lesquels ils
avaient lutté, dans le gouvernement de la république, étaient
également célèbres par ce talent oratoire. On ne peut donc
supposer que l'éloquence n'ait pas occupé quelque place
dans cette revue des principes et des effets de la constitution
romaine, d'après cette diversité d'opinions qu'admettait la

---

expressimus. Tenes-ne igitur moderatorem illum rei publicæ quo
referre velimus omnia? Nam sic quinto ut opinor in libro loquitur
Scipio : Ut enim gubernatori cursus secundus, medico salus, im-
peratori victoria, sic huic moderatori rei publicæ beata civium
vita proposita est : ut opibus firma, copiis locuples, gloriâ ampla,
virtute honesta sit : hujus enim operis maximi inter homines atque
optimi illum esse perfectorem volo. (*Cic. ad Att.* VIII. 12.)

forme du dialogue ; sans doute, l'éloquence était tour-à-tour, dans ce cinquième livre, attaquée, défendue, justifiée. Quelques mots conservés par les grammairiens, et qui ne peuvent s'appliquer qu'à une discussion de ce genre, nous montrent que Scipion était représenté comme blâmant beaucoup les orateurs, et reproduisant contre eux les argumens et les reproches dont Platon fait usage dans le *Gorgias*. Nous voyons, par quelques autres fragmens, que la brièveté était recommandée à l'orateur politique ; et qu'en remontant aux premières origines de l'éloquence, on la cherchait dans Homère, et que l'on reconnaissait dans Ménélas[1] le premier modèle du genre tempéré. Le paradoxe se mêlait sans doute à cette discussion : un des interlocuteurs se plaignait que l'éloquence exerçât sur les assemblées publiques et sur les juges une corruption plus dangereuse et plus inévitable que celle de l'or ; et il proposait presque des peines afflictives contre le talent de la parole. Un auteur latin du quatrième siècle nous a conservé ce curieux passage, qu'il mêle dans une longue digression sur la mauvaise foi et la rapacité des orateurs et des avocats de son temps. Voici ce fragment, qui faisait partie sans doute du cinquième livre[2] :

« S'il n'est rien dans la république qui doive être plus in-
« corruptible que les suffrages des citoyens, que les votes

---

[1] Cicero in libris de Re Publicâ : « Ut Menelas Laconi quædam fuit « suaviloquens jucunditas. » Et alio loco : « Breviloquentiam in di-« cendo colat. » (*Seneca apud Gellium*, XII. 2.)

[2] Harum artium suavitate, ut Tullius adseverat, nefas est religionem decipi judicantis. Ait enim : Cùmque nihil tam incorruptum esse debeat in re publicâ quàm suffragium, quàm sententia ; non intelligo cur qui ea pecuniâ corrumperit, pœnâ dignus sit, qui eloquentiâ, laudem etiam ferat. Mihi quidem hoc plus mali facere vi-

« des juges, je ne puis concevoir par quel motif, tandis que
« la corruption pécuniaire est punie, celle que l'on exerce
« par l'éloquence obtient, au contraire, de la gloire. A mes
« yeux, celui qui corrompt le juge par l'éloquence fait plus
« de mal que celui qui le corrompt à prix d'or : car on est
« le maître de ne pas se laisser corrompre par l'argent, on
« ne l'est point de résister à la séduction de l'éloquence. »

Cette exagération, qui ne pouvait être considérée que
comme un jeu d'esprit, un sophisme platonique, n'empê-
chait pas les justes éloges accordés à l'orateur politique et
judiciaire. L'époque où Cicéron plaçait son dialogue lui interdisait les noms des grands orateurs qu'il a célébrés tant
de fois, et qui furent surpassés par lui. Crassus, qui devint
si célèbre dans la suite, et qui fut gendre de Scévola, était
encore dans la première jeunesse : et l'on peut croire que
c'était à lui que se rapportait une phrase ingénieuse extraite
de ce dialogue [1] : « Dans un jeune homme on ne peut louer
« que l'espérance, et non la réalité. » Cependant, si nous
en croyons Cicéron lui-même, l'éloquence romaine avait eu
déjà deux âges de puissance et de gloire : le premier remontait à ce vieux Claudius l'aveugle, qui, dans le sénat romain,
combattit la paix proposée par Pyrrhus. Son discours se
conservait encore au temps de Cicéron. Le second âge de
l'éloquence romaine, parmi une foule d'orateurs, comptait
au premier rang Scipion et Lælius. Cicéron nous apprend

----

detur, qui oratione quàm qui pretio judicem corrumpit : quòd pecuniâ corrumpere prudentem nemo potest, dicendo potest. (*Ammianus Marcellinus*, XXX. 4.)

[1] Fanni, causa difficilis laudare puerum : non enim res laudanda,
sed spes est. (*Servius ad Æneidem*, VI. — *Ciceronis dialogo.*)

ailleurs, que les discours de Scipion étaient plus élégans et d'un style moins vieilli; mais que l'opinion commune avait donné la préférence à ceux de Lælius[1], par ce préjugé qui ne veut pas qu'un même homme excelle dans plusieurs choses à la fois. Bien que les siècles suivans aient beaucoup blâmé cette première éloquence, et que du temps de Tacite et de Quintilien, elle fût tout-à-fait dédaignée, le patriotisme qui l'animait, les grands intérêts dont elle disposait ont dû lui donner beaucoup de force et d'élévation. Quelle plus grande puissance exercée par la parole, que celle des Gracques sur le peuple romain! Dans la même époque, l'éloquence de Caton fut admirable, au rapport de Cicéron, qui n'y blâmait qu'un peu de négligence et de rudesse. Avec quel intérêt n'aurions-nous pas vu, dans l'ingénieuse fiction de ce dialogue, les effets de cette éloquence retracés par le plus illustre contemporain de Caton et des Gracques! Sans doute, dans ce jugement, l'emploi de l'éloquence était ap-

---

[1] De ipsius Lælii et Scipionis ingenio, quamquam ea jam est opinio, ut plurimum tribuatur ambobus, dicendi tamen laus est in Lælio illustrior. At oratio Lælii de collegis non melior, quàm de multis quàm voles, Scipionis : non quòd illà Lælii quidquam sit dulcius, aut quòd de religione dici possit augustius ; sed multo tamen vetustior, et horridior ille, quàm Scipio, et cùm sint in dicendo variæ voluntates, delectari mihi magis antiquitate videtur, et lubenter verbis etiam uti paulo magis priscis Lælius.

Sed est mos hominum, ut nolint eumdem pluribus rebus excellere. Nam ut ex bellicâ laude adspirare ad Africanum nemo potest, in quâ ipsâ egregium Viriati bello reperimus fuisse Lælium : sic ingenii, litterarum, eloquentiæ, sapientiæ denique, et si utrique primas, priores tamen libenter deferant Lælio. Nec mihi cæterorum judicio solum videtur, sed etiam ipsorum inter ipsos concessu ita tributum fuisse.

précié, en même temps que l'éloquence même. Cicéron avait déjà, dans un autre ouvrage, examiné le génie de ces grands orateurs, et tracé l'histoire littéraire de l'éloquence romaine. Mais il restait à considérer comment elle se mêlait à la constitution de l'état ; quelle était l'influence des accusations publiques ; quel était le caractère de la profession du barreau exercée gratuitement par les plus illustres citoyens ; quel patronage, quel lien de clientèle et de reconnaissance elle établissait entre les patriciens et le peuple.

La puissance du tribunat, établie toute entière sur le talent de la parole et sur l'art de passionner la multitude, rentrait dans cette question de l'éloquence. Il est facile de conjecturer comment Scipion, qui déclara dans le Forum que la mort violente de Tibérius était légitime, devait juger les entreprises de ce tribun et celles de Caïus, en qui l'amour de la popularité était encore animé par le désir de la vengeance.

Pour nous, sans reviser ce grand procès, où l'aristocratie romaine eut le malheur de donner l'exemple de la violence et du meurtre, dans la défense de ce qu'elle appelait la justice et les lois, essayons de recueillir ici les idées que l'on peut se former de l'éloquence des Gracques. Scipion les avait entendus, les avait plus d'une fois combattus l'un et l'autre. Sans doute Cicéron rappelait par sa bouche quelques-unes des puissantes séductions que produisait leur éloquence.

Le temps ne nous a transmis aucun monument de Tibérius Gracchus. Cicéron lui-même jugeait de son éloquence, surtout par le souvenir et les traditions qu'elle avait laissées ; celles des harangues écrites de ce tribun célèbre qui s'étaient conservées du temps de Cicéron, lui semblaient trop peu brillantes, mais remplies de finesse et d'habileté. Caius Gracchus au contraire lui apparaissait avec tous les caractères du grand orateur : et mêlant à de sévères reproches une admi ration qui semble un peu la contredire, Cicéron disait : « Quelle perte la grandeur romaine et les lettres latines ont « faites par sa mort prématurée [1] ! » Ailleurs, pour donner une idée du plus haut degré de pathétique et d'éloquence, il cite les paroles de Caïus Gracchus rappelant le meurtre de son frère ; il ajoute que ces paroles étaient prononcées avec une expression si véhémente qu'elles arrachaient des larmes aux ennemis mêmes du tribun. « Malheureux, s'écriait-il, « où porterai-je mes pas? Dans le Capitole? il est inondé du « sang de mon frère; dans ma demeure? j'y trouverai ma « malheureuse mère, gémissante et désespérée [2]. » Ce trait si court et si admirable de l'éloquence de Gracchus, et l'idée même qui s'attache à son nom et à ses entreprises, le ferait considérer surtout comme un orateur plein de force et de passion. Plutarque en cite quelques autres passages qui justifient cette opinion : ils respirent toute l'éloquence de l'invective et de la haine. Cependant il paraît, contre l'opinion commune, que le caractère habituel de son éloquence était la pureté, la précision, et une simplicité qui dégénérait quelquefois en faiblesse.

On nous pardonnera cette digression littéraire, qui pourra servir à faire mieux connaître le génie de l'époque dont parlait Scipion. S'il faut en croire les réflexions et plus encore les citations faites par Aulu-Gelle, l'éloquence de C. Gracchus se rapprochait de cette brièveté, de cette finesse de langage admirée

---

[1] Damnum illius immaturo interitu res romanæ latinæque litteræ fecerunt. (*De Claris Oratoribus*, cap. v.)

[2] Quò me miser conferam? quò me vertam? in Capitoliumne? at fratris sanguine redundat. Au domum? matremne ut miseram lamen tantemque videam et abjectam. (*De Orat.* lib. III.)

dans les comédies de son siècle, beaucoup plus que de la richesse et de l'énergie oratoire dont Cicéron donna le modèle.
Comparées aux chefs-d'œuvre de ce grand-maître, les narra-
tions, les peintures de Gracchus, dans les sujets les plus tou-
chans et les plus terribles, n'étaient que des esquisses dessinées
avec correction. Ce tribun si redoutable, cet ennemi des
patriciens retraçait-il quelques-uns des actes d'injustice et de
violence reprochés à la jeunesse noble, ses expressions paraissent toutes froides et toutes décolorées, à côté des descriptions véhémentes de Cicéron accusant Verrès[1]. On pourrait tirer de là une réflexion assez juste. C'est que dans les
œuvres de l'imagination et du génie, la force même est le
produit d'une époque perfectionnée, et qu'elle n'appartient
pas aux premiers essais de l'art ; ou du moins qu'elle ne s'y
montre que par instans, et sous l'inspiration momentanée de la
passion : ces éclairs du talent suffisent pour animer la parole
improvisée. Mais le style n'en reçoit pas cette énergie durable,
cette véhémence continue qui, seule, le fait vivre.

Voilà sans doute par quelle cause les harangues de
C. Gracchus, si puissantes et si admirées de son temps,
disparurent dans la suite devant les génies des Crassus et des
Antoine, qui furent eux-mêmes anéantis par Cicéron. Au

---

[1] Idem Gracchus alio in loco ita dicit : « Quanta libido quantaque
« intemperantia sit hominum adolescentium unum exemplum vobis
« ostendam. His annis paucis ex Asiâ missus est, qui per id tempus
« magistratum non ceperat, homo adolescens pro legato. Is in lectica
« ferebatur. Ei obviam bubulcus de plebe venusinâ advenit, et per
« jocum, cùm ignoraret quis ferretur, rogavit num mortuum ferrent.
« Ubi id audivit, lecticam jussit deponi : stuppis, quibus lectica deli-
« gata erat, usque adeo verberari jussit, dum animam efflavit. » Hæc
quidem oratio super tam violento atque crudeli facinore nihil profecto abest a quotidianis sermonibus. (Var.... *** lib. X)

reste, cette simplicité trop nue était quelquefois fort piquante. Nous en citerons un modèle; c'est le fragment le plus étendu qui soit resté de l'éloquence de **C. Gracchus**[1] : « Romains ! disait-il dans ce morceau, si vous voulez user « de sagesse et de discernement, et si vous y songez, vous « verrez que personne de nous ne vient ici sans intérêt : « nous tous qui portons la parole, nous demandons quelque « chose; et nul n'approche de vous par un autre motif que « celui d'en tirer avantage. Moi-même, qui vous parle pour « que vous augmentiez vos revenus, afin de pouvoir plus « facilement administrer vos affaires et celles de la répu- « blique, je ne suis pas sans intérêt : seulement ce n'est pas

---

[1] Nam vos, quirites, si velitis sapientiâ atque virtute uti, et si quæritis, neminem nostrum invenietis sine pretio huc prodire. Omnes nos, qui verba facimus, aliquid petimus ; neque ullius rei causâ quisquam ad vos prodit, nisi ut aliquid auferat. Ego ipse, qui apud vos verba facio, uti vectigalia vestra augeatis, quò facilius vestra commoda et rem publicam administrare possitis, non gratis prodeo : verum peto a vobis non pecuniam, sed bonam existimationem atque honorem. Qui prodeunt dissuasuri ne hanc legem accipiatis, petunt non honorem a vobis, verum a Nicomede pecuniam. Qui suadent ut accipiatis, hi quoque petunt non a vobis bonam existimationem, verum a Mithridate rei familiaris sive pretium et præmium. Qui autem ex eodem loco et ordine tacent, hi vel acerrimi sunt : nam ab omnibus pretium accipiunt, et omnes fallunt. Vos, cum putatis eos ab his rebus remotos esse, impertitis bonam existimationem. Legationes autem a regibus, cùm putant eos suâ causâ reticere, sumptus atque pecunias maximas præbent ; item uti in terrâ Græciâ, quo in tempore tragœdus gloriæ sibi ducebat, talentum magnum ob unam fabulam datum esse, homo eloquentissimus civitatis suæ Demades ei respondisse dicitur : Mirum tibi videtur, si tu loquendo talentum quæsisti? Ego, ut tacerem, decem talenta a rege accepi. Idem nunc isti pretia maxima ob tacendum accipiunt. (*Aul. Gell. Noct. attic.* lib. XI, cap. X.)

« de l'argent que je vous demande, mais de l'estime et de la
« considération. Ceux qui viennent pour vous dissuader d'ac-
« cepter la loi proposée, ne prétendent pas, il est vrai, à votre
« estime; mais ils en veulent à l'argent de Nicomède. Ceux qui
« vous conseillent de recevoir cette loi, ne prétendent pas non
« plus à votre estime; mais ils espèrent obtenir de Mithridate
« une récompense et un salaire. Enfin ceux qui, placés dans
« le même lieu et dans les mêmes rangs, gardent le silence,
« sont les plus actifs de tous dans leur cupidité; car ils se font
« payer de tous les côtés, et ils trompent tout le monde; et
« vous qui les supposez étrangers à de telles manœuvres, vous
« leur accordez votre estime. Cependant les ambassadeurs des
« rois, qui se croient obligés de leur savoir gré de ce silence,
« leur font de riches présens. C'est ainsi qu'en Grèce, un
« acteur tragique, tirant un jour vanité de ce qu'il avait reçu
« un talent pour une seule représentation, Démades, l'homme
« le plus éloquent d'Athènes, lui répliqua, dit-on : Quoi!
« tu trouves merveilleux d'avoir gagné un talent à force de
« parler! Moi, j'ai reçu du grand roi dix talens pour me
« taire. De même aujourd'hui ces hommes vendent au plus
« haut prix leur silence. »

Ce passage sans doute se rapproche beaucoup plus de
certaine ironie amère usitée quelquefois dans le parlement
d'Angleterre, que de la véhémence séditieuse dont le nom
de Gracchus est presque synonyme. Nous sommes étonnés
que l'on parlât ainsi à ce peuple romain, dont notre imagination se forme une plus haute idée. Sous ce rapport, une
telle citation est historique: et elle rentre dans l'objet même
du cinquième livre, en nous faisant voir, par une autorité
contemporaine, à quel point, dans le siècle de Scipion, les
assemblées du peuple romain étaient déjà corrompues, et
combien d'influences étrangères y dominaient.

Nous devons au savant éditeur de Cicéron, à M. Mai, la découverte récente d'un autre passage de C. Gracchus, qui répond mieux aux souvenirs que rappelle la fin si tragique des deux fils de Cornélie. Ce passage est beau d'éloquence ; et l'on y voit l'âme de Caïus, ses craintes, ses animosités, et l'hésitation qu'il put éprouver dans ses audacieuses entreprises, et dans cette guerre mortelle où il se sentait engagé.

« Romains ! disait-il, si je voulais prendre devant vous
« la parole, et vous demander, moi, le descendant d'une
« si noble famille, moi qui ai perdu mon frère pour vous,
« et qui, de la maison de Scipion l'Africain et de Tibérius
« Gracchus, reste seul avec un enfant, de souffrir que je
« trouve maintenant le repos, afin que notre famille ne soit
« pas anéantie toute entière, et qu'il en survive quelque
« débris, je ne sais si vous ne m'accorderiez pas volontiers
« cette grâce [1]. »

---

[1] Si vellem apud vos verba facere, et a vobis postulare, cùm genere summo ortus essem, et cùm fratrem propter vos amisissem, nec quisquam de P. Africani et Tiberii Gracchi familiâ, nisi ego et puer restaremus, ut pateremini hoc tempore me quiescere, ne a stirpe genus nostrum interiret, et uti aliqua propago generis nostri reliqua esset, haud scio an lubentibus a vobis impetrassem. (*C. Gracchi in oratione de Legibus promulgatis, desumptum ex inedito Ciceronis interprete.*)

DE LA RÉPUBLIQUE.

M. TULLI CICERONIS
DE RE PUBLICA
LIBER QUINTUS.

I. *   **Moribus antiquis res stat romana virisque.**

Quem quidem ille versum, vel brevitate vel veritate tamquam ex oraculo mihi quodam esse effatus videtur. Nam neque viri, nisi ita morata civitas fuisset, neque mores, nisi hi viri præfuissent, aut fundare aut tamdiu tenere potuissent tantam et tam juste lateque imperantem rem publicam. Itaque ante nostram memoriam, et mos ipse patrius præstantes viros adhibebat, et veterem morem ac majorum

---

* Res publica romana non jam pessima ac flagitiosissima sed omnino nulla erat, secundum istam rationem quam disputatio de re publicâ inter magnos ejus tum principes habita patefecit. Sicut etiam ipse Tullius non Scipionis nec cujusquam alterius, sed suo sermone loquens in principio quinti libri demonstravit, commemoraio prius Ennii poetæ versu. (*August. de Civitate Dei*, lib. II.)

DE LA RÉPUBLIQUE.

LIVRE CINQUIÈME.

I. Ennius a dit :

Rome a pour seul appui, ses mœurs et ses grands hommes.

Et ce vers, par la vérité comme par la précision, me semble un oracle émané du sanctuaire. Ni les hommes en effet, si l'état n'avait eu de telles mœurs, ni les mœurs publiques, s'il ne s'était montré de tels hommes, n'auraient pu fonder ou maintenir pendant si long-temps une si vaste domination. Aussi voyait-on, avant notre siècle, la force des mœurs héréditaires appeler naturellement [1] les hommes supérieurs, et ces hommes éminens retenir les vieilles coutumes et les institutions des aïeux. Notre siècle

---

[1] Montesquieu avait été frappé de cette belle pensée, et il l'a reproduite en la généralisant, au commencement *de la Grandeur et de la Décadence des Romains* : « Dans la naissance des sociétés, dit-il, ce « sont les chefs des républiques qui font l'institution, et c'est ensuite « l'institution qui forme les chefs des républiques. »

instituta retinebant excellentes viri. Nostra vero ætas
cùm rem publicam sicut picturam accepisset egre-
giam, sed jam evanescentem vetustate, non modo
eam coloribus iisdem quibus fuerat, renovare neglexit, sed ne id quidem curavit, ut formam saltem
ejus et extrema tamquam lineamenta servaret [1].
Quid enim manet ex antiquis moribus, quibus ille
dixit rem stare romanam? quos ita oblivione obso-
letos videmus, ut non modo non colantur sed etiam
ignorentur. Nam de viris quid dicam ? Mores enim
ipsi interierunt virorum penuriâ ; cujus tanti mali
non modo reddenda ratio nobis, sed etiam tamquam reis capitis quodam modo dicenda causa est.
Nostris enim vitiis, non casu aliquo, rem publicam
verbo retinemus, re ipsâ vero jam pridem amisimus.

II. . . . . *Nihil esse tam* regale quàm explanationem æquitatis : in quâ juris erat interpretatio [2] : quod
jus privati petere solebant a regibus ; ob easque [3]

---

[1] Cicero hoc ipso anno, quo de Re Pub. opus componebat, ad
Atticum, IV. 16, scribens, quà in epistolâ de politicis ipsis libris
loquitur, ait : « Amisimus, mi Pomponi, non omnem modo succum
« ac sanguinem, sed etiam colorem ac speciem pristinam civitatis ;
« nulla est res publica quæ delectet, in quâ acquiescam. »

[2] Cod. *interpratatio*, cujusmodi menda ex male intellectis tabel-
lionum notis orta sunt : nam $\bar{p}$ tam *præ* significat quàm *pre*. Confer
de Re Publ. I. 1.

[3] Cod. *qu...*

au contraire, recevant la république comme un chef-d'œuvre d'un autre âge, qui déjà commençait à vieillir et à s'effacer, non-seulement a négligé de renouveler les couleurs du tableau primitif, mais ne s'est pas même occupé d'en conserver au moins le dessin et comme les derniers contours.

Que reste-t-il, en effet, de ces mœurs antiques, sur lesquelles le poëte appuyait la république romaine? Elles sont tellement surannées, et mises en oubli, que loin de les pratiquer, on ne les connaît même plus. Parlerai-je des hommes? Les mœurs elles-mêmes n'ont péri que par le manque de grands hommes : désastre qu'il ne suffit pas d'expliquer, et dont nous aurions besoin de nous faire absoudre, comme d'un crime capital : car c'est grâce à nos vices, et non par quelque coup du sort, que, conservant encore la république de nom, nous en avons dès long-temps perdu la réalité.[1] . . . .

. . . .

II. . . . . Il n'y avait pas d'œuvre plus royale que la recherche des règles de l'équité : cela comprenait l'interprétation du droit positif. Aussi les particuliers venaient-ils demander aux rois toutes les décisions de justice. Par ce motif, des terres, des

---

causas agri, arvi et arbusti et pascui lati atque uberes definiebantur, qui essent regi, qui colerenturque sine regum operâ et labore, ut eos nulla privati negotii cura a populorum rebus abduceret. Nec vero quisquam privatus erat disceptator, aut arbiter litis; sed omnia conficiebantur judiciis regiis. Et mihi quidem videtur Numa noster maxime tenuisse hunc morem veterem Græciæ regum. Nam cæteri, etsi hoc quoque munere fungebantur, magnam tamen partem bella gesserunt, et eorum jura coluerunt. Illa autem diuturna pax Numæ mater huic urbi juris et religionis fuit : qui legum etiam scriptor fuisset quas scitis exstare; quod quidem hujus civis proprium, de quo agimus. . . . . .

. . . .

III. *S. . . .* Radicum seminumque cognoscere, num te offendet? *M.* Nihil, si modo opus exstabit. *S.* Num id studium censes esse villici? *M.* Minime; quippe cùm agri cultura sæpissime operâ deficiat. *S.* Ergo ut villicus naturam agri novit, dispensator litteras scit; uterque autem se a scientiæ delectatione ad efficiendi utilitatem [1] refert; sic noster hic rector studuerit sane juri [2] et legibus cognoscendis;

---

[1] Cod. *refertur*, quod si retines, dele antea se.

[2] Ita cod. posteriore manu; at priore *jure*

champs, des bois, des pâturages, étaient réservés comme appartenant aux rois, et cultivés pour eux, sans travail ni soin de leur part, afin qu'aucun souci de leurs intérêts personnels ne les détournât des affaires de la nation. Jamais homme privé n'était juge ni arbitre dans aucun débat. Tout se terminait par les sentences royales. Numa me paraît avoir été celui de nos rois qui conserva le plus cet antique usage des rois de la Grèce. Les autres, en effet, bien qu'ils aient aussi rempli ce devoir, prirent souvent les armes, et pratiquèrent surtout le droit de la guerre. Mais cette longue paix de Numa fut mère de la religion et de la justice dans Rome. Il semble même que Numa avait écrit des lois, qui, vous le savez, subsistent encore ; et ce génie du législateur est précisément le caractère propre au grand ci-toyen que nous cherchons. . . . .

. . . .

III. *Scipion*. . . Qu'un fermier connaisse la nature des plantes et des semences, cela vous choquerait-il ? *Manilius*. Nullement, pourvu que l'ouvrage se fasse. *Scipion*. Mais croyez-vous que cette étude soit l'œuvre d'un fermier ? *Manilius*. Non ; car souvent la culture languirait par défaut de travail. *Scipion*. Eh bien ! de même que le fermier connaît la nature d'un champ ; de même que l'intendant sait écrire, et que tous deux cherchent dans ces notions, non pas un amusement savant, mais une pratique utile ; ainsi notre homme d'état peut fort bien s'être livré

fontes quidem earum utique perspexerit; sed se res-
ponsitando [1] et lectitando et scriptitando ne impe-
diat, ut quasi dispensare rem publicam et in eâ
quodam modo villicare possit : summi juris peritissimus, sine quo justus esse nemo potest; civilis non
imperitus [2] : sed ita ut astrorum gubernator, physi-
corum medicus; uterque enim illis ad artem suam
utitur, sed se a suo munere non impedit. Illud autem videbit hic vir. . . . .
. . . .

IV. . . . civitatibus, in quibus expetunt laudem optimi et decus, ignominiam fugiunt ac dedecus. Nec
vero tam metu pœnâque terrentur, quæ est constituta legibus, quàm verecundiâ, quam natura homini dedit quasi quemdam vituperationis non injustæ
timorem. Hanc ille rector rerum publicarum auxit
opinionibus perfecitque institutis et disciplinis, ut
pudor civis non minus a delictis [3] arceret quàm
metus. Atque hæc quidem ad laudem pertinent,
quæ dici latius uberiusque potuerunt.

V. Ad vitam autem usumque vivendi ea descripta
ratio est justis nuptiis, legitimis liberis, sanctis Pe-

---

[1] Vocabulum proprium respondentiam de jure
[2] Cod. *imperditus.*
[3] Cod. *adflictis* pro a delictis.

à la connaissance du droit et de la législation, en avoir approfondi les sources : mais il ne s'embarrasse pas dans un dédale de consultations, de lectures, de discussions écrites. Il s'occupera surtout d'administrer la république en habile intendant, et d'être pour elle en quelque sorte un bon fermier. Il sera très-versé dans ce droit primitif et général, sans lequel personne ne saurait être juste ; il ne sera pas ignorant du droit civil : mais il en usera comme le pilote use de l'astronomie, et le médecin, des sciences naturelles. L'un et l'autre, en effet, exploitent ces connaissances au profit de leur art ; mais ils ne négligent pas leur art, et ne s'en laissent pas détourner.

. . . .

IV. Dans ces républiques, les bons ambitionnent la gloire et l'estime, et fuient l'ignominie et le déshonneur. En effet, de tels hommes sont moins effrayés par les menaces et les punitions de la loi, que par ce sentiment d'honneur dont la nature a doué l'homme, et qui n'est autre chose que la crainte d'un blâme légitime. Le sage législateur fortifie cet instinct par l'opinion, le perfectionne par les institutions et les mœurs ; et les citoyens sont éloignés de faillir, plus encore par la honte que par la crainte. Au reste, ceci rentre dans les considérations sur la gloire, qui ont pu être présentées ailleurs avec plus d'étendue.

V. Quant à la vie privée, et aux mœurs de la cité, toute chose est disposée par la sainteté des ma

natium deorum Larumque familiarum [1] sedibus, ut omnes et communibus commodis et suis uterentur: nec bene vivi sine bonâ re publicâ posset; nec esse [2] quicquam civitate bene constitutâ beatius. Quocirca permirum mihi videri solet, quæ sit tanta doc . . . .

---

[1] Ita cod. nisi mavis *familiarium.*

[2] Cod. priore manu *ecce*, posteriore *esse;* sed fortasse dicendum *esset.*

riages, par la naissance légitime des enfans, par la
protection des dieux Pénates et des dieux Lares autour du foyer domestique, de manière à donner à
chaque citoyen une participation dans les avantages
publics, et une jouissance paisible de ses avantages
personnels. D'où il suit que l'on ne peut vivre
heureux sans un bon état social, et qu'il n'est rien
de plus fortuné qu'une république sagement établie.

. . . .

FRAGMENTA INCERTÆ SEDIS APUD VARIOS AUCTORES EXSTANTIA.

Tum virtute, labore, industriâ quæreretur summi viri indolem; nisi nimis animose ferox natura illum nescio quo. (*Nonius*, voc. *anima*.)

Quæ virtus fortitudo vocatur, in quâ est magnitudo animi, mortis dolorisque magna contemptio. (*Nonius*, voc. *contemptus*.)

Marcellus ut acer et pugnax; Maximus ut consideratus et lentus. (*Nonis*, voc. *lentum*.)

Qui comperit ejus vim et effrenatam illam ferociam. (*Nonius*, voc. *ferocia*.)

Quod non modo singulis hominibus sed potentissimis populis sæpe contingit. (*Nonius*, voc. *contingere*.)

Orbi terrarum comprehensos. (*Charisius*, lib. 1, p. 112.)

Quod molestias senectutis suæ vestris familiis impertire posset. (*Nonius*, voc. *impertire*.)

FRAGMENS.

Ces fragmens, qui n'ont pu se lier à nos observations sur le cinquième livre, n'offrent que des sens vagues et des phrases, dont l'application au sujet de l'ouvrage est impossible à deviner. Les grammairiens qui nous les ont conservées, n'y voyaient qu'une forme de locution; et ils ne s'inquiétaient pas, en les transcrivant d'une manière incomplète, si l'exemple qu'ils empruntaient serait intelligible pour l'esprit du lecteur. Une de ces citations écourtées et énigmatiques se rapportait peut-être à Gracchus, dont la mort était, nous dit saint Augustin, rappelée dans les livres *de la République.*

SIXIÈME LIVRE

DE LA RÉPUBLIQUE.

La découverte de M. Mai n'ajoute rien à l'admirable fragment qui nous était resté de ce sixième livre ; mais elle en
fait mieux connaître le prix, par la comparaison de cet éloquent épisode avec les autres parties de l'ouvrage, dont il
était comme le terme et le couronnement. C'est là que Cicéron, en discutant le principe du sentiment religieux, et en
posant le dogme de l'immortalité de l'âme, avait cherché le
dernier germe de la vie des sociétés. Quel caractère auguste
et solennel dans un semblable entretien, prolongé entre les
premiers génies de la république romaine, quelques jours
avant la mort violente du plus illustre d'entre eux ! Ne devait-
il pas sembler que Scipion, en exprimant à ce moment une
conviction sublime sur la nature impérissable de l'âme, avait
eu le pressentiment [1] de cette fin soudaine qui allait l'enlever
au monde, et que ses paroles empreintes d'une tristesse majestueuse, et bientôt après consacrées par sa mort, étaient
restées dans le cœur de ses amis, non-seulement comme le

---

[1] Quod item Scipioni videbatur, qui quidem, quasi præsagiret
perpaucis ante mortem diebus, cùm et Philus, et Manilius adessent, et alii plures, triduum disseruit de re publicâ, cujus disputationis fuit extremum de immortalitate animorum : quæ se in quiete
per visum ex Africano audisse dicebat. (*Cic. de Amicitiâ*, cap. IV)

dernier conseil [1] d'une si haute sagesse, mais comme la seule consolation égale à la douleur de sa perte et à la gloire de sa vie.

C'est là cette belle manière de promulguer les vérités morales qui appartient à l'antiquité. Ce sont là ces rapprochemens pathétiques et simples qui lui étaient familiers. Socrate, condamné, et près de boire la ciguë au milieu de quelques disciples en pleurs, s'occupe d'établir avec la raison la plus lumineuse les preuves de l'immortalité de l'âme. Scipion, le premier des Romains par la grandeur de ses actions et de son génie, élevé, à force de gloire, au-dessus même des caprices de l'inconstance populaire, Scipion, discutant avec d'illustres amis, dans la sécurité d'un noble repos, les destinées et les révolutions des états, se livre tout à coup à des idées plus hautes, et expose ce dogme de l'immortalité de l'âme, que les religions grossières de l'antiquité n'affirmaient pas, et qu'il avait appris, dans un songe mystérieux, de la bouche de son immortel aïeul, et de son père Paul Emile. Dans quelques jours Scipion ne sera plus : une main invisible, un crime obscur frappera ce grand homme dans l'asile de sa maison, au milieu du respect et de l'amour des Romains : mais tous les sentimens qu'il exprimait naguère, ce dogme sacré, cette foi d'un avenir immortel, en paraîtront plus vraisemblables. N'est-ce pas sur la tombe récente de l'homme vertueux ou du grand homme que l'on est plus invinciblement forcé de croire à la divine origine de l'âme? Telles étaient, ce semble, les illusions nobles et touchantes dont Cicéron, dans le dessein de son ouvrage, avait voulu entourer cette doctrine

---

[1] Qui numeros optimatum et principum obtulit his vocibus, et gravitatis suæ liquit illum tristem et plenum dignitatis sonum. (*Nonius*, voce *tristis*.)

qu'il avait reçue de Platon, et qu'il voyait dans son temps
attaquée par les sophismes de César et des autres corrupteurs
de la république. Si l'on se souvient en effet que César, dans
le sénat romain, en défendant les complices de Catilina [1], soutint que les opinions sur la vie future étaient des fables, et
que tout finissait à la mort, on sentira que Cicéron était inté-
ressé à combattre une doctrine qui s'annonçait pour servir de
protection aux coupables et d'instrument aux ambitieux.

Cicéron a plus d'une fois reproduit cette idée ; plus d'une
fois il s'est plaint qu'on avait préludé, par l'avilissement des
auspices, à la destruction des lois et de la République [2]. Lui-
même il remplissait les fonctions d'augure ; il en était fier ; il
les avait vivement souhaitées. Et cependant tous ses traités
philosophiques ne sont qu'une spirituelle et longue dérision
du polythéisme : et il a fait exprès son dialogue *de Divinatione*, pour tourner en ridicule la vanité des augures, et la
sotte crédulité du vulgaire. Cette contradiction dans la vie
d'un grand homme mérite un examen curieux ; elle tient de
près à l'histoire même de la civilisation romaine, sur le point
si important des croyances religieuses.

Montesquieu, dans une courte dissertation, a saisi d'une
vue ferme et pénétrante, ce qu'il appelle la *politique des
Romains dans la religion*. Il lui semble que, dès l'origine,
le culte des dieux avait été dans la main des chefs de l'état,

---

[1] De pœnâ possum equidem dicere id quod res habet : in luctu atque
miseriis mortem ærumnarum requiem, non cruciatum esse : eam
cuncta mortalium mala dissolvere ; ultra neque curæ neque gaudio
locum esse. (*Sall. de Conjur. Catilin.*)

[2] Eversores hujus imperii, auspicia quibus hæc urbs condita est,
quibus omnis res publica atque imperium tenetur, contempserunt.
(*Pro Sextio*)

un instrument de pouvoir et d'influence habilement dirigé, un calcul d'ambition et d'adresse fondé sur l'ignorance du peuple. À cette explication viennent se lier les traditions de l'histoire, qui nous représentent Romulus pratiquant déjà la science des augures, Numa pliant le génie des Romains à toutes les cérémonies d'une piété superstitieuse. Mais si la religion fut, dans Rome païenne, une invention et un ressort de la politique, elle devait y subir des mutations fréquentes, et changer comme cette politique même. Comment supposer, en effet, que les croyances qui avaient utilement secondé le pouvoir des rois, aient pu s'allier également aux formes de la République ?

Et que veut dire Montesquieu, quand après avoir montré les premiers souverains de Rome, soigneux d'asservir en tout la religion à la politique, il ajoute : « Le culte et les céré- « monies qu'ils avaient institués, furent trouvés si sages que, « lorsque les rois furent chassés, le joug de la religion fut le « seul dont ce peuple, dans sa fureur pour la liberté, n'osa « s'affranchir. » L'explication de ce problème embrasse toute l'histoire des premiers temps de la République ; là se rattache l'autorité des patriciens sur les plébéiens, la puissance de l'oligarchie sénatoriale, et tout à la fois l'enthousiasme et la docilité du peuple romain. Les patriciens avaient en effet détourné à leur profit tout l'empire de la superstition popu- laire, par l'établissement de ce principe que seuls ils avaient droit de consulter les auspices ; ils devenaient ainsi une caste sacerdotale qui dominait l'état. Mais cette classe privilégiée était-elle dupe elle-même du pouvoir qu'elle exerçait ? ou faut- il supposer, avec Montesquieu, que ces premiers sénateurs qui remplissaient les divers sacerdoces, étaient des fourbes habiles qui se moquaient de la crédulité dont ils se servaient ? Une hypocrisie commune à toute une classe est de difficile usage. Une association de fraude et de mensonges se trahit toujours par quelque endroit. La superstition est sans doute un grand moyen d'influence : mais pour être puissante il faut qu'elle soit sincère, non-seulement dans ceux qui lui obéissent, mais dans ceux qui commandent par elle. C'est un instrument que l'on ne fait pas à volonté, que l'on reçoit du temps, des circonstances ; c'est une baguette magique dont il faut sentir soi-même la vertu, avant de pouvoir en frapper les autres. La longue domination des augures et des aruspices dans Rome, prouve que cette superstition, toute absurde qu'elle paraît, n'agissait pas seulement sur la foule et le vulgaire ignorant. Il semble résulter du traité de Cicéron, sur *la Divination*, que son frère Quintus, homme éclairé, homme savant, était fortement convaincu de toutes ces fables ridicules. Brutus croyait à des visions bizarres. Et sans doute, durant les guerres de Sylla, ce consul, prêtre de Jupiter, qui se donnant la mort pour échapper au barbare vainqueur, eut soin de constater par un écrit les précautions qu'il avait prises pour ne pas manquer au rituel sacré, et ne pas tacher de sang les bandelettes et le diadème dont il était revêtu par son sacerdoce, cet homme, d'une superstition si exacte dans un pareil moment, croyait au culte dont il était le ministre.

Que si nous trouvons de tels indices d'une conviction sincère dans les derniers temps de la République, à l'époque où le changement des mœurs, la philosophie d'Épicure, et tout ensemble les vices et les lumières avaient si fort décrédité l'ancien polythéisme ; combien n'est-il pas vraisemblable que, plusieurs siècles auparavant, le culte public était pratiqué de bonne foi, par ceux mêmes qui s'en servaient pour dominer les autres ? N'est-il pas plus naturel de croire à cette supposition, que d'admettre avec Montesquieu, une dissimu-

lation si ancienne, si générale, si constante, pratiquée par une classe entière de citoyens, pour tromper tout un peuple? Tite-Live [1], en nous retraçant la piété mystérieuse du premier Africain, en nous le montrant toujours attentif à consulter les dieux dans leurs temples, toujours entouré de révélations nocturnes, de songes mystérieux, dont il paraissait en public faire dépendre ses résolutions et toute sa conduite; ajoute: « Il agissait ainsi, soit par un instinct su-
« perstitieux qui lui était naturel, soit pour assurer à ses
« desseins et aux ordres émanés de lui, une exécution ra-
« pide comme celle des oracles. » On aurait peine à supposer, dans une si grande âme, un charlatanisme soutenu pendant la vie entière; et il semble plus problable d'admettre ici cet enthousiasme superstitieux qui peut s'accorder avec le génie, et qui n'est qu'un égarement du principe religieux inné dans le cœur de l'homme.

Dans ces diverses suppositions, le polythéisme, si puissant à Rome. à l'époque où Rome avait le plus de gloire et de liberté, devait paraître aux yeux des meilleurs citoyens essentiel à la constitution de l'état; et Cicéron, dans son culte pour le passé, dans son zèle pour l'autorité du sénat, devait invoquer cet antique soutien de tout ce qu'il voulait défendre ou rétablir. D'ailleurs, au temps où il plaçait l'entretien de ses personnages, l'irréligion épicurienne avait encore obtenu peu de crédit dans Rome. A l'époque des guerres de

---

[1] Fuit Scipio non veris tantum virtutib s mirabilis, sed arte quoque quâdam ab juventâ in ostentationem earum compositus : pleraque apud multitudinem, aut per nocturnas visa species, aut velut divinitus mente monitâ agens : sive et ipse capti superstitione quâdam animi, sive ut imperia consiliaque, velut sorte oraculi missa, sine cunctatione assequeretur. (*Tit. Liv.* lib. XXVI.)

Pyrrhus, les vieux Romains qui avaient entendu Cynéas expliquer à la fois les doctrines de la volupté et du scepticisme, avaient prié les dieux de laisser de telles maximes aux ennemis des Romains; et le patriotisme s'était gardé longtemps de cette philosophie, comme d'une séduction nuisible au courage. Aussi Polybe nous rapporte que, de son temps, c'est-à-dire au temps même de Scipion Emilien, la crainte superstitieuse des dieux et des enfers maintenait inviolablement, chez les Romains, la foi du serment oubliée chez les Grecs.

Le passage de cet écrivain est assez remarquable pour être fidèlement cité comme le témoignage le plus authentique sur le siècle dont Cicéron avait voulu peindre les institutions et l'esprit. « Une chose, dit Polybe, qui est fort blâmée dans « les autres hommes, me paraît constituer la force des Ro- « mains ; je parle de la superstition : car ce sentiment est « porté chez eux, dans la vie publique et particulière, à un « excès, au-delà duquel il n'est rien. Quelques esprits s'en « étonneront beaucoup; moi, je pense qu'ils ont agi ainsi à « cause du peuple. Sans doute si l'on pouvait réunir une « république de *sages*, un tel moyen ne serait nullement « nécessaire ; mais comme le peuple est léger, plein de pas- « sions illégitimes et de violence, il reste de contenir cette « foule par d'invisibles terreurs, et par tout cet épouvantail « de tragédie. Aussi, dans mon opinion, ce n'est pas légère- « ment ni sans motif que les anciens ont répandu parmi le « peuple les idées que l'on a sur les dieux et sur les peines de « l'enfer; et c'est au contraire à tort et follement que les « hommes de ce temps rejettent ces idées. Je n'en donnerai « qu'un exemple : chez les Grecs, si vous confiez aux « hommes qui manient les fonds de l'état, un seul talent, « eussiez-vous appelé dix notaires, et scellé l'acte de dix

« sceaux, en présence de vingt témoins, ils vous manque-
« ront de foi; chez les Romains, au contraire, des hommes
« qui manient des trésors, dans les magistratures et les
« ambassades, gardent une exacte probité sous la foi d'un
« simple serment; et, tandis qu'il est rare ailleurs de trouver
« un homme qui ne pille pas le public, et dont les mains
« soient pures, il est rare chez les Romains de surprendre
« quelqu'un dans de telles pratiques. »

Il y a sans doute de la philosophie dans ces réflexions ;
mais il n'y en a point assez. Recommander la croyance en
Dieu, et le dogme sublime de l'immortalité de l'âme comme
un frein salutaire et commode , un supplément utile aux lois,
c'est une vue courte qui se propose un but trop rapproché,
et n'y parvient même pas. Lorsqu'on renvoie la religion au
peuple, le peuple ne la reçoit plus. Ce n'est pas sur la base
de l'intérêt qu'il faut fonder la religion ; c'est dans le cœur
même de l'homme, dans le sentiment de sa dignité que l'on
doit chercher un point d'appui pour s'élever aux vérités
éternelles.

La philosophie grecque avait plus d'une fois tenté ce noble
ouvrage; de là sans doute étaient sorties de sages maximes,
qui pouvaient rectifier ce qu'il y avait d'absurde dans les
croyances populaires, sans altérer, et même en épurant le
germe de vérité morale que renfermaient quelques-unes de
ces croyances. Mais telle ne fut pas la politique des premiers
génies de Rome. Le grand-pontife Scévola, et Varron, le plus
savant homme de la république, disaient qu'il fallait que le
peuple ignorât beaucoup de choses vraies, et qu'il en crût
beaucoup de fausses. Cette même pensée présidait sans
doute à l'entretien de Scipion et de ses amis.

Le traité *des Lois*, commentaire naturel du traité *de la
République*, renferme un livre entier qui se rapporte à la

religion. Bien que les détails de discipline et de cérémonie remplissent presque toute cette législation, on voit que le soin des mœurs s'y trouvait compris : en voici les principales dispositions [1]. « Que l'on s'approche des dieux avec « un cœur pur ; que l'on y apporte de la piété ; que l'on éloi- « gne les richesses. Dieu lui-même punira celui qui fait mal. « Que l'impie n'ose pas offrir des dons pour apaiser la co- « lère des dieux. » Quelle que fût l'extravagance et l'obscénité des fables qui se mêlaient à un culte au nom duquel on commandait les maximes que nous venons de lire, on conçoit que les premières atteintes portées à ce culte, durent ébranler les mœurs publiques, et que l'on passa du mépris de la superstition à l'oubli des devoirs. Voilà sans doute le motif qui, dans la pensée de Cicéron, avait pu lui inspirer sur ce point un langage si différent de son incrédulité personnelle. Un autre intérêt politique venait se joindre à cette première considération. c'était sans doute une invention bien ridicule que les augures et les aruspices ; c'était. comme le dit Montesquieu, *les grotesques du paganisme*. Mais c'était un beau et puissant privilége que de pouvoir dissoudre une assemblée du peuple romain, annuler une résolution souveraine, faire abdiquer des consuls irrégulièrement nommés. On voit dans le traité *des Lois* quelle importance Cicéron attachait à de telles prérogatives. quel contre-poids salutaire il croyait y trouver [2].

---

[1] Ad divos adeunto caste, pietatem adhibento, opes amovento : qui secus faxit, deus ipse vindex erit ; impius ne audeto placare donis iram deorum. (*De Legibus*, lib. II.)

[2] Maximum autem et præstantissimum in re publicâ jus est augurum, et cum auctoritate conjunctum : neque vero hoc quia sum ipse augur, ita sentio, sed quia sic existimare nos est necesse. Quid

Cicéron dit ailleurs que la négligence de la noblesse[1] a fait tomber les augures dans le mépris, et qu'il n'en est resté qu'une vaine apparence. Les patriciens se lassèrent donc de cette longue fourberie que leur attribue Montesquieu; ou plutôt, ils ne furent plus en état de la soutenir, du moment qu'eux-mêmes ne crurent plus à leur rôle. De quelle époque peut-on dater cette importante innovation? Il semblerait qu'elle a dû commencer au siècle même de Scipion; au temps où les lettres grecques se répandaient dans Rome. Cependant nous voyons dans l'histoire que Tibérius Gracchus, s'étant aperçu qu'il avait omis une formalité augurale, en présidant à l'élection des consuls, en écrivit au collége des augures, et que sur l'ordre de ce collége, les deux consuls qui étaient déjà partis l'un pour la Gaule cisalpine, et l'autre pour l'île de Corse, revinrent à Rome, abdiquèrent leur charge et furent remplacés.

Ce qui dut favoriser de bonne heure cette insouciance des nobles, à laquelle Cicéron impute la perte et l'avilissement des augures, c'est que les plébéiens furent admis au partage et au mystère de ce singulier sacerdoce. L'an 453 de Rome, les plébéiens qui avaient déjà obtenu de concourir à toutes les dignités civiles, obtinrent aussi d'être reçus dans le collége

---

enim majus est, si de jure quærimus, quàm posse a summis imperiis et summis potestatibus comitiatus et concilia vel instituta dimittere, vel habita rescindere? Quid gravius quàm rem susceptam dirimi, si unus augur alio die dixerit, quid magnificentius quàm posse decernere, ut magistratu se abdicent consules? Quid religiosius quàm cum populo, cum plebe agendi jus aut dare aut non dare? (*De Legibus*, lib. II.)

[1] Negligentiâ nobilitatis, augurii disciplinâ omissâ, veritas auspiciorum spreta et species tantum retenta. (*De Naturâ Deorum*, lib. II.)

des augures, où ils eurent même la majorité. Ils furent en effet au nombre de cinq ajoutés à ce collége, anciennement composé de quatre patriciens.

Ces augures n'étaient pas le seul corps sacerdotal qui eût, à Rome, de l'influence sur les affaires civiles. Le grand-pontife, chef suprême de la religion, donnant des ordres à tous les autres pontifes, pouvait atteindre, en cette qualité, des hommes qui remplissaient en même temps de grandes fonctions dans l'état. Ainsi, l'an 511 de Rome, Posthumius Albinus étant à la fois consul et grand-prêtre de Mars, le grand-pontife Métellus lui défendit, comme à son subordonné dans l'ordre religieux, de quitter l'Italie, et d'aller commander une armée en Sicile. Le grand-pontife exerçait d'ailleurs, avec le concours du collége des pontifes qu'il présidait, une juridiction absolue sur les causes de divorce et sur les adoptions.

Mais ce qui donnait un caractère particulier au sacerdoce romain, c'est qu'il ne formait pas une profession à part, et qu'il était réuni sans cesse à des fonctions militaires et civiles. Ainsi, la religion, toujours représentée par des hommes liés à l'intérêt civil, n'intervenait dans les affaires de l'état qu'avec le même esprit dont les citoyens étaient eux-mêmes animés. La charge de grand-pontife, quoique donnée par les suffrages du peuple, demeura jusqu'à la fin du cinquième siècle dans le domaine exclusif des patriciens. Cette dignité, et généralement toutes les fonctions religieuses, furent le privilége qu'ils conservèrent le plus long-temps, et le dernier point sur lequel ils souffrirent le partage et l'égalité.

Au reste, et c'est là que se trouve la politique romaine, les pontifes, quelle que fût l'étendue de leurs priviléges, ne pouvaient rien innover dans les formes et les objets du culte. Cette grave matière était sous la juridiction du sénat et du

peuple. On a vu au seizième siècle, dans la lumière du christianisme, le parlement d'un peuple célèbre rédiger des symboles religieux, et fixer, non pr: seulement les formes du
culte, mais les fondemens de la croyance. Telle était, s'il n'y
avait pas une sorte de profanation dans le parallèle, l'étendue
de la puissance qu'exerça le sénat romain. Mais s'il est étonnant, s'il est ridicule, lorsqu'il s'agit des principes d'une religion toute spirituelle, de voir un peuple construire et mo-
difier sa foi par des décrets, et mettre aux voix quelle doit
être la conviction des âmes pieuses, on conçoit cette bizarrerie
dans l'absurde chaos du polythéisme, au milieu de ces cultes
sans morale, au milieu de ces divinités innombrables dont le
monde était inondé. Le pouvoir politique, dans Rome, accordait le droit de cité aux dieux étrangers, comme il le donnait aux peuples voisins.

Le culte des Romains fut tout Grec, à l'exception de quelques dieux indigènes sortis des traditions de leur histoire ;
mais ce culte n'avait rien eu d'abord de l'élégante idolâtrie
de la Grèce. Varron, cité par saint Augustin, disait [1] que les
anciens Romains furent 170 ans sans avoir de simulacres consacrés. Nous les voyons successivement recueillir de nouveaux dieux chez les peuples qu'ils assujétissent ; appeler de
loin et recevoir avec solennité la déesse Cybèle ; repousser au
contraire, avec mépris et par des lois rigoureuses, le culte
d'Isis et les mystères égyptiens. Au sénat seul appartenait le
droit d'autoriser la construction d'un temple nouveau : souvent on le voit dans l'histoire donner des ordres pour rap-

---

[1] Dicit Varro, antiquos Romanos plus quàm annos centum et septuaginta deos sine simulacro coluisse. (*De Civitate Dei*, lib IV,
cap. XXXI.)

peler à l'observance du culte ordinaire, et interdire les sacrifices inusités [1].

Mais trouvait-il un grand intérêt politique à paraître associer aux destinées romaines quelque dieu nouveau, il proclamait l'adoption de son culte avec des solennités singulières et faites pour frapper l'imagination. Ce soin n'était jamais négligé au siége des villes, dans le moment où les Romains étaient sur le point de s'en emparer. Macrobe nous a conservé la curieuse formule qui était alors employée : c'était une espèce d'évocation, par laquelle on appelait au dehors des murs de la malheureuse cité, tous les dieux protecteurs. Voici cette formule dans les termes où elle fut prononcée au siége de Carthage, par la bouche de Scipion [2] :

« S'il est un dieu, une déesse, qui protége le peuple et la
« ville de Carthage, et vous, qui que vous soyez, dieu puis-
« sant qui avez reçu sous votre tutelle ce peuple et cette ville,
« je vous conjure, je vous supplie d'abandonner le peuple et la
« ville de Carthage, de quitter leurs demeures, leurs temples,

---

[1] Datum est negotium ædilibus ut animadverterent, ne qui nisi romani dei, neu quo alio more quàm patrio colerentur. (*Tit.-Liv.*, lib. IV.)

[2] Si deus, si dea est cui populus civitasque Carthaginiensis est in tutelâ, teque, maxime, ille qui urbis hujus populique tutelam recepisti, precor, venerorque, veniamque a vobis peto, ut vos populum civitatemque Carthaginiensem deseratis, loca, templa, sacra, urbemque eorum relinquatis; absque his abeatis, eique populo civitatique metum, formidinem, oblivionem injiciatis; proditique Romam ad me meosque veniatis; nostraque vobis loca, templa, sacra, urbs acceptior probatiorque sit : mihique populoque romano militibusque meis præpositi sitis, ut sciamus intelligamusque. Si ita feceritis, voveo vobis templa ludosque facturum. (*Macrob. Saturn.* lib. III, cap. IX.)

II

« leurs sanctuaires, leurs murs, de vous retirer loin d'eux,
« et de jeter dans ce peuple et dans cette ville, la crainte, la
« terreur et l'oubli : je vous conjure et vous supplie de venir
« dans Rome vers moi et les miens, de préférer nos demeu-
« res, nos temples et notre ville, et de servir de guides au
« peuple romain, à mes soldats, et à moi, afin que nous ayons
« la lumière et l'intelligence : si vous le faites, je promets par
« un vœu solennel de vous offrir des temples et des jeux. »

Indépendamment de ces dieux, dont Rome victorieuse enrichissait son Olympe, et qu'elle traînait pour ainsi dire à la suite de chaque triomphe; sans cesse l'imitation des mœurs étrangères, la superstition, l'ignorance populaire introduisait de nouvelles divinités. Après avoir consacré tous les dieux et tous les héros de la mythologie grecque, Rome adora les passions et les vices personnifiés sous leurs propres noms : elle dressa des temples aux maladies, dont elle redoutait la contagieuse influence; sans doute par le même sentiment de terreur et de haine secrète qui lui fit plus tard placer dans l'Olympe ses tyrans les plus abhorrés. L'idolâtrie en vint à ce point, que, suivant l'expression d'un ancien, il était plus facile de trouver à Rome un dieu qu'un homme [1]. Les Romains, dont l'orgueilleuse politique tirait parti de tout, voyaient dans ce religieux chaos un gage de leur domination sur tous les peuples [2].

Dignus Roma locus quò Deus omnis eat ;

disait un de leurs poëtes. Il leur semblait que Rome devait

---

[1] Facilius deum quàm hominem invenias.
                                    (*Petron. Satyri.*)

[2] Sic dum universarum gentium sacra suscipiunt, etiam regna meruerunt. (*Minutius Felix.*)

être le Panthéon de tous les cultes, pour être plus sûrement la capitale de tous les empires.

Au temps du premier Africain, l'absurdité de ce système religieux était couverte par une simplicité de mœurs encore assez répandue; et elle s'ennoblissait par toutes les idées de grandeur et de gloire. Dans la confusion de leur culte, les Romains se sentaient sous la protection de quelque divinité puissante; ils avaient foi à cette protection, à la valeur qu'elle leur inspirait, au génie de la république toujours victorieuse. La pompe des cérémonies, les actions de grâces à la suite d'un triomphe, les sacrifices, les évocations de ces dieux étrangers qui semblaient toujours obéir à la voix des Romains, en leur livrant les villes assiégées, tous ces spectacles nourrissaient dans les âmes la superstition par le patriotisme. Les défaites, quand les Romains en éprouvèrent, fortifiaient ce sentiment, et produisaient un redoublement de ferveur, et de nouvelles offrandes. Ainsi, dans cette émotion de gloire et de péril, où Rome était sans cesse entretenue, le sentiment religieux, quelle que fût l'extravagance de son objet et de ses formes, s'animait d'un perpétuel et véritable enthousiasme.

Mais il est manifeste que, dès l'époque de Scipion Emilien, les arts et la philosophie de la Grèce commencèrent à jeter quelque ridicule sur l'idolâtrie. Le poëte Lucile, dans un entretien qu'il supposait entre les lieux, les faisait plaisanter eux-mêmes sur ce titre de père [1] que les hommes leur

---

[1] Hoc Lucilius in deorum concilio irridet.

Ut nemo sit nostrûm quin pater optimus divûm,
Ut Neptunus pater, Liber, Saturnus pater, Mars,
Janus, Quirinus pater nomen dicatur ad unum.]
    (*Lactant. Divin. Institut.* l'l. IV

donnaient à tous indistinctement. Ailleurs ce même poëte rail-
lait [1] ceux qui tremblent devant les idoles comme devant des
divinités ; et il les comparait à ces enfans qui ont peur d'une
statue de marbre ou d'airain, et la prennent pour un homme.

Mais ce qui prouve les grands progrès de cette incrédulité, et sa promptitude à devancer même la marche des
arts, c'est qu'un siècle après Lucile, Lucrèce choisit pour
unique sujet de ses chants le système irréligieux d'Epicure,
et attaqua sans réserve les fables du polythéisme. Les idées
philosophiques ne tombent jamais dans le domaine du
poëte, qu'après avoir long-temps occupé les esprits. Lucrèce
annonce qu'il a entrepris son ouvrage pour délivrer, pour
affranchir les âmes des liens de la superstition ; mais on
peut croire que ces liens étaient déjà brisés, puisque la poésie, encore à son berceau dans Rome, la poésie naturellement portée vers les traditions religieuses, se donnait
à elle-même une tâche si éloignée de sa vocation primitive et
naturelle. Le poëme de Lucrèce, animé par un génie que n'a
pu vaincre la sécheresse même de l'athéisme, cet ouvrage
singulier, écrit à la fois sous l'inspiration d'Homère et d'Epicure, et qui réunit la verve d'une littérature naissante au
scepticisme d'une société corrompue, ce monument qui ne

---

[1] Lucilius eorum stultitiam qui simulacra deos putant esse deri-
det his verbis :

> Terricolas lamias, Fauni quas, Pompiliique
> Instituêre Numæ, tremit has, hîc omnia ponit.
> Ut pueri infantes credunt signa omnia ahena
> Vivere, esse homines ; sic isti omnia ficta
> Vera putant : credunt signis cor inesse ahenis.
> Pergula pictorum ; veri nihil ; omnia ficta.

(*Lactant. Divin. Instit.*, lib I)

pouvait appartenir qu'à un peuple imitateur comme le furent les Romains, est la plus grande preuve que, dès le septième siècle de Rome, le polythéisme tombait en ruines, et que la même incrédulité s'étendait au dogme sacré de l'immortalité de l'âme. Les magistrats se contentaient de maintenir les rites et les cérémonies du culte.

C'est ainsi que paraît avoir raisonné le célèbre Varron, que Montesquieu appelle un des plus grands théologiens de Rome. Dans son ouvrage sur les antiquités, il avait placé à la fin ce qui concernait la religion, parce que, disait-il, les états se constituent avant de se donner une religion. Il divisait ensuite la connaissance des dieux en trois espèces différentes, qu'il nommait mythologique, naturelle, et civile. La « première, disait-il, renferme beaucoup de fables contraires « à la majesté et à la nature d'êtres immortels : par exemple, « qu'ils soient nés de la cuisse ou de la tête d'un dieu, qu'ils « aient commis des vols, des adultères. La seconde se com- « pose des systèmes de la philosophie sur l'essence des dieux. « Enfin, la théologie civile se borne à la connaissance des « dieux reconnus par le culte public, et aux devoirs des ci- « toyens et des prêtres pour la célébration des sacrifices. La « première de ces théologies [1], ajoutait Varron, est faite pour « le théâtre, la seconde pour l'univers, la troisième pour « Rome. » Il paraît que Varron, dans cet ouvrage, expli- quait, par des allégories, les plus grandes absurdités du po- lythéisme, et qu'il le réduisait à des observances légales dont la politique devait diriger l'usage.

Cicéron porta plus loin et le scepticisme et la vraie philo-

---

[1] Prima theologia maxime accommodata est ad theatrum ; secunda ad mundum, tertia ad urbem. (*August. de Civit. Dei*, lib. VI.)

sophie : non-seulement il attaqua le principe des théogonies payennes, et répéta ce que les Grecs avaient dit à ce sujet de plus fort et de plus moqueur ; mais il s'éleva souvent au dogme d'un seul dieu, d'une suprême et pure intelligence. Deux siècles plus tard, les premiers chrétiens triomphèrent des aveux d'un si grand homme, et dans leurs combats contre le paganisme, ils ne trouvaient pas d'argument plus puissant que le mépris dont Cicéron avait flétri les croyances populaires. Les défenseurs du paganisme au contraire, s'apercevant que les écrits de Cicéron avaient préparé, par l'avilissement des croyances antiques, la victoire d'un culte nouveau, demandaient que le sénat fît détruire de si dangereux ouvrages [1].

A la vérité on pouvait répondre que ce même Cicéron avait cent fois célébré et embelli de son éloquence le culte des dieux. Ses opinions varient en effet, selon qu'il parle en orateur, qu'il raisonne en politique, ou qu'il conjecture en philosophe. Orateur, il emploie les pieuses croyances, l'intervention miraculeuse des dieux, l'inviolabilité des autels, la sainteté des rites antiques. Poursuit-il Verrès, son ardente prière fait descendre tous les dieux autour du tribunal, pour accabler un spoliateur sacrilège. Défend-il Fonteius, il invoque sur lui les mains tutélaires d'une sœur qui veille à la durée de l'empire et des feux de Vesta. Homme d'état, il veut maintenir le culte établi, il le défend, il l'admire comme un monument du passé, comme une tradition de la sagesse antique, comme un gage de la perpétuité de l'empire ; il redoute l'irréligion

---

[1] Alios audio mussitare indignanter, et dicere oportere statui per senatum, ut aboleantur hæc scripta, quibus christiana religio comprobetur et vetustatis opprimatur auctoritas. (*Arnob. advers. Gent.* lib. III.)

et les superstitions nouvelles ; et ne veut permettre aux citoyens qu'un culte formellement admis par l'état [1]. Mais dans ses ouvrages philosophiques, Cicéron, libre et ingénieux disciple des Grecs, ne voit plus dans la mythologie vulgaire qu'un tissu de fausses traditions, ou d'allégories mal comprises. Bien que la diversité des opinions qu'il prête à ses interlocuteurs laisse quelquefois une sorte d'incertitude sur sa propre pensée, il est clair qu'il ne croit pas au polythéisme, et qu'il doute de tout le reste. Ses ouvrages ne sont à la vérité que des analyses contradictoires de toutes les opinions déjà répandues dans la Grèce ; mais on ne peut douter que Cicéron, leur donnant le crédit de son nom et la popularité de son éloquence, n'ait puissamment contribué à détruire dans sa patrie l'ancien système religieux, dont ces opinions montraient le ridicule et l'inconséquence. A travers quelques précautions qui semblent des égards pour la croyance reçue par l'état, les dialogues des *Tusculanes* et *de la Nature des Dieux*, renversent tout l'édifice du paganisme, et le réduisent à des fables ou à des symboles. Le traité *de la Divination*, moins spéculatif et moins imité des Grecs, détruit par le ridicule une des parties essentielles du culte public.

Toutes les espèces d'oracles et de prédictions, toutes les fourberies des prêtres païens, et toutes les sottises de la crédulité humaine, sont attaquées dans le second livre de ce singulier ouvrage, avec une hardiesse que Cicéron ne cache plus sous le nom d'un interlocuteur étranger, mais qu'il avoue

---

[1] Separatim nemo habessit deos, nev novos; sed nec advenas, nisi publice adscitos privatim colunto (*De Legibus*, lib. II.) —On peut voir pour ce traité la belle traduction de M. C. de Remusat.

librement, Les paroles par lesquelles il termine semblent une profession de déisme opposée aux fables du polythéisme, et aux vaines terreurs du vulgaire. « Parlons avec vérité, dit-il [1], « la superstition répandue chez les peuples, a opprimé pres- « que toutes les âmes, et s'est emparée de la faiblesse humaine. « Nous l'avions dit dans l'ouvrage sur la *Nature des Dieux*, « et nous l'avons plus particulièrement démontré dans ce « dernier écrit, convaincus comme nous le sommes, que « nous aurions fait une chose utile à nos concitoyens et à « nous-mêmes, si nous avions extirpé une telle erreur. Ce- « pendant (car, sur ce point je veux que ma pensée soit bien « comprise) la chute de la superstition n'est pas la ruine de « la religion. Il est d'un sage de conserver les institutions « de nos aïeux, pour l'observance des sacrifices et des cérémo- « nies ; et l'existence d'une nature supérieure, éternelle ; la « nécessité pour l'homme de la reconnaître et de l'adorer est « attestée par la magnificence du monde, et l'ordre des « choses célestes. Ainsi, de même qu'il faut propager la re- « ligion qui se lie à la connaissance de la nature, il faut « arracher toutes les racines de la superstition. »

---

[1] Ut vere loquamur, superstitio fusa per gentes, oppressit omnium fere animos, atque hominum imbecillitatem occupavit : quod et in iis libris dictum est, qui sunt *de Naturâ Deorum ;* et hâc disputatione id maxime egimus : multum enim et nobismet ipsis, et nostris profuturi videbamur, si eam funditus sustulissemus. Nec vero (id enim diligenter intelligi volo) superstitione tollendâ religio tollitur. Nam et majorum instituta tueri sacris cæremoniisque retinendis, sapientis est ; et esse præstantem aliquam, æternamque naturam, et eam suspiciendam, admirandamque hominum generi, pulchritudo mundi, ordoque rerum cœlestium cogit confiteri. Quam ob rem, ut religio propaganda etiam est, quæ est juncta cum cognitione naturæ, sic superstitionis stirpes omnes ejiciendæ. (*De Divinatione*, lib. II.)

On ne peut confondre ce langage avec celui de Lucrèce, qui prétendait également délivrer les âmes des terreurs imbécilles de la superstition. Une cause première, une nature divine remplace ici le mouvement inexplicable des atomes d'Epicure. Etait-ce le terme où s'arrêtaient invariablement les pensées de Cicéron? Son esprit était-il étranger à toutes les croyances superstitieuses, dont nous apercevons quelquefois des traces dans la vie des plus grands hommes de l'antiquité. Il semble que, s'il avait eu ce genre de faiblesse, ses lettres, monument si vrai de tous les mouvemens de son âme, offriraient sur ce point quelque révélation; mais je n'y découvre qu'un passage qui réponde un peu à notre curiosité : c'est dans une lettre familière à sa femme Térentia, en lui annonçant qu'il a été malade et promptement guéri. « J'ai « été soulagé si vite, dit-il [1], qu'il semble que quelque dieu « m'ait secouru; aussi ne manquez pas d'offrir, avec le soin « pieux et la pureté qui vous est ordinaire, un sacrifice à ce « dieu, c'est-à-dire à Apollon et à Esculape. »

Mais ce passage est-il sérieux ? n'est-ce pas quelque allusion légèrement ironique, comme celle de Socrate ordonnant d'immoler un coq à Esculape ? Voilà ce qu'il est assez difficile de deviner, ou du moins d'affirmer.

Un des apologistes du christianisme, pour prouver que Cicéron avaient cru que les premiers dieux étaient des hommes divinisés, nous a conservé un passage d'un caractère bien différent, et qui fut inspiré à Cicéron par la plus douloureuse épreuve de sa vie, la perte de sa fille. « Si jamais créature

---

[1] Statim ita sum levatus, ut mihi deus aliquis medicinam fecisse videatur. Cui quidem tu deo quemadmodum soles, pie et caste satisfacias, id est Apollini et Æsculapio. (Lib. XIV, epist. VII.)

« mortelle, écrivait Cicéron dans sa douleur[1], mérita d'être
« divinisée, sans doute c'est Tullie ; si la renommée a placé
« dans le ciel la postérité de Cadmus, d'Amphion, ou de Tyn-
« dare, le même honneur doit être dédié à Tullie ; et certes, je
« le ferai : ô toi, la plus vertueuse et la plus éclairée des femmes,
« placée parmi les dieux qui te reçoivent, je te consacrerai
« dans la croyance de tous les mortels. » Mais ce délire d'une
imagination vive et tendre, ce paganisme de l'amour pater-
nel ne saurait fournir aucune induction relative au sentiment
réel de Cicéron, sur l'efficacité des apothéoses, et la vérité
du polythéisme. Deux siècles plus tard, lorsque Quintilien
invoquait les mânes d'un fils, qu'il avait perdu, et les nommait les divinités de sa douleur, il savait bien que ce dieu nouveau n'existait que pour le cœur d'un père.

Il est vraisemblable que Cicéron, dans le traité *de la République*, avait tenu le milieu entre les opinions toutes païennes,
la foi explicite au culte romain qu'il exprime dans ses ouvrages oratoires, et le hardi scepticisme, la liberté rail-
leuse qu'il avait réservée pour ses conférences philosophiques. Quelques siècles plus tard, les mêmes chrétiens qui
invoquaient contre les restes du paganisme persécuteur
l'autorité de Cicéron, lui reprochaient cependant de n'avoir
pas donné assez de force et de franchise à son mépris pour
de vaines fables. « O Cicéron, dit Lactance, que n'es-
« sayais-tu d'éclairer le peuple. Cette œuvre était digne

---

[1] Quod si ullum unquam animal consecrandum fuit : illud profecto
fuit. Si Cadmi, aut Amphionis progenies, aut Tyndari in cœlum
tollenda famâ fuit, huic idem honos certe dicandus est. Quod quidem faciam, teque omnium optimam, doctissimamque, approban-
tibus diis immortalibus ipsis, in eorum cœtu locatam, ad opinionem
omnium mortalium consecrabo. (*Lactant.*, *Divin. Instit.* lib. I.)

« d'exercer toute ton éloquence : tu ne devais pas craindre que
« la parole te manquât dans une cause si juste. — Mais ap-
« paremment tu redoutes le cachot de Socrate, et tu n'oses
« prendre en main la défense de la vérité : il était plus beau
« de mourir ainsi; et les Philippiques n'ont pu te donner au-
« tant de gloire que tu en aurais mérité, en dissipant l'erreur
« du genre humain. Je te vois adorer des statues d'argile,
« sorties de main d'homme. Tu sais combien elles sont im-
« puissantes et vaines; mais tu imites dans ton culte ceux
« dont tu reconnais la folie. Que te sert-il donc d'avoir vu la
« vérité, si tu ne devais ni la suivre ni la défendre[1]. » Ces
vives apostrophes de l'éloquent chrétien n'empêchent pas de
concevoir l'espèce de réserve que s'imposait Cicéron, et la
crainte qu'il avait de porter trop loin le doute philosophique.
Ce n'était pas le martyre de Socrate qui l'effrayait. La profanation fut quelquefois punie dans Rome; mais il ne paraît
pas que l'irréligion spéculative eût jamais attiré la sévérité
des magistrats. Le poëme de Lucrèce en est une preuve suffi-
sante. Mais si l'on songe à l'état imparfait de la société, à
l'esclavage domestique, à la rareté des livres, à la difficulté

---

[1] Quin potius, si quid tibi, Cicero, virtutis est, experire populum
facere sapientem. Digna res est, ubi omnes eloquentiæ tuæ vires exe-
ras. Non enim verendum est, ne te in tam bonâ causâ deficiat oratio,
qui sæpe etiam malas copiose ac fortiter defendisti. Sed nimirum
Socratis carcerem times, ideoque patrocinium veritatis suscipere non
audes. Pulchrius, ut ob bene potius dicta, quàm ob maledicta more-
reris. Nec tibi laudis plus Philippicæ afferre potuerunt, quàm discus-
sus error humani generis, et mentes hominum ad sanitatem tuâ disputatione revocatæ. Video te terrena, et manu facta venerari. Vana
esse intelligis, et tamen eadem facis, quæ faciunt ipsi, quos ipse
stultissimos confiteris. Quid igitur profuit, vidisse te veritatem, quam
nec defensurus esses, nec secuturus. (*Lactant. Divin. Instit.* lib. II)

de répandre les connaissances et les lumières , on concevra
que Cicéron n'ait pas formé la grande entreprise que lui demande Lactance. Ce dogme sublime de l'unité de dieu , cette
idée d'une suprême intelligence rémunératrice et vengeresse ,
ne pouvait se communiquer à tout un peuple nourri de tant
de fables grossières , entouré de tant de dieux matériels et
visibles : elle n'eût pas été comprise; elle n'eût paru qu'un
athéisme; et dès-lors, elle eût été sans force et sans vertu.
L'annonce publique de cette grande vérité devait former une
ère toute nouvelle, une rénovation du genre humain. A l'ancienne religion était liée l'ancienne société toute entière ; et
le livre de Cicéron , les pensées, les efforts de sa vie avaient
pour objet de défendre cette ancienne société [1].

Nous voyons en effet, par quelques citations éparses[2], que
même dans ce sixième livre consacré à la religion et au culte,

---

[1] Intelligebat Cicero falsa esse, quæ homines adorarent. Nam, cùm
multa dixisset quæ ad eversionem religionum valerent, ait tamen
non esse illa vulgo disputanda, ne susceptas publice religiones disputatio talis exstinguat. (*Lactant. Divin. Instit.* lib. II.)

[2] Totam igitur exspectas prudentiam hujus rectoris , quæ ipsum
nomen hoc nacta est ex providendo. (*Nonius* , voc. *prudentia.*)

Quam ob rem se comparet hic civis ita necesse est , ut sit contra
hæc quæ statum civitatis permovent, semper armatus. (*Nonius* , voc.
comparare.)

Eaque dissensio civium , quòd seorsum eunt alii ad alios, seditio
dicitur. (*Nonius* , voc. *seditio*, et *Servius ad Æn.*)

Et vero in dissensione civili, cùm boni plus quàm multi valent,
expendendos cives, non numerandos puto. (*Nonius, de Doct. indag.*)

Graves enim dominæ cogitationum libidines infinita quædam
cogunt atque imperant ; quæ quia nec expleri, nec satiari ullo modo
possunt, ad omne facinus impellunt eos , quos illecebris suis incen-
derunt. (*Nonius* , voc. *expleri.*)

beaucoup de choses se rapportaient directement à la politique et au patriotisme. Cicéron y traçait l'image de l'homme
d'état vertueux et éclairé ; il y flétrissait les ambitieux et les
corrupteurs qui préparaient l'esclavage public par de funestes
dissensions. Il armait les bons citoyens contre les factieux ; il
établissait la supériorité de la sagesse et de la vertu sur le
nombre. A côté de l'ambition séditieuse, il montrait la corruption de mœurs qui lui servait d'auxiliaire ; il accusait ces pas-
« sions qui, maîtresses de l'âme, prennent sur elle un empire
« sans limite ; et ne pouvant être rassasiés ni satisfaites ,
« poussent à tous les crimes ceux qu'elles ont enflammé de
« leurs séductions. » A ces traits, où l'on reconnaît les complices de Catilina et les amis de César, on voit assez quelle idée
préoccupait incessamment Cicéron dans cet ouvrage , et
comment il croyait avoir besoin de respecter toutes les
croyances antiques, d'invoquer et de maintenir tout ce qui
pouvait exister de saint et de sacré , pour opposer ces barrières, aux entreprises de la violence et de l'audace. Catilina,
meurtrier d'un proscrit , avait lavé ses mains sanglantes dans
la fontaine lustrale d'Apollon , sur la place publique de
Rome ; et sa fureur avait paru s'accroître de son impiété.
César devait un jour , méprisant l'anathème que la politique
religieuse du sénat romain avait inscrit sur son passage, pénétrer jusqu'à la ville sacrée, briser les portes du temple de
Saturne , et enlever le trésor de la république, placé sous
la garde du plus ancien des dieux. Etrange phénomène,
qui prouve qu'il y a quelque chose de salutaire dans un culte
quelconque ! L'homme devint d'abord plus méchant et plus
vicieux , en cessant de croire à une religion qui semblait permettre tou s les vices.

A l'aspect ou dans la prévoyance de tels maux , Cicéron
embrassait les images des dieux, ces images qui lui paraissaient

protectrices des lois et de la liberté romaine. Il s'efforçait
d'oublier [1] les subtiles raisonnemens du pyrrhonisme grec ;
et il espérait remonter vers la crédulité des premiers temps
de la république, comme s'il eût pu rendre à son siècle les
vertus et l'héroïsme de ces temps antiques. D'ailleurs, en
abjurant publiquement les traditions religieuses de son pays,
quelles vérités pouvait-il y substituer ? L'esprit de l'homme,
laissé à lui-même, ne suffisait pas pour entreprendre la
réforme des croyances humaines. Cicéron, naturellement in-
décis, avait encore fortifié cette disposition dans les écoles de
la secte académique. « Plût aux dieux, disait-il lui-même [2],
« qu'il me fût aussi facile de trouver la vérité que de prouver
« l'erreur ! » Ainsi, dans le doute de son esprit, et dans l'impuissance de l'esprit humain, comme citoyen et même comme
philosophe, il était reporté vers ce culte de la vieille Rome,
qu'il avait plus d'une fois attaqué par ses railleries : il le
louait, il l'admirait comme une sauve-garde publique.

Les noms des personnages qu'il avait mis en scène rendaient d'ailleurs ce langage vraisemblable et nécessaire. Scipion avait rempli les fonctions de grand-pontife ; Lælius qui,
comme le dit quelque part Cicéron, fut tout ensemble un
augure et un sage, avait prononcé sur une question du culte

---

[1] Opiniones quas a majoribus accepimus de diis immortalibus
sacras cæremonias religionesque ego eas defendam semper, semperque defendi nec me ex eâ opinione quam a majoribus accepi de cultu
deorum immortalium, ullius unquam oratio aut docti aut indocti
movebit. Sed cùm de religione agitur, T. Coruncanium, P. Scipionem,
P. Scævolam, pontifices maximos, non Zenonem, aut Cleanthem,
aut Chrysippum sequor. (*de Nat. Deorum.* III. 2.)

[2] Utinam tam facile possem vera invenire quàm falsa convincere.
(*Lact. Divin. Instit.* lib. I.)

romain [1] un discours célèbre. Nous voyons par un fragment du sixième livre [2] qu'il était fait dans le dialogue allusion à ce discours, où les anciennes cérémonies et les vases sacrés des ancêtres étaient vantés comme les plus agréables aux dieux immortels. Une autre phrase, également conservée par un grammairien, se rapporte à la sainteté, à l'inviolabilité que les anciens romains donnaient à l'union conjugale [3], en la plaçant sous l'intervention des auspices. Il suffit de ces faibles indices pour apprendre quel respect des anciennes coutumes, quelle gravité religieuse devait régner dans ce livre, et comment Cicéron avait dû s'y défendre les traits de *scepticisme* qu'il laisse échapper dans d'autres ouvrages.

Mais à côté des fables du polythéisme, il avait placé les belles inspirations de la philosophie platonicienne, et cette croyance de l'immortalité de l'âme, principe d'un culte tout spirituel et tout moral. C'était là le triomphe de son génie ; et heureusement cette partie de son ouvrage s'était conservée jusqu'à nous : le songe de Scipion est un exemple de ce que la raison et l'enthousiasme peuvent faire pour s'élever à l'éternelle vérité, et de ce qui leur manque pour y parvenir : c'est un monument précieux, tout à la fois parce qu'il est sublime, et parce qu'il est insuffisant. Quelle que soit en effet l'élévation

---

[1] Lælium augurem eumdemque sapientem potius audiam de religione dicentem quàm quemquam stoicorum. (*De Nat. Deorum*, lib. III.)

[2] Oratio exstat Lælii, quam omnes habemus in manibus, quàm simpuvia pontificum diis immortalibus grata sint, samiæque, ut hic scribit, capedines. (*Nonius*, voc *samium*.)

[3] Firmiter enim majores nostri stabilita matrimonia esse voluerunt. (*Nonius*, voc. *firmiter*.)

et l'éloquence de ce morceau, il semble que la simplicité de la grande vérité qu'il renferme, est souvent altérée par les raisonnemens d'une philosophie argutieuse et subtile. Que d'efforts, que d'expressions scolastiques pour prouver que l'âme est immortelle, parce qu'elle a son mouvement en elle-même! Les descriptions du monde céleste, le bruit harmonieux des sphères, et toute cette théurgie pythagoricienne, dont Cicéron fait un grand usage, forment aussi un bien petit spectacle à côté de l'immensité réelle de l'univers. Mais l'épisode entier n'en conserve pas moins une vraie magnificence de pensées et d'expressions.

Sans doute, depuis Cicéron, le génie de l'homme aidé par le temps et la science, a prodigieusement agrandi le spectacle de l'univers : il a remplacé toutes les imaginations des philosophes et des poëtes sur le système du monde, par des réalités bien autrement merveilleuses : il a calculé l'infini avec une rigueur mathématique, bien plus sublime que toutes les hypothèses de l'enthousiasme; mais il n'a fait en cela que donner une nouvelle certitude aux nobles pressentimens de la sagesse antique, sur les destinées de l'homme : il n'a fait que manifester avec plus de puissance la grandeur de Dieu, et la divine origine de l'âme.

DE LA RÉPUBLIQUE.

M. TULLI CICERONIS
DE RE PUBLICA
LIBER SEXTUS.

I. . . . . QUAMQUAM sapientibus conscientia ipsa factorum egregiorum amplissimum virtutis est præmium; tamen illa divina virtus non statuas plumbo inhærentes, nec triumphos arescentibus laureis, sed stabiliora quædam et viridiora præmiorum genera desiderat. Quæ tandem[1] ista sunt? inquit Lælius. Tum Scipio: Patimini me, inquit, quoniam tertium diem jam feriati sumus.. . . . .

II. Cùm in Africam venissem M. Manilio consuli ad quartam legionem tribunus, ut scitis, militum; nihil mihi potius fuit quàm ut Masinissam convenirem, regem familiæ nostræ justis de causis amicissimum. Ad quem ut veni, complexus me senex, collacrymavit, aliquantoque post suspexit in cœlum :

---

[1] Macrob. *tamen.*

DE LA RÉPUBLIQUE.

LIVRE SIXIÈME.

I......... **Bien** que, pour les sages, la conscience des belles actions soit la plus magnifique récompense de la vertu, cependant cette divine vertu, sans ambitionner ces statues qu'un plomb vil retient sur leurs bases, ou ces triomphes ornés de lauriers qui sèchent si vite, aspire à des couronnes plus vertes et plus durables. Quelles sont ces couronnes? dit Lælius. Souffrez, reprit Scipion, puisque nous sommes libres encore pendant ce troisième [1] jour de fête, que je vous fasse un dernier récit. . . . .

II. Lorsque j'arrivai en Afrique, où j'étais, comme vous le savez, tribun dans la quatrième légion, sous le consul Manilius, mon premier empressement fut de voir le roi Masinissa, que de justes motifs liaient à notre famille par une étroite amitié. Quand je fus devant lui, ce vieillard m'embrassant, versa des larmes; puis, il leva les yeux au

---

[1] Ce mot prouve que, dans le plan définitivement adopté par Cicéron, le dialogue n'était supposé avoir eu lieu que pendant trois jours.

Et grates, inquit, tibi ago, summe sol, vobisque reliqui cœlites, quòd antequam ex hâc vitâ migro, conspicio in meo regno et his tectis P. Cornelium Scipionem, cujus ego nomine ipso recreor : ita nunquam ex animo meo discedit [1] illius optimi atque invictissimi viri memoria. Deinde ego illum de suo regno, ille me de nostrâ re publicâ percontatus est : multisque verbis ultro citroque habitis, ille nobis consumptus est dies.

III. Post autem regio apparatu accepi sermonem in multam noctem produximus, cùm senex nihil nisi de Africano loqueretur, omniaque ejus non facta solum, sed etiam dicta meminisset. Deinde, ut cubitum discessimus, me et fessum [2] de viâ, et qui ad multam noctem vigilassem, arctior quàm solebat somnus complexus est. Hîc mihi (credo equidem ex hoc quod eramus locuti : fit enim fere ut cogitationes sermonesque nostri pariant aliquid in somno tale, quale de Homero scribit Ennius, de quo videlicet sæpissime vigilans solebat cogitare et loqui) Africa-

---

[1] Græv. *descendit*, quod non retineo ; nam et codices plurimi habent *discedit*. Cæterum lectio græviana habet quodammodo patrocinium virgilianum :

Quàm nostro illius labatur pectore vultus.

[2] *Fessum* deest in ed. grævianâ.

ciel : Je te rends grâces, dit-il, souverain soleil, et vous tous, dieux du ciel ! Avant de sortir de la vie, je vois dans mon royaume, et dans cette demeure, Publius Cornélius Scipion ; et ce nom seul m'a ranimé : tant mon âme conserve toujours le souvenir du vertueux et invincible Scipion ! Alors je le questionnai sur ses états ; il me parla de notre république ; et, dans la longueur de ces mutuelles confidences, le jour se consuma pour nous.

III. Après un repas d'une magnificence royale, notre entretien continua fort avant dans la nuit. Le vieux roi ne parlait que de Scipion l'Africain ; et il avait présentes à la mémoire toutes ses actions et même ses paroles. Ensuite, lorsque nous fûmes retirés pour prendre du repos, fatigué du voyage et d'une veille prolongée si tard, un sommeil plus profond que de coutume enveloppa tous mes sens. Alors, je le suppose, par une impression qui me restait de nos entretiens, (car il arrive souvent que les sujets habituels de nos pensées et de nos discours produisent, dans le sommeil, un effet semblable à ce que raconte Ennius à l'occasion d'Homère [1], dont vous concevez bien qu'il était sans cesse occupé pendant le jour), l'Africain m'apparut, avec ces traits que je connaissais

---

[1] Ennius avait parlé, dans ses poèmes, de cette vision qui lui montrait en songe l'image d'Homère. Lucrèce y fait allusion :

> Unde sibi exortam semper florentis Homeri
> Commemorat speciem.. .

nus se ostendit illâ formâ, quæ mihi ex imagine ejus, quàm ex ipso erat notior : quem ut agnovi, equidem cohorrui. Sed ille : « Ades, inquit, animo, et omitte timorem, Scipio, et quæ dicam, trade memoriæ. »

IV. « Vides ne illam urbem, quæ parere populo romano coacta per me, renovat pristina bella, nec potest quiescere? (ostendebat autem Carthaginem de excelso, et pleno stellarum, illustri, et claro quodam loco) ad quam tu oppugnandam nunc venis pene miles? hanc hoc biennio consul evertes, eritque cognomen id tibi per te partum quod habes adhuc a nobis hereditarium. Cùm autem Carthaginem deleveris, triumphum egeris, censorque fueris, et obieris legatus Ægyptum, Syriam, Asiam, Græciam, deligêre iterum consul absens, bellumque maximum conficies, Numantiam exscindes. Sed cùm eris curru Capitolium invectus, offendes rem publicam perturbatam consiliis nepotis mei. » ·

V. « Hîc tu, Africane, ostendas oportebit patriæ lumen animi, ingenii, consiliique tui. Sed ejus temporis ancipitem video quasi fatorum viam. Nam cùm ætas tua septenos octiens solis anfractus reditusque converterit, duoque hi numeri, quorum uterque plenus, alter alterâ de causâ, habetur [1], circuitu na-

---

[1] Septenarius dicitur plenus ob ejus præstantiam apud veteres celebratam : octonarius, quia par.

plutôt pour avoir contemplé ses images, que pour l'avoir vu lui-même. A peine l'eus-je reconnu, que je frissonnai ; mais lui : « Reste calme, Scipion, me « dit-il, bannis la crainte, et grave mes paroles « dans ton souvenir. »

IV. « Vois-tu cette ville qui, forcée par moi d'o-« béir au peuple romain, renouvelle d'anciennes « guerres, et ne peut demeurer paisible ? » En même temps, du haut d'un lieu rempli d'étoiles, et tout éclatant de lumière, il me montrait Carthage. « Au-« jourd'hui tu viens l'assiéger, presque soldat encore ; « dans le cours de ces deux années, tu seras consul « pour la détruire ; et tu auras conquis par toi-même « ce surnom que maintenant tu tiens de moi par héri-« tage. Lorsque tu auras renversé Carthage, que tu « auras triomphé, que tu auras été censeur, et que tu « auras visité, comme envoyé de Rome, l'Égypte, la « Syrie, l'Asie, la Grèce, tu seras de nouveau choisi « consul en ton absence ; tu termineras la plus impor-« tante guerre ; tu ruineras Numance. Mais après que, « sur un char de triomphe, tu auras monté au Capitole, « tu retomberas au milieu du désordre de la répu-« blique, troublée par les projets de mon petit-fils. »

V. « Là, Scipion l'Africain, tu devras faire briller « pour la patrie le flambeau de ton âme, de ton génie, « de ta prudence. Je vois, à cette époque, la destinée « incertaine, pour ainsi dire, de sa route : car lorsque « ta vie mortelle aura vu passer huit fois sept révolu-« tions de soleil, et que ces deux nombres, qui, l'un « et l'autre, par des motifs divers, sont également par-

turali summam tibi fatalem confecerint; in te unum atque in tuum nomen se tota convertet civitas : te senatus, te omnes boni, te socii, te Latini intuebuntur : tu eris unus, in quo nitatur civitatis salus; ac ne multa, dictator rem publicam constituas oportet, si impias propinquorum manus effugeris. » Hîc cùm exclamasset Lælius, ingemuissentque cæteri vehementius; leniter arridens Scipio : Quæso, inquit, ne me e somno excitetis, et pax sit rebus[1]; audite cætera.

VI. « Sed quò sis, Africane, alacrior ad tutandum rem publicam, sic habeto : omnibus, qui patriam conservârint, adjuverint, auxerint, certum esse in coelo definitum locum, ubi beati ævo sempiterno fruantur : nihil est enim illi principi deo, qui omnem hunc mundum regit, quod quidem in terris fiat, acceptius, quàm concilia coetusque hominum jure sociati, quæ civitates appellantur : harum rectores et conservatores hinc profecti, huc revertuntur. »

VII. Hîc ego, etsi eram perterritus non tam metu mortis quàm insidiarum a meis, quæsivi tamen, vi-

---

[1] Textus grævianus *et parum rebus*, quam lectionem excludit auctoritas permultorum codicum apud Lagomarsinium. Sane et Planudes interpretatur : Ἀλλ᾽ εἰρήνη ἤτω τοῖς πράγμασιν, ὡς ἀκοῦσαι καὶ τὰ λοιπά. Bonam conjecturam suam impertit mihi ill. Niebuhrius *et parumper.*

« faits [1], auront, par le cours de la nature, complété
« pour toi le nombre fatal, Rome entière se tournera
« vers ton nom et vers toi. C'est toi que le sénat, toi
« que les bons citoyens, toi que les alliés cherche-
« ront de leurs regards; tu seras l'homme sur qui re-
« posera le salut de la patrie. Enfin, dictateur il te
« faudra constituer de nouveau la république, si
« tu peux échapper aux mains parricides de tes
« proches. » Au cri d'effroi que fit alors Lælius,
au soudain gémissement de tous les autres, Scipion
reprenant avec un sourire gracieux : Je vous en
prie, dit-il, ne me réveillez pas; que tout demeure
en paix; écoutez le reste.

VI. « Pour te donner, ô vainqueur de l'Afrique,
« plus d'ardeur à défendre l'état, sache bien que tous
« ceux qui auront sauvé, défendu, agrandi leur patrie,
« ont dans le ciel une place certaine et fixée d'avance,
« où ils doivent jouir d'une éternité de bonheur : car
« il n'est rien, sur la terre, de plus agréable aux re-
« gards de ce dieu suprême qui régit l'univers, que ces
« réunions, ces sociétés d'hommes formées sous
« l'empire du droit, et que l'on nomme cités. Ceux
« qui les gouvernent, ceux qui les conservent, sont
« partis de ce lieu; et c'est ici qu'ils reviennent. »

VII. A ces mots, malgré le trouble qui m'avait
saisi, moins par la crainte de la mort que par l'idée

---

[1] Le nombre huit était réputé parfait comme nombre pair ; le nombre sept, à cause d'une certaine excellence mathématique et théur-
gique qu'on lui attribuait.

veretne ipse et Paulus pater et alii, quos nos exstinctos arbitraremur. «Imo vero, inquit, ii vivunt, qui ex corporum vinculis, tamquam e carcere evolaverunt : vestra vero quæ dicitur vita, mors est : quin tu aspicias ad te venientem Paulum patrem. »Quem ubi vidi, equidem vim lacrymarum profudi : ille autem me complexus atque osculans flere prohibebat.

VIII. Atque ego ut primùm, fletu represso, loqui posse cœpi : «Quæso, inquam, pater sanctissime atque optime ; quoniam hæc est vita, ut Africanum audio dicere, quid moror in terris, quin hinc ad vos venire propero ? » « Non est ita, inquit ille : nisi deus is, cujus hoc templum est omne quod conspicis, istis te corporis custodiis liberaverit , huc tibi aditus patere non potest. Homines enim sunt hâc lege generati, qui tuerentur illum globum, quem in hoc templo medium vides , quæ terra dicitur : hisque animus datus est ex illis sempiternis ignibus, quæ sidera et stellas vocatis : quæ globosæ et rotundæ, divinis animatæ mentibus, circulos suos orbesque conficiunt celeritate mirabili. Quare et tibi, Publi, et piis omnibus retinendus est animus in custodiâ corporis : nec injussu ejus, a quo ille est vobis datus, ex hominum vitâ migrandum est, ne munus humanum assignatum a deo defugisse videamini. Sed sic, Scipio, ut avus hic tuus, ut ego, qui te genui, justitiam cole et pie-

de la trahison des miens, je lui demandai si lui-même, si mon père Paulus vivait encore, ainsi que tous les autres, qui, à nos yeux, ne sont plus. « Dis plutôt, « répondit-il, ceux-là vivent, qui sont échappés des « liens du corps et de cette prison. Ce que vous appe- « lez la vie, dans votre langage, c'est la mort. Re- « garde : Paulus, ton père, vient vers toi. » Quand je l'aperçus, je répandis une grande abondance de larmes; mais lui, m'embrassant avec tendresse, me défendait de pleurer.

VIII. Et moi, sitôt que, retenant mes larmes, j'eus la force de parler : « Je vous en prie, lui dis-je, ô mon « divin et vertueux père! puisque c'est ici la vie, « comme je l'apprends de Scipion, pourquoi langui- « rais-je sur la terre? pourquoi ne pas me hâter de re- « venir à vous? » « Il n'en est pas ainsi, répondit-il : à « moins que le dieu, dont tout ce que tu vois est le « temple, ne t'ait délivré des chaînes du corps, l'entrée « de ces lieux ne peut s'ouvrir pour toi; car les « hommes sont nés sous la condition d'être les gar- « diens fidèles du globe que tu vois au milieu de cet « horizon céleste, et qu'on appelle la terre : leur âme « est tirée de ces feux éternels que vous nommez cons- « tellations, étoiles, et qui, substances mobiles et « sphériques, animées par des esprits divins, fournis- « sent, avec une incroyable célérité, leur course cir- « culaire. Ainsi, Publius, toi, et tous les hommes reli- « gieux, vous devez retenir votre âme dans la prison « du corps; et vous ne devez pas quitter la vie, sans

tatem : quæ cùm sit magna in parentibus et propin-
quis, tum in patriâ maxima est : ea vita via est in
cœlum, et in hunc cœtum eorum, qui jam vixe-
runt, et corpore laxati illum incolunt locum quem
vides. »

IX. Erat autem is splendidissimo candore, inter
flammas circulus elucens, quem vos, ut a Graiis ac-
cepistis, orbem lacteum nuncupatis : ex quo omnia
mihi contemplanti præclara cætera et mirabilia videbantur. Erant autem eæ stellæ, quas nunquam ex
hoc loco vidimus : et eæ magnitudines omnium, quas
esse nunquam suspicati sumus : ex quibus erat illa
minima, quæ ultima cœlo, citima terris, luce lucebat
alienâ. Stellarum autem globi terræ magnitudinem
facile vincebant. Jam ipsa terra ita mihi parva visa
est, ut me imperii nostri, quo quasi punctum ejus
attingimus, pœniteret.

X. Quam cùm magis intuerer : « Quæso, inquit
Africanus, quousque humi defixa tua mens erit?
nonne aspicis quæ in templa veneris? Novem tibi

« l'ordre de celui qui vous l'a donnée, de peur d'avoir
« l'air de fuir la tâche d'homme que Dieu vous avait
« départie. Mais plutôt, comme ce héros, ton aïeul,
« comme moi qui t'ai donné le jour, cultive la jus-
« tice et la piété, cette piété, grand et noble devoir
« envers nos parens et nos proches, mais devoir le
« plus sacré de tous envers la patrie. Une telle vie est
« le chemin pour arriver au ciel et dans la réunion
« de ceux qui ont déjà vécu, et qui, délivrés du
« corps, habitent le lieu que tu vois. »

IX. Il désignait ce cercle lumineux de blancheur
qui brille au milieu des flammes du ciel, et que, d'a-
près une tradition venue des Grecs, vous nommez la
voie lactée. Ensuite, portant de tous côtés mes regards, je voyais dans le reste du monde des choses
grandes et merveilleuses : c'étaient des étoiles que,
de la terre où nous sommes, nos yeux n'aperçurent
jamais ; c'étaient partout des distances et des grandeurs que nous n'avions point soupçonnées. La plus
petite de ces étoiles était celle qui, située sur le point
le plus extrême des cieux, et le plus rabaissé vers la
terre, brillait d'une lumière empruntée : d'ailleurs
les globes étoilés surpassaient de beaucoup la grandeur de la terre ; et cette terre elle-même se montrait alors à moi si petite, que j'avais honte de notre
empire, qui ne couvre qu'un point de sa surface.

X. Comme je la regardais avec plus d'attention :
« Jusques à quand, dis-moi, reprit Scipion, ton âme
« restera-t-elle attachée à la terre ? Ne vois-tu

orbibus vel potius globis connexa sunt omnia : quorum unus est cœlestis, extimus, qui reliquos omnes complectitur, summus ipse deus, arcens et continens cæteros : in quo infixi sunt illi, qui volvuntur, stellarum cursus sempiterni : cui subjecti sunt septem, qui versantur retro contrario motu atque cœlum; ex quibus unum globum possidet illa, quam in terris Saturniam nominant. Deinde est hominum generi prosperus et salutaris ille fulgor, qui dicitur Jovis : tum rutilus horribilisque terris, quem Martium dicitis : deinde subter mediam fere regionem sol obtinet, dux, et princeps], et moderator luminum reliquorum, mens mundi et temperatio, tantâ magnitudine, ut cuncta suâ luce illustret et compleat. Hunc ut comites consequuntur, alter Veneris, alter Mercurii cursus : in infimoque orbe luna, radiis solis accensa, convertitur. Infra autem jam nihil est, nisi mortale et caducum, præter animos generi hominum munere deorum datos : supra lunam sunt æterna omnia : nam ea quæ est media et nona tellus, neque movetur, et infima est, et in eam feruntur omnia suo nutu pondera. »

XI. Quæ cùm intuerer stupens, ut me recepi : « Quid? hic, inquam, quis est qui complet aures meas

« pas au milieu de quels temples tu es parvenu?
« Devant toi neuf cercles, ou plutôt neuf globes
« enlacés composent la chaîne universelle : le plus
« élevé, le plus lointain, celui qui enveloppe tout
« le reste', est le souverain dieu lui-même, qui
« modère et qui contient tous les autres. A lui sont
« attachés ces astres qui roulent avec lui d'un
« mouvement éternel : plus bas, paraissent sept étoiles
« qui sont emportées d'une course rétrograde en op-
« position à celle des cieux ; une d'elles est le globe
« lumineux que, sur la terre, on appelle Saturne ;
« ensuite vient cet astre propice et salutaire au genre
« humain, qu'on nomme Jupiter ; puis cette étoile
« rougeâtre et redoutée de la terre, que vous appelez
« Mars ; ensuite, presque au centre de cette région,
« domine le soleil, chef, roi, modérateur des autres
« flambeaux célestes, intelligence et principe régula-
« teur du monde, qui, par son immensité, éclaire et
« remplit tout de sa lumière. Après lui, et comme à sa
« suite, Vénus et Mercure. Dans le cercle inférieur,
« marche la lune enflammée des rayons du soleil. Au-
« dessous, il n'y a plus rien que de mortel et de cor-
« ruptible, à l'exception des âmes données à la race
« humaine par le bienfait des dieux : au-dessus de la
« lune, toutes les existences sont éternelles : quant à
« cette terre qui, placée au centre, forme le neu-
« vième globe, elle est immobile et abaissée ; et tous
« les corps gravitent vers elle par leur propre poids. »

XI. Dans la stupeur où m'avait jeté ce spectacle,
lorsque je repris possession de moi-même : « Quel est,

tantus et tam dulcis sonus ? » « Hic est, inquit ille, qui intervallis conjunctus imparibus, sed tamen pro ratâ portione distinctis, impulsu et motu ipsorum orbium conficitur : qui acuta cum gravibus temperans, varios æquabiliter concentus efficit : nec enim silentio tanti motus incitari possunt ; et natura fert ut extrema ex alterâ parte graviter, ex alterâ autem acute sonent. Quam ob causam summus ille cœli stellifer cursus, cujus conversio est concitatior, acuto et excitato movetur sono : gravissimo autem hic lunaris atque infimus : nam terra nona immobilis manens, imâ sede semper hæret, complexa medium mundi locum. Illi autem octo cursus, in quibus eadem vis est duorum, Mercurii et Veneris, septem efficiunt distinctos intervallis sonos : qui numerus rerum omnium fere nodus est : quod docti homines nervis imitati atque cantibus, aperuêre sibi reditum in hunc locum : sicut alii qui præstantibus ingeniis in vitâ humanâ divina studia coluerunt. Hoc sonitu oppletæ aures hominum obsurduerunt ; nec est ullus hebetior sensus in vobis : sicut ubi Nilus ad illa, quæ Catadupa nominantur, præcipitat ex altissimis montibus, ea gens, quæ illum locum accolit, propter magnitudinem sonitûs, sensu audiendi caret. Hic vero tantus est totius mundi incitatissimâ conversione sonitus, ut eum aures hominum capere non possint, sicut

« dis-je, quel est ce son qui remplit mes oreilles avec
« tant de puissance et de douceur ? » «Vous entendez,
« me répondit-il, l'harmonie qui, par des intervalles
« inégaux, mais calculés dans leur différence, ré-
« sulte de l'impulsion et du mouvement des sphè-
« res, et qui, mêlant les tons aigus et les tons gra-
« ves, produit régulièrement des accens variés : car
« de si grands mouvemens ne peuvent s'accomplir
« en silence ; et la nature veut que, si les sons
« aigus retentissent à l'un des deux extrêmes, les
« tons graves sortent de l'autre. Ainsi ce premier
« monde stellaire dont la révolution est plus rapide,
« se meut avec un son aigu et précipité, tandis que le
« cours inférieur de la lune ne rend qu'un son très-
« grave : car, pour la terre, neuvième globe, dans son
« immuable station, elle reste toujours fixe au point
« le plus abaissé, occupant le centre de l'univers.
« Ainsi les mouvemens de ces astres, parmi lesquels
« deux ont la même portée, Mercure et Vénus, pro-
« duisent sept tons distincts et séparés ; et il n'est
« presque aucune chose dont ce nombre ne soit le
« nœud. Les hommes, qui ont imité cette harmonie
« par le son des cordes, ou de la voix, se sont ouvert
« une entrée dans ces lieux, ainsi que tous les autres
« qui, par la supériorité de leur génie, ont, dans une
« vie mortelle, cultivé les sciences divines. Les oreilles
« des hommes sont assourdies par le retentissement
« de ce bruit céleste. Et en effet, le sens de l'ouïe est le
« plus imparfait chez vous autres mortels. C'est ainsi
« qu'aux lieux où le Nil précipite du haut des monts

intueri solem adversum nequitis, ejusque radiis acies vestra sensusque vincitur.» Hæc ego admirans, referebam tamen oculos ad terram identidem.

XII. Tum Africanus : « Sentio, inquit, te sedem etiam nunc hominum ac domum contemplari : quæ si tibi parva, ut est, ita videtur, hæc cœlestia semper spectato ; illa humana contemnito. Tu enim quam celebritatem sermonis hominum, aut quam expetendam gloriam consequi potes? Vides habitari in terrâ raris et angustis in locis ; et in ipsis quasi maculis, ubi habitatur, vastas solitudines interjectas : hosque qui incolunt terram, non modo interruptos ita esse, ut nihil inter ipsos ab aliis ad alios manare possit, sed partim obliquos, partim aversos, partim etiam adversos stare vobis : a quibus exspectare gloriam certe nullam potestis. »

XIII. « Cernis autem eamdem terram quasi quibusdam redimitam et circumdatam cingulis ; e quibus duos maxime inter se diversos, et cœli verticibus ipsis ex utrâque parte subnixos, obriguisse pruinâ vides ; medium autem illum et maximum, solis ardore torreri : duo sunt habitabiles quorum australis ille, in quo qui insistunt, adversa vobis urgent vestigia, nihil ad vestrum genus : hic autem alter subjectus aquiloni, quem incolitis ; cerne quàm tenui vos parte contingat : omnis enim terra quæ colitur a vobis, an-

« gnes ces masses d'eau énormes, nommées Catarac-
« tes, la grandeur du bruit a rendu sourds les habi-
« tans voisins. Cette harmonie de tout l'univers, dans
« la rapidité du mouvement qui l'emporte est telle
« que l'oreille de l'homme ne peut la supporter, de
« même que vous ne pouvez regarder en face le so-
« leil, et que la force et la vivacité de vos regards est
« vaincue par ses rayons. » Dans mon admiration de
ces merveilles, je reportais cependant quelquefois
mes yeux vers la terre.

XII. L'Africain me dit alors : « Je vois que, même
« en ce moment, tu contemples la demeure et la pa-
« trie du genre humain. Si elle se montre à toi dans
« toute sa petitesse, ramène donc toujours tes regards
« vers le ciel; méprise les choses humaines. Quelle
« étendue de renommée, quelle gloire désirable
« peux-tu obtenir parmi les hommes? Tu vois sur la
« terre leurs habitations disséminées, rares, et n'oc-
« cupant qu'un étroit espace; tu vois même entre
« ces petites taches, que forment les points habi-
« tés, de vastes déserts interposés; tu vois enfin
« ces peuples divers tellement séparés, que rien ne
« peut se transmettre de l'un à l'autre ; tu les vois
« jettés sous d'autres latitudes, sous un autre hori-
« son, trop éloignés de vous, pour que vous puissiez
« attendre d'eux aucune gloire. »

XIII. « Tu vois ces espèces de ceintures qui sem-
« blent environner et revêtir la terre : les deux d'entre
« elles qui sont les plus distantes, et dont chacune

gusta verticibus, lateribus latior, parva quædam insula est, circumfusa illo mari, quod Atlanticum, quod Magnum, quem[1] Oceanum appellatis in terris: qui tamen tanto nomine quàm sit parvus, vides. Ex his ipsis cultis notisque terris, num aut tuum aut cujusquam nostrum nomen vel Caucasum hunc, quem cernis, transcendere potuit vel illum Gangem transnatare[2]? Quis in reliquis orientis aut obeuntis solis, ultimis aut aquilonis austrive partibus, tuum nomen audiet? Quibus amputatis, cernis profecto, quantis in angustiis vestra gloria se dilatari velit. Ipsi autem, qui de vobis loquuntur, quam diu loquentur? »

XIV. « Quin etiam si cupiat proles illa futurorum hominum deinceps laudes uniuscujusque nostrum a patribus acceptas posteris prodere, tamen propter eluviones exustionesque terrarum, quas accidere tempore certo necesse est[3], non modo æternam, sed ne diuturnam quidem gloriam assequi possumus. Quid autem interest, ab iis, qui postea nascentur, sermonem fore de te, cum ab iis nullus fuerit, qui

---

[1] Var. lect. *quod.*

[2] Hunc fere locum a Boetio intellectum immerito de ætate ipsâ Ciceronis, observat Petrarcha ep. senil. XVI. 2.

[3] Hæc item sunt a Platone. Confer Euseb. præfat. ad I Chron.

« s'appuye sur un pôle du ciel, tu les vois glacées
« d'un éternel hiver, tandis que celle qui les sépare, et
« la plus grande, est brûlée par l'ardeur du soleil.
« Deux zônes sont habitables ; la zône australe, dont
« les peuples sont vos antipodes, race étrangère à
« vous ; enfin, cette zône septentrionale que vous ha-
« bitez, vois dans quelle faible proportion elle vous
« appartient. Toute cette partie de la terre, en effet,
« occupée par vous, resserrée vers les pôles, plus
« large vers le centre, n'est qu'une petite île, de toutes
« parts baignée par une mer qui s'appelle l'Atlantique,
« la grande mer, l'Océan, comme vous dites sur la
« terre ; et pourtant, avec tous ces grands noms, tu
« vois quelle est sa petitesse. Mais enfin, partant du
« point où sont ces terres cultivées et connues, ta
« gloire, ou celle de quelqu'un des nôtres a-t-elle pu
« franchir ce Caucase que tu aperçois, ou traverser
« les flots du Gange ? Qui jamais, dans le reste de
« l'orient ou de l'occident, aux bornes du septentrion
« ou du midi, entendra ton nom ? et, tout cela re-
« tranché, tu vois dans quelles étroites limites votre
« gloire cherche une carrière pour s'étendre : ceux
« mêmes qui parlent de vous, combien de temps en
« parleront-ils ? »

XIV. « Et quand même les races futures, recevant
« de leurs aïeux la renommée de chacun d'entre nous,
« seraient jalouses de la transmettre à leur postérité,
« ces inondations, ces embrasemens de la terre, dont
« le retour est inévitable à certaines époques mar-
« quées, ne permettraient pas que nous puissions ob-

ante nati sint[1]? qui nec pauciores, et certe meliores fuerunt viri. »

XV. « Cùm præsertim apud eos ipsos, a quibus audiri nomen nostrum potest, nemo unius anni memoriam consequi possit : homines enim populariter annum tantummodo solis, id est unius astri, reditu metiuntur; cùm autem ad idem, unde semel profecta sunt, cuncta astra redierint, eamdemque totius anni descriptionem longis intervallis retulerint, tum ille vere vertens annus appellari potest : in quo vix dicere audeo, quàm multa sæcula hominum teneantur. Namque ut olim deficere sol hominibus extinguique visus est, cùm Romuli animus hæc ipsa in templa penetravit; ita quandoque eâdem parte sol eodemque tempore iterum defecerit, tum signis omnibus ad idem principium stellisque revocatis, expletum annum habeto; hujus quidem anni nondum vigesimam partem scito esse conversam. »

XVI. « Quocirca si reditum in hunc locum desperaveris, in quo omnia sunt magnis et præstantibus viris; quanti tandem est ista hominum gloria, quæ pertinere vix ad unius anni partem exiguam potest ? Igitur alte spectare si voles, atque hanc

---

[1] Hæc sunt a Lucretio, III. 985.

« tenir, je ne dis pas l'éternité, mais seulement la
« longue durée de la gloire. Et de plus, que t'importe
« d'être nommé dans les discours des hommes qui
« naîtront dans l'avenir, lorsque tu ne l'as pas été dans
« ceux des hommes qui sont nés avant toi, générations
« non moins nombreuses, et certainement meil-
« leures ? »

XV. « Surtout enfin, s'il est vrai que, parmi
« ceux auxquels peut arriver ton nom, nul ne peut
« embrasser les souvenirs d'une seule année : car
« les hommes calculent vulgairement l'année sur
« la révolution du soleil, c'est-à-dire d'un seul astre :
« mais lorsque tous les astres seront revenus au point
« d'où ils étaient partis une première fois, et qu'ils au-
« ront, après de longs intervalles, ramené la pre-
« mière position de toutes les parties du ciel, alors
« seulement on peut véritablement nommer l'année
« accomplie ; et j'ose à peine dire combien une telle
« année renferme de siècles, au calcul des hommes.
« Le soleil parut jadis s'éclipser et s'éteindre au
« moment que l'âme de Romulus entra dans le sanc-
« tuaire des cieux : quand le soleil, au même point,
« éprouvera une seconde éclipse, tous les astres,
« toutes les planètes étant replacées au même lieu,
« alors seulement vous aurez une année complète ;
« mais sachez que, d'une telle année la vingtième
« partie n'est pas encore révolue. »

XVI. « Si donc tu avais perdu l'espoir d'être rap
« pelé dans ces lieux, de quel prix serait d'ailleurs cette

sedem et æternam domum contueri; neque te sermonibus vulgi dederis, nec in præmiis humanis spem
posueris rerum tuarum : suis te oportet illecebris
ipsa virtus trahat ad verum decus : quid de te alii
loquantur, ipsi videant; sed loquentur tamen. Sermo
autem omnis ille et angustiis cingitur iis regionum,
quas vides; nec unquam de ullo perennis fuit; et
obruitur hominum interitu; et oblivione posterita-
tis extinguitur. »

XVII. Quæ cùm dixisset : Ego vero , inquam,
o Africane, siquidem bene meritis de patriâ quasi
limes ad cœli aditum patet, quamquam a pueritiâ
vestigiis ingressus patriis, et tuis, decori vestro non
defui; nunc tamen, tanto præmio proposito, enitar
multo vigilantius. Et ille : « Tu vero enitere, et sic
habeto, non esse te mortalem, sed corpus hoc : nec
enim tu es, quem forma ista declarat; sed mens cujusque is est quisque '; non ea figura, quæ digito
demonstrari potest. Deum te igitur scito esse : siquidem deus est qui viget, qui sentit, qui meminit,
qui providet, qui tam regit et moderatur et movet

' Jo. Saresberiensis, Metalogic. III. 7, sic : *Cicero in libro de Re
Publicâ ait : Tu non is es quem exterior figura designat, sed mens
cujusque is est quisque.* Ciceronem imitatur etiam Lactantius, de
Opif. D cap. XIX.

« gloire humaine qui peut à peine s'étendre à une fai-
« ble partie d'une seule année ! Dès-lors, si tu veux éle-
« ver tes regards et les fixer sur cette patrie éternelle,
« ne dépends plus des discours du vulgaire, ne place
« plus dans des récompenses humaines le but de tes
« grandes actions. Que, par son charme puissant, la
« vertu seule t'entraîne à la véritable gloire. Laisse
« aux autres à juger ce qu'ils diront de toi : ils en
« parleront sans doute ; mais tout le bruit de leurs
« entretiens ne retentit pas au-delà des régions que tu
« vois ; il ne se renouvelle éternellement pour per-
« sonne ; il tombe avec les générations qui meurent ;
« il disparaît dans l'oubli de la postérité. »

XVII. Lorsqu'il eut ainsi parlé : O Scipion ! lui
dis-je, si les bons serviteurs de la patrie trouvent
un sentier ouvert qui les conduit aux cieux, bien
que, dès l'enfance, marchant sur les traces de mon
père et sur les vôtres, je n'aie point déshonoré votre
double gloire, aujourd'hui, dans la vue d'un prix
si beau, je vais travailler avec bien plus d'ardeur.
Il dit : « Travaille en effet, et sache bien que tu n'es
« pas mortel, mais ce corps seulement : car tu n'es
« pas ce que manifeste cette forme extérieure. L'in-
« dividu est tout entier dans l'âme, et non dans cette
« figure que l'on peut désigner du doigt. Apprends
« donc que tu es dieu ; car il est dieu celui qui
« vit, qui sent, qui se souvient, qui prévoit, qui
« exerce sur ce corps, dont il est le maître, le même
« empire, le même pouvoir, la même impulsion que
« dieu sur l'univers ; celui enfin qui fait mouvoir,

id corpus, cui præpositus est, quam hunc mundum ille princeps deus; et ut mundum ex quâdam parte mortalem ipse deus æternus, sic fragile corpus animus sempiternus movet. »

XVIII. « Nam quod semper movetur, æternum est; quod autem motum affert alicui, quodque agitatur aliunde, quando finem habet motus, vivendi finem habeat necesse est. Solum igitur quod sese movet, quia nunquam deseritur a se, nunquam ne moveri quidem desinit[1]. Quin etiam cæteris quæ moventur, hic fons, hoc principium est movendi. Principio autem nulla est origo : nam ex principio oriuntur omnia; ipsum autem nullâ ex re; nec enim esset principium, quod gigneretur aliunde; quod si nunquam oritur, ne occidit quidem unquam. Nam principium extinctum, nec ipsum ab alio renascetur, nec ex se aliud creabit : si-quidem necesse est a principio oriri omnia. Ita fit, ut motûs principium ex eo sit, quod ipsum a se movetur : id autem nec nasci potest, nec mori; vel concidat omne cœlum, omnisque natura consistat necesse est, nec vim ullam nanciscatur, quæ a primo impulsu moveatur. »

XIX. « Cùm pateat igitur æternum id esse, quod

---

[1] Proclus : Νοῦ γὰρ εἰκὼν ἡ περιφορά, καθάπερ ὁ ἀθηναῖος Ξένος ἐδίδαξεν.

« intelligence immortelle, un corps périssable,
« comme le dieu éternel lui-même anime un monde
« corruptible. »

XVIII. « En effet, le mouvement éternel, c'est l'é-
« ternelle vie. Mais l'être qui communique le mouve-
« ment, et qui le reçoit lui-même d'ailleurs, doit né-
« cessairement, sitôt qu'il s'arrête, cesser de vivre.
« Il n'y a donc que l'être doué d'un mouvement spon-
« tané, qui ne cesse jamais d'être mu, parce qu'il ne
« saurait être délaissé par lui-même : au contraire,
« il est pour tous les autres corps en mouvement une
« cause, un principe d'impulsion. Or, ce qui est
« principe n'a point d'origine. Car du principe
« sort tout le reste; et lui-même ne peut tenir son
« être d'aucune chose; il ne serait pas principe,
« comme nous l'entendons, s'il émanait du dehors.
« Si donc il n'a pas d'origine, il n'a pas non plus de
« fin : car un principe anéanti ne pourrait ni renaître
« d'un autre principe, ni en créer lui-même un nou-
« veau, puisqu'un principe est nécessairement le pre-
« mier point de départ de toutes choses. »

« Ainsi, le principe du mouvement réside dans
« l'être qui se meut par lui-même : il ne peut donc
« ni commencer ni finir : autrement, le ciel s'écrou-
« lerait, la nature resterait en suspens, et ne trou-
« verait aucune force qui lui rendît l'impulsion pri-
« mitive. »

XIX. « Or, maintenant qu'il est manifeste que l'im-
« mortalité appartient à l'être qui se meut de soi-
« même, peut-on nier que telle ne soit la nature dé-

a se ipso moveatur, quis est qui hanc naturam animis esse tributam neget ? Inanimum est enim omne, quod pulsu agitatur externo : quod autem animal est, id motu cietur interiore et suo; nam hæc est natura propria animi atque vis. Quæ si est una ex omnibus, quæ sese moveat, neque nata est certe, et æterna est. Hanc tu exerce in optimis rebus : sunt autem optimæ, curæ de salute patriæ : quibus agitatus et exercitatus animus, velocius in hanc sedem et domum suam pervolabit. Idque ocius faciet, si jam tum, cùm erit inclusus in corpore, eminebit foras, et ea, quæ extra erunt, contemplans, quàm maxime se a corpore abstrahet. Nam eorum animi, qui se corporis voluptatibus dediderunt, earumque se quasi ministros præbuerunt, impulsuquè libidinum voluptatibus obedientium, deorum et hominum jura violaverunt; corporibus elapsi circum terram ipsam volutantur; nec hunc in locum, nisi multis exagitati sæculis, revertuntur. » Ille discessit; ego somno solutus sum.

« partie à nos âmes? En effet, tout ce qui reçoit
« le mouvement d'ailleurs est inanimé. Ce qui est
« vivant agit par une impulsion intérieure et person-
« nelle : telle est en effet la propre nature de l'âme
« et sa puissance ! si parmi tous les êtres, seule
« elle porte en soi le mouvement, dès-lors elle n'a
« pas pris naissance, dès-lors elle est éternelle. Oc-
« cupe-la, Scipion, des meilleures choses; il n'en est
« pas de meilleures que les veilles pour le salut de
« la patrie. L'âme développée, exercée par ce noble
« travail, s'envolera plus vite vers cette demeure,
« sa maison natale, Sa course en sera plus libre et
« plus légère, si lors même qu'elle est enfermée
« dans le corps, elle se produit et s'élance, et par
« la contemplation s'arrache à la matière. Car les
« âmes de ceux qui se livrèrent aux plaisirs des sens,
« qui s'en firent comme les esclaves, et obéissant à
« la volupté par l'ordre des passions, violèrent les
« lois des dieux et des hommes, ces âmes une fois
« sorties du corps sont retenues errantes autour
« de la terre, et ne rentrent dans ce lieu, qu'après
« le tourment d'une agitation de plusieurs siècles. »
Alors il disparut; et je m'éveillai.

FRAGMENTA INCERTÆ SEDIS APUD VARIOS AUCTORES EXSTANTIA.

Quod equidem eo fuit majus, quia cùm in cansâ pari collegæ essent, non modo invidiâ pari non erant, sed etiam Claudii invidiam Gracchi caritas deprecabatur. (*Nonius*, voc. *deprecor*, *et Gellius*, vi. 16.)

Ut quemadmodum scribit ille, quotidiano in forum mille hominum cum palliis conchylio tinctis descenderent. (*Nonius*, *ubi genitivus pro nominativo*.)

In his, ut meministis, concursu levissimæ multitudinis ære congesto funus de subito esset ornatum. (*Nonius*, *de subito*.)

A quâ isti avocant. (*Fronto*, voc. *avocat*.)

Vitam lugeo. (*Fronto*, voc. *doleo*.)

Nitito. (*Diomedes*, lib. I, p. 330.)

Excellunt. (*Diomedes*, lib. I, p. 371.)

In libris de Re Publicâ a Cicerone illa virtus dicitur quæ prudentia. (*Victorinus*, *procemium ad Rhet*.)

Et quamquam optatissimum est perpetuo fortunam quàm florentissimam permanere : illa tamen æquabilitas vitæ non tantum habet sensum, quantum cùm ex sævis et perditis rebus ad meliorem statum fortuna revocatur. (*Ammianus Marcell.* vi. 5.)

Aliud civitas non est quàm concors hominum multitudo. (*August. Civ. D.* I, 15, 2.)

Hercules qui ob virtutem clarissimus, et quasi Africanus inter deos habetur. (*Lactantius*, *Inst.* I. 2.)

FRAGMENS.

A la fin de cet admirable sixième livre, pour la dernière fois nous sommes obligés de reproduire avec un soin minutieux et désolant les faibles parcelles, les phrases, les mots, qui ne pouvant s'encadrer dans la précieuse découverte de M. Mai, ou se lier à nos observations générales, appartiennent cependant au traité *de la République*. Les philologues ne nous pardonneraient pas une omission.

Dans l'un de ces passages, Cicéron rapportant la résolution généreuse de Sempronius Gracchus, qui voulut suivre en exil son collègue accusé, disait, avec un choix d'expression remarqué par Aulugelle : « L'action était d'autant plus noble, « que bien qu'ils fussent collègues et dans la même situation, « ils n'excitaient pas la même haine; mais que la popularité « de Gracchus demandait grâce pour la publique défaveur « de Claudius. »

Mais à quoi bon interpréter ces débris, qui se réduisent quelquefois à un seul mot? ceux même qui semblent rappeler quelque souvenir historique, quelque fait, ont été si malheureusement mutilés par les grammairiens qui les ont conservés, que l'on ne peut leur donner aucune importance.

NOTA

NOTÆ

AB ANGELO MAIO CONCINNATÆ.

NOTÆ

AB ANGELO MAIO CONCINNATÆ

IN LIBRUM TERTIUM.

SCHOLION

De mentis humanæ descriptione, cujus fragmentum in vaticano de Re Publicâ codice superest.

PROŒMIUM tertio libro fuisse præfixum, dubitari non potest; cùm enim hic liber altero die recitetur, oportuit auctorem tantum præfari, quantò opus erat ad revocandas in conventum colloquiumque personas dialogi, et ad Fannium ablegandum. Et quidem, cap. II. patet omnino suis ipsum verbis loqui Ciceronem. Jam hoc libro scripturus de justitiâ auctor, præposuit humanæ mentis, quæ sola justitiæ capax est, descriptionem. Hominis imaginem in libris de Re Publicâ fuisse diligenter expressam docet nos Tullius, de Leg., I. 9; verum id Scipionis ore factum esse tradit ibidem ipse auctor; tum diserte Lactantius, de Opif. Dei, cap. I, totum eum locum quarto in libro de Re Publ. extitisse confirmat. Codicis autem vaticani folium, in quo de mente et eruditione hominis scribitur, quarto in libro collocari non potest, neque in eo personam Scipionis loqui cognoscimus. Sane tertii libri inscriptio nusquam in vaticano codice apparet, nisi pag. X, conjunctim cum clausulâ libri secundi; verumtamen prædictum de naturâ hominis folium quia cohæret cum ipsâ paginâ x, id est cum clausulâ secundi libri, quartum ad librum pertinere nullo modo potest. Igitur alia fuit illa hominis descriptio quam Tullius ipse et Lactantius memorant.

Ciceronis de hominis naturâ et eruditione vaticanum fragmentum, aliosque ejusdem similes locos, luculenter exprimit Augustinus, libro altero de Ordine, ff. 35, sqq, ex quo discimus etiam (nisi mea me opinio fallit) quæ huic loco de Re Publ. fortasse desunt; nempe inventiones complures, ceu historiæ, dialectices, musicæ, poetices, geometriæ, astronomiæ, et aliarum artium atque scientiarum : quibus peractis, mens seu ratio adeo se erexit humana, ut ausa sit inmortalem animam comprobare (Aug. ibid. ff. 43). Tullium Augustinus, vel se ipsum, imitatur prolixe etiam, de Civ. D. XXII. 24. Eumdem Tullium de Re Publ. sine dubio compilat Plinius, VII. 1 : « Non est satis æstimare, natura parens « melior homini an tristior noverca fuerit..... Hominem « nudum et in nudâ humo, natali die abjicit ad vagitus « statim et ploratum..... uni animantium luctus est datus, « uni luxuria.... nulli vita fragilior, nulli rerum omnium « libido major, nulli pavor confusior. » Lactantius, Inst. VI. 10 : « Deus hominem nudum fragilemque formavit, ut « eum sapientiâ potius instrueret. » Confer eumdem, V. 21, VII. 4. 5; nec non Augustinum, Civ. D. VIII. 15, XII. 23. Idem Lactantius, de Opif. D. II : « Hominem ratione con- « cessâ, et virtute sentiendi atque eloquendi datâ, corum « quæ cæteris animantibus attributa sunt, fecit expertem; « statuit nudum et inermem..... Queruntur hominem im- « becillum, fragilem, nudum tamquam ex naufragio in hujus « vitæ miserias projici et expelli : itaque naturam non ma- « trem esse humani generis, sed novercam, quæ hominem « sic effuderit, ut inops et infirmus, etc. » Sallustius autem istas querelas adversus naturam studiose refutat in jugurthini belli prooemio; quo in argumento versatur etiam prædictus Lactantii liber. Denique Apuleius, de Deo Socr. ed. Wech. p. 45. ait : « Homines ratione plaudentes, oratione pollen- « tes, immortalibus animis, moribundis membris, levibus « et anxiis mentibus, brutis et obnoxiis corporibus. » Jam- vero Plinium (ne quid de Lactantio et Augustino dicam) politico Ciceronis opere usum fuisse inter omnes constat. Apuleius, qui de Re Publ. scripsit, fieri non potest quin alicubi Ciceronis opus politicum imitatus sit. Dicerem peculiari jure etiam, Sallustium (qui de re publicâ ordinandâ scripsisse creditur) percallentem fuisse tulliani hujus operis. nisi cum Sallustium, qui Ciceroni auctor fuit (ad Q. fr. III. 6). immutandi rationem operis, alium esse hominem vulgo exis- timari viderem. Denique tullianum de Re Publ. locum, quem æquales et posteri compilaverunt, nonne ipse auctor a Lu- cretio derivare videtur, lib. V. 225 ?

> Tum porro puer, ut sævis projectus ab undis
> Navita, nudus humi jacet infans, indigus omni
> Vitali auxilio, cùm primum in luminis oras
> Nixibus ex alvo matris natura profudit.

Imo longinquius fortasse Cicero accersivit imitationem, nempe a Platonis Epinomide et ab ejusdem tertio de Legibus.

Ut finem faciam, summa tulliani prooemii hæc fuit : Natura hominem nudum formavit et inermem, ut cum sa- pientia muniret et tegeret (Lact. VII. 4). Soli homini sa- pientia data est, et hæc sola hominis mutorumque distantia est (Lact. epitom. XXXIV, Inst. II. 1). Ipsa autem ratio, quæ in homine perfecta est, sapientia nominatur (Lact. Inst. III. 10). Porro sapientia est intelligentia vel ad bonum rec- tumque faciendum, vel abstinentia dictorum factorumque improborum (Lact. V. 17 ; VII. 4). Ergo natura (seu potius deus ut emendat Lactantius, et de Irâ D. cap. ult. Inst. III. 28). quæ hominem ad sapientiam genuit, eadem ad JUSTITIAM procreavit ; de quâ scilicet justitiâ scribitur tertius liber, ad quem prædictus de naturâ hominis sermo viam munit. Et quoniam de sapientiâ non perfunctorie sermo fuit in hoc tertii libri procemio, valde arbitror eò spectare Lactantium, cùm, epit. XXXI, sqq. philosophorum veterum sapientiam ventilat ; eamque, quia vanis et pugnantibus fundamentis niteretur, ait a recentiore academiâ, quæ omnibus bellum indiceret, dissolutam esse atque subversam, tam physicam scilicet sapientiam quàm moralem. Revera et apud Lactantium sequitur disputatio de justitiâ, et apud Tullium introducitur princeps academiæ Carneades justitiam oppugnaturus. Hæc fere præfatus Cicero dialogi personas ad continuandum de Re Publ. et præsertim de justitiâ sermonem iterum evocavit.

PAG. 6, VERSU 1.

. . . . . Et vehiculis tarditati.

Locum sarcit Cicero, de Nat. D. II. 60 : « Efficimus domitu nostro quadrupedum vectiones, quorum celeritas atque vis nobis ipsis affert vim et celeritatem. »

PAG. 6, VERSU 1.

Eademque.

Mens aut ratio.

PAG. 6, VERSU 4.

Sic verba rebus impressit.

Loquelam non inventam sed innatam esse hominibus con-

tendit jure optimo Lactantius, Inst. VI. 10, contra Tullium,
et contra Lucr. V. 1027; Hor. Sat. I. III. 103. Est autem
quæstio hæc celeberrima.

PAG. 6, VERSU 8 ET SEQQ. EX NOTIS

Homo cùm fragilis imbecillisque nascatur, etc.

Lactantius et præcedente et hoc ipso sui operis capite sine
dubio compilat Tullii hoc proœmium, et quidem servatum
illud ab Augustino fragmentum, ut in scholio docui. Quid ni
igitur tulliana reliqua compilare credendus est in his conse-
quentibus, quæ lacunam commode explere videntur? Qua-
tenus tamen id faciat Lactantius primis operis sui quatuor
capitibus, id aliorum esto judicium; mihi interim brevem
particulam huc intulisse sat est.

PAG. 8, VERSU 4.

Colloquia cum absentibus.

Augustinus, de Ord. II. 55, Tullium imitans : « Sed
« audiri absentium verba non poterant; ergo illa ratio pe-
« perit litteras, notatis omnibus oris ac linguæ sonis atque
« discretis. » Addit Augustinus similiter numerorum inven-
tionem, sicuti prius narrat sermonis originem, prorsus cum
Tullii et sententiâ et locutione consentiens. Generatim ipse
Cicero imitatur Platonis Timæum, p. 44, sqq.

PAG. 8, VERSU 7.

Tum una immutabilis et æterna.

Vix dubito quin Cicero imitetur Platonis Epinomidem,
præsertim ob astrorum, noctium, et dierum commemora-
tionem, quæ sequitur.

PAG. 8, VERSU 8.

Nec frustra siderum motus intueremur.

Lactantius, Inst. II. 1, 2, universo hoc loco utitur, et quidem diserte ait : « Spectare nos cœlum deus voluit, uti- « que non frustra. » Pergit Lactantius queri quod homines oculos suos ab alto dejiciunt, soloque defigunt. Revera statim Cicero subdit, sapientium animos præ vulgo infimo altius se extulisse.

PAG. 8, VERSU 9

Dinumerationibusque noctium ac dierum. . . .

Cicero, de Nat. D. II. 61 : « Hominum ratio in cœlum « usque penetravit : nos astrorum ortus, obitus, cursusque « cognovimus : ab hominum genere finitus est dies, men- « sis, etc. quæ contuens animus accedit ad cognitionem deo- « rum; ex quâ oritur pietas, cui conjuncta justitia est. » Hæc fere docent quid hoc codicis loco desideremus, atque ut Cicero ad dicendum de justitiâ aditum sibi patefecerit.

PAG. 8, VERSU 13.

Sint nobis isti, qui de ratione vivendi disserunt, magni homines.

Intelligit philosophos. Sententiâ hujus tulliani loci aperte utitur Lactantius, Institutionum initio; locutionem ipse Tullius refricat, Leg. I. 5 : « Sit ista res magna, sicut est. »

PAG. 8, VERSU 13.

Sint veritatis et virtutis magistri.

Tulliane, et quidem ut puto ex hoc opere, Lactantius, Inst. I. 1 : « Majore in gloriâ philosophi fuerunt, recte enim « vivendi doctores sunt existimati. »

PAG. 10, VERSU 14.

Quid P. Scipione, C. Lælio, quid L. Philo perfectius.

Idem Cicero, de Or. II. 37 : « Non tulit ullos hæc civitas
« aut gloriâ clariores, aut auctoritate graviores, aut humani-
« tate politiores P. Africano, C. Lælio, L. Furio. » (Philo.)
Similiter de his triumviris loquitur, pro Arch. VII.

PAG. 10, VERSU 17.

A Socrate adventitiam doctrinam adhibuerunt.

Consonat sibi Tullius, Tusc. IV. 3 : « Sapientiæ studium
« vetus id quidem in nostris, sed tamen ante Lælii ætatem
« et Scipionis non reperio quos appellare possim nominatim.»
Profecto et ipsi Catoni, qui Lælio et Scipione paulo fuit se-
nior, doctrina transmarina atque adventitia defuit. Cic. Or.
III. 35.

PAG. 12, VERSU 2.

Hæc civilis laudabilior est certe et illustrior.

Contra Cic. ad Att. II. 5.

PAG. 12, VERSU 4.

Quem nemo ferro potuit superare nec auro.

Videtur e deperditis Ennii versibus. Sane hunc olim versum legebat imitabaturque Claudianus, Bel. get. 151 :

Pectora Fabricii donis invicta vel armis.

Curii fortitudo et abstinentia satis notæ sunt. Confer saltem
Ciceronem, de Sen. XIII. Quin adeo legendus est etiam Salvianus, de Gratiâ D. I. 2, qui non aliena a Tullio scribit.

Pag. 12, versu 6.

. . . . . fuisse sapientiam.

Locutus fuerat Cicero in lacunâ de illâ exquisitiore et
abstrusâ sapientiâ, quam philosophi quidam jactabant. En
vero ut sibi ipse supplementa dat auctor Lælii ore, de Am.
cap. v : « Eam sapientiam interpretantur quam adhuc mor-
« talis nemo est consecutus; nos autem ea quæ sunt in usu
« vitâque communi, non ea quæ finguntur aut optantur,
« spectare debemus. Nunquam ego dicam C. Fabricium,
« M. Curium, etc. ad istorum normam fuisse sapientes, etc. »
Eadem dicit Cicero, de Off. III. 4, concluditque neminem
exquisite sapientem fuisse, nec ipsum Catonem aut Lælium.
Conspirat cum Tullio Lactantius, Inst. III. 14; VI. 6;
epitom. xxx, xl; de Op. D. cap. i.

Pag. 12, versu 8.

Artibus aluerunt naturæ principia.

De philosophis artium cultoribus primis Celsus in procemio.

Pag. 12, versu 8.

Hi autem institutis et legibus.

Contentio est politicorum cum philosophis.

Pag. 12, versu 9.

Plures vero hæc tulit una civitas.

Cic. Nat. D. II. 66 : « Multos et nostra civitas et Græcia
« tulit singulares viros, etc. » Cicero, Tusc. iv. 5, ait,
« Romanos, Lælio et Scipione adolescentibus, bene vivendi
« disciplinam vitâ magis quàm litteris esse persecutos. »

PAG. 12, VERSU 10.

Quoniam id nomen illi tam restricte tenent.

Hanc paucitatem irridet etiam Lactantius, Inst. IV. 41.

PAG. 12, VERSU 15.

Eam rem publicam, quæ possit esse diuturna.

Sic Plato, Leg. IV. p. 714, legislatorem id omnino spectare jubet, ut rei publicæ opes sint diuturnæ.

PAG. 12, VERSU 17.

Virorum excellentium multitudo.

Legesis Augustinum, Civ. D. lib. XVIII.

PAG. 12, VERSU 21.

Si Pœnos, si hæc. . . . .

In lacunâ enumeraverat Cicero politicorum, præsertim romanorum, copiam ; cui codicis defectui medetur quodammodo ipse auctor, de Or. I. 2, 48; III. 55, præsertim vero, Nat. D. II. 66 ; quos locos qui leget magnum hujus lacunæ solamen inveniet. Est autem hæc quoque Platonis imitatio, apud quem, Reip. II. p. 366, mos Socratis aliorumque philosophorum fuisse dicitur, ut justitiæ laudationem a priscis heroibus exordirentur.

PAG. 14, VERSU 2.

Me improbitatis patrocinium suscipere vultis.

Invidiam in re simili deprecantur apud Platonem, Glauco, Reip. II. p. 361, et Socrates, V. p. 451.

PAG. 14, VERSU 6.

Exemplum antiquæ probitatis et fidei.

Imitatio rursus Platonis est, Reip. II. p. 368. Philus inter viros bonos apud Cic. de Am. **VI.** Is fidei causâ Mancinum dedidit Numantinis.

PAG. 14, VERSU 10.

Et me oblinam sciens.

More eorum qui aurum in fluviis quærunt, aut metalla tellure effodiunt. Confer Silium, I. 251, et Statium, Silvar. IV. 7, 15.

PAG. 16, VERSU 12.

Justitiam quæramus, rem multo omni auro cariorem.

A Platone hæc sunt, Reip. I. p. 336 : Εἰ μὲν χρυσίον ἐζητοῦμεν.... δικαιοσύνην δὲ ζητοῦντας, πρᾶγμα πολλῶν χρυσίων τιμιώτερον.

PAG. 14, VERSU 16.

Ea dicenda sunt L. Furio Philo, quæ Carneades.

Sequentem orationem contra justitiam totam a Carneade sumpsisse Tullium ait libere Lactantius, Inst. V. 17 : « Adcone justitiam, o Furi, vel potius, o Carneade, cujus « est illa omnis oratio, etc. » Sed tamen inferius quædam sunt, quæ a Carneade dici non potuerunt. Carneadis mors refertur ab Apollodoro apud Laërtium, IV. 9, 7, ad annum quartum olympiadis CLXII, quo fere ipso anno de republicâ disputabatur. Ejusdem eloquentiam laudaverant in suis historiis Polybius et Rutilius, teste Gellio, VII. 14, quorum historicorum scripta non ignoravit Cicero. Denique Phili copiosam disputationem contra justitiam legebat Seneca, ep. CVIII.

PAG. 16, VERSU 1.

Alter autem de ipsâ justitiâ.

Sermo est de Platone et de Aristotele, ut cognoscimus e

prædictis Lactantii locis, prætereaque ex eodem Lactantio, Inst. V. 17. Plato quanta scripserit de justitiâ videmus: Aristotelis autem libri de Justitiâ quatuor noti sunt ex Laërtio, V. 12, aliisque auctoribus.

PAG. 16, VERSU 3.

Nam ab Chrysippo nihil magnum nec magnificum.

Chrysippi ingenium et elocutionem novimus ex Cic. Fin. IV. 3, Nat. D. III. 10; Front. de Or. I. 1; Hier. in Ruf. I. 16, 30. Chrysippi libros περὶ Δικαιοσύνης et περὶ Δικαίου et περὶ Πολιτείας ex Laërt. VII, 11; Plut. de Repug. stoic.; Sext. Emp. III. 205, 246, et in Eth. 192, 193, quo postremo loco in notis Fabricius Chrysippi libros de Justitiâ adjunctos fuisse libris ejusdem de Rep. existimat. Merito autem in oratione carneadeâ mentio Chrysippi fit : Carneadis enim cum Chrysippo disputationes notissimæ sunt ex Cic. Tusc. IV. 24; Val.-Max. VIII. VII; August. in Crescon. I. 24. Chrysippi autem repugnantias non secus atque Carneadis scribit Plutarchus prædictus. Graphicam justitiæ imaginem ipsis Chrysippi verbis scribit Gellius, XIV. 4, quem locum artifices, qui Themin pingunt, utiliter legent.

PAG. 18, VERSU 1.

Eam virtutem, quæ est una, si modo est.

Scilicet justitiam, quam Plato, Reip. I. p. 331, sapientiæ et virtutis ipsius nomine appellat. Lactantius, epit. LV, justitiam a sapientiâ non distinguit.

PAG. 18, VERSU 8.

Sed eorum et voluntatem et copiam causa vicit.

Lactantius, Inst. V. 17, hunc locum exprimit : « Plato et

« Aristoteles honestâ quidem voluntate justitiam defendere
« cupierunt, effecissentque aliquid, si conatus eorum bonos,
« si eloquentiam, si virtutem animi et ingenii, etc. Itaque
« opus illorum inane atque inutile jacuit. »

PAG. 18, VERSU 10.

Civile est aliquod, naturale nullum.

Confer Hieronymum in Jovin. II. 17; imo vero potius
Lactantium, Inst. VI. 9, qui huic iniquæ sententiæ contradicit. « Cur per omnes populos diversa et varia jura sunt
« condita, nisi quòd unaquæque gens id sibi sanxit, quod
« putavit rebus suis utile ? »

PAG. 18, VERSU 11.

Sic essent justa et injusta eadem omnibus.

Eadem est observatio Platonis in Minoë, p. 515; nec non
Horatii, Sat. I. III. 113. Sed verius ab Augustino in ps. IC.
5, dicitur sicut oculus album et nigrum, ita homo æquitatem
iniquitatemque discernere.

PAG. 18, VERSU 14.

Alitum anguium curru.

Videtur locus e Pacuvii Medo. Nunc autem haud dubio
indicio ad Pacuvium referendus est senarius ille qui ex in-
certo poëtâ profertur a Cic. de Invent. I. 19 :

Angues ingentes alites juncti jugo;

quem versum spectat Philus hæc loquens. Fabula Medi est
apud Hyginum, XXVII, ubi Medea curru junctis draconibus
supervenit.

PAG. 18, VERSU 14.

Varias gentes et urbes despicere.

Mores gentium varios, qui hic sequuntur, multo copiosius scribunt Hieronymus, in Jovin. II. 7, sqq. et Sextus, III. 24, et contra Eth. 190, sqq. quos auctores haud pœnitendo cum fructu ii legent qui naturali civilique historiæ student. Est item insignis locus Herodoti, III. 38.

PAG. 20, VERSU 3.

Belluas numero consecratas deorum.

Rem apud veteres auctores exploratissimam confirmant magnopere pictæ tot papyri, quas docti peregrinatores in Europam ex Ægyptiorum sepulcris fanisve devehunt, aut in suis ephemeridibus exprimunt. Genus id ægyptiacorum studiorum nos ipsi posthinc cumulaturi sumus, edendis vaticanis, quas lithographico prelo paramus, papyris cum idoneâ notitiâ. De origine belluini cultûs in Ægypto Lact. Inst. II. 13; Cic. Nat. D. I. 36.

PAG. 20, VERSU 8.

Deos .... inclusos parietibus contineri nefas esse duceret.

Rem narrat Cicero, etiam Leg. II. 10. Sententiam vero copiose versat Arnobius, lib. VI; prætereaque Lact. Inst. II; Cyprianus, de Idol. van.: Varro et Seneca, apud Augustinum, Civ. D. IV. 9, 31; VI. 10; Macrob. Somn. I. 2; Tacitus, de mor. Germ. IX, et Hist. V. 5: Plut. in Num. VIII. Insulsa cæteroqui Xerxis illa sententia fuit.

PAG. 20, VERSU 13.

Documentum Persarum sceleris sempiternum.

« Decretum hoc Græcorum memorat Pausanias, X. 35,

additque illius causam eamdem quam Cicero : Ἐς τὸν πάντα ὑπολείπεσθαι χρόνον τοῦ ἔχθους ὑπομνήματα.

Pag. 20, versu 16.

Homines immolare....diis immortalibus gratissimum esse duxerunt.

Dianæ in Tauride, Busiridis in Ægypto quis nescit aras? De Gallorum Pœnorumque humanis sacrificiis Ennius, apud Festum, voc. *puelli;* Plato in Minoë, p. 315; Dionys. 1. 38; Strabo, IV. p. 303; Diodor. V. 31, 32; Clitarch. apud Suidam, voc. σαρδώνιος γέλως; Lactant. Inst. I. 21; August. Civ. D. VII. 19; Oros. IV. 6, 21; Servius, Æn. III. 57. Auctorum horum a me observatorum agmen claudat Minucius, cap. XXX, cum multis auctoribus aliis qui ibidem in notis citantur.

Pag. 20, versu 18.

Cretes et Ætoli latrocinari honestum putent.

Ætolorum legem prædandi firmissimam recitat Polybius XVII. 4, IV. 3. Idem ait, VI. 46, apud Cretenses nullum turpe putari lucrum. Generatim hanc iniquam prædandi sententiam tribuit priscis hominibus scoliastes ambrosianus a me editus ad Hom. Odyss. III. 73; XIV. 230.

Pag. 20, versu 20.

Quos spiculo possent attingere.

Dicti hujus laconici testis Plutarchus, Apoph. lac. t. VI. p. 819. et Quæst. rom. t. VII. p. 85. Idem prope dictum tribuitur Pittaco a Plut. Reip. ger. pr. t. IX. p. 265. et Lysandro atque Agesilao. Apoph. lac. et reg. p. 721, 791, 855. Quin et Romulus, ut observat Plutarchus, nullos leminos agro posuit ut Romanis liceret progredi; Numa vero rex justus agrum limite finivit. Plut. Num. XVI.

PAG. 20, VERSU 21.

Suam esse terram, quæ oleam frugesve ferret.

Pars hæc erat jurisjurandi epheborum : Ὅροις χρῆσασθαι τῆς Ἀττικῆς, πυροῖς, κριθαῖς, ἀμπέλοις, ἐλαίαις. Hanc vero particulam sapienter animadvertit Petitus in Plutarcho, Alcib. XV, addiditque reliquæ formulæ, quæ extabat apud Pollucem atque Stobæum. Rem modo confirmat Cicero.

PAG. 22, VERSU 5.

Quò pluris sint nostra oliveta nostræque vineæ.

Notanda hæc Romanorum severitas, quæ tamen diutius non videtur perseveravisse. Utique multo post Domitianus in provinciis extra Italiam multum vinetorum succidi jussit. Suet. in eo, cap. VII : quam legem sustulit Probus; Vopisc. in eo, cap. XVIII. Vim legum ejusmodi gentes aliquot novi orbis nuperius passæ sunt. Sævitiâ Romanos Pœni excesserunt, dum omni cultu ac satione Sardiniæ interdixerunt, ut ait Aristoteles, Mir. aud. p. 708.

PAG. 22, VERSU 7.

Discrepare ab æquitate sapientiam.

Rem explicat Lactantius, Inst. V. 14. et Epit. LVII. Contradicit Cicero, Off. II. 3, 9: III. 15; et Socrates, apud Xenoph. Memor. III. 9, 5. Plato quidem, apud Cic. Off. I. 19, scientiam a justitiâ remotam, calliditatem potius quàm sapientiam ait esse appellandam.

II.   18

PAG. 22, VERSU 9.

Agros locupletium plebi ut servitio colendos dedit.

Helotis scilicet.

PAG. 22, VERSU 17.

Nondum Voconiâ lege latâ.

Lata est Voconia lex anno urbis DLXXXV, id est quadra-
gesimo ante hunc de Re Publicâ dialogum, Manilio tum
adolescente.

PAG. 22, VERSU 20.

Cur virgini vestali sit heres?

Ipse Numa, ut ait in ejus vitâ, cap. X, Plutarchus, vesta-
libus, vivente etiamnum patre, testamentum condere con-
cessit. Adde Caium, I. 145.

PAG. 24, VERSU 1.

Mea triciens non posset. . . .

Ergo filia Crassi, quòd unica esset, potuit hereditatem vel
maximam adire; contra Phili, qui alios heredes suos haberet,
filiæ ne multo quidem minorem cernere licuit. Adde Cic. in
Verr. I. XLI : « P. Asellus, cùm haberet unicam filiam, neque
« census esset ; quod eum natura hortabatur, lex nulla pro-
« hibebat, fecit, ut filiam bonis suis heredem institueret.
« Heres erat filia ; faciebant omnia cum pupillâ, legis æqui-
« tas, voluntas patris, edicta prætorum, consuetudo juris
« ejus, quod erat tum cùm Asellus est mortuus, etc. » Operæ
autem pretium erit cognoscere quæ ibidem Asconius de censis
dicit, nec non ipse Cicero in câdem oratione, cap. XLIII, et
Dio, LVI. 10. Rursus aliam controversiam de filiæ hereditate

juxta legem Voconiam exponit Cic. Fin. II. 17. Voconiam adhuc vocat ad partes Plinius, Pan. cap. XLII; sed eamdem suâ jam ætate oblitteratam dicit Gellius, XX. 1. Denique Phili adversus hanc legem criminationes vix dubito quin Lælius contrariâ oratione specialiter dissolverit, partes Catonis tuens, qui olim eam legem voce magnâ et bonis lateribus suaserat. Cic. de Sen. cap. V.

PAG. 24, VERSU 4.

. . . . sanxisset jura nobis.

Acephala sententia refertur ad prædictos populorum varios mores, mutatasque pro temporibus leges.

PAG. 24, VERSU 7.

An quæcumque erunt?

Imitatur Cicero Platonem, Reip. I. p. 339 : Νόμους τοὺς μὲν ὀρθῶς τιθέασι, τοὺς δέ τινας οὐκ ὀρθῶς · ἃ δ᾽ ἂν θῶνται, ποιητέον τοῖς ἀρχομένοις;

PAG. 24, VERSU 12.

Viros bonos eam justitiam sequi quæ sit, non eam quæ putetur?

Hæc uberius disputat Cicero, Leg. I. 15, sqq. ubi naturale jus magnopere asserit.

PAG. 24, VERSU 17.

Pythagoras et Empedocles.

Pythagoram copiose declamantem contra cædem esumque animalium facit Ovidius, Metam. XV. 75, sqq. Addi et Juvenal. XV. 173: Servium, Æn. X. 564. Empedoclis eâdem de re carmina refert Sextus Emp. IX. 129; quia scilicet ille metempsychoseos opinioni adhærebat, ut ait Proclus a me saepe laudatus.

PAG. 24, VERSU 20.

Scelus est igitur nocere bestiæ.

A pythagoricâ sententiâ longe abest Cicero, Leg. I. 8 : « Perspicuum est pecudes partim esse ad usum hominum, « partim ad fructum, partim ad vescendum procreatas. » Sane inter veteres controversia hæc fuit famigerata. Confer Senecam, ep. CVIII; Plutarch. περὶ Σαρκοφ.; Porphyr. de Esu animalium; Hier. in Jovin. II. 7, ep. CVII. 8, et in suppositâ monachorum regulâ, cap. XII; August. de mor. Manich. II. 28, 36, sqq. et de Hæres. XLVI. Quæstionem inter recentiores copiose tractavit Pufendorfius de Jur. nat. et gent. IV. 5. Solutio vero præcipua est, quòd inter homines et bruta nullum jus intercedit, ut jamdiu observavit Sextus Emp. contra phys. IX. 150, frustra admodum reclamante Porphyrio.

PAG. 28, VERSU 4.

Imperia, regna, vel privatis vel populis.

Nempe *efficiuntur*. Hoc argumento late utitur Plato contra justitiam, Reip. I. 538, sqq. Sic loquitur Juvenalis, I. 74, XIV. 207. Graviter vero Hieronymus in Hierem. II. 5, 26, et in ps. LXXXIII : « Philosophorum sententia est; « omnis dives aut iniquus aut heres iniqui. »

PAG. 28, VERSU 10.

Cujus imperio jam orbis terræ tenetur.

Africani scilicet. Paulo geniti, ætate, victo Perseo, deletis Corintho et Carthagine, Hispaniâ domitâ, tot aliis provinciis occupatis, ut observat Polybius, Hist. præf.

Qui in populum vitæ necisque potestatem habent, tyranni.

Ita quidam apud Platonem, Reip. II. p. 366 : Ὁ πρῶτος εἰς δύναμιν ἐλθών, πρῶτος ἀδικεῖ.

Quasi pactio fit inter populum et potentes.

Lactantius, Epitom. cap. LIX : « Leges sibi homines con- « diderunt pro utilitate communi, ut se interim tutos ab in- « juriis facerent. » Legantur reliqua in eo Lactantii articulo, quæ fortasse tulliana sunt.

Optimum est facere impune, si possis.

Contradicit Plato, ep. VII. p. 555.

Digladiari semper tum faciendis, tum accipiendis injuriis.

Exscribitur prope Plato, Reip. II. p. 358. Sic Epicurus apud Lactantium, Inst. III. 17 : « Sapientis est male facere, « si et utile sit et tutum. »

Timentes hoc interdictum justitiæ ne quando existeret.

Verba interdicti ex Caio, IV. 155, cognoscuntur hæc : « Uti possidetis, quæ neque vi, neque clam, neque precario « alter ab altero possidetis. » Id si publice populis interdice- retur, cedendum esset de possessione omnibus, qui alienam regionem invaserunt. Itaque soli Aborigenes in possessione manerent. Hinc Arcades et Athenienses semet αὐτοχθόνα appellaverunt; quam scilicet horum populorum præogativam memorant Ovidius, Fast. II. 289; Statius, Theb. IV. 275; Servius, Georg. II. 342; Censorinus, cap. IV; Suidas, voc. Ἀθῆναι et voc. Φερεκ. Ἀθ. Confer etiam Pausaniam, V. 1. Aliter Livius, I. 8 : « Vetere consilio condentium urbes, qui ob- « scuram atque humilem conciendo ad se multitudinem, « natam e terrâ sibi prolem ementiebantur.» Hinc illa locutio *terræ filius*. Aliter idem Censorinus, de Arcadibus, cap. XIX.

PAG. 32, VERSU 3.

Tamquam hos ex arvis musculos.

Disputatur scilicet in prato (lib. I. XII) ubi musculi cons- pici poterant; sicuti a disputantibus, Acad. IV. 25, spec- tatur e littore navis. Hîc vero loquitur Cicero ex eorum phy- sicorum sententiâ, qui musculos terrâ genitos putabant, e quibus est Sextus Emp. I. ff. 41 : quo loco Fabricius post τὰ δ'ἐκ γῆς egregie supplet ὡς μῦς, quam conjecturam nunc mire confirmat Cicero. Opinionem rejicit Lactantius, Inst. II. 8, ff. 37. Homines in omnibus terris et agris tamquam vermiculos aut fungos esse generatos, stulta stoicorum et nominatim Democriti apud Lactantium, VII. 4 et 7, sen- tentia est.

PAG. 32, VERSU 8.

Quem apertum et simplicem volumus esse.

Ἄνδρα ἁπλοῦν καὶ γενναῖον, ut loquitur Plato, Reip. II. p. 361, quocum Cicero consentit etiam iu sequentibus. Confer super hâc definitione Lactantium, Inst. VI. 12; Cic. Off. III. 13. Epicureos « viros bonos » appellat Cicero, Leg. I. 7.

PAG. 32, VERSU 12.

Vacua metu. . . . vita bonorum virorum sit.

Confer Cic. Leg. I. 14. Sine dubio autem hîc Cicero loquitur de epicureis, qui, ut ait Servius, Egl. VI. 41, in rebus etiam seriis semper inserebant voluptates : quippe isti idcirco virtutem colebant **ut** vel voluptatem ex eâ caperent, vel certe molestiarum causas vitarent. Quare et Cicero, Fin. II. 21, de iisdem loquens pingit voluptatem in solio, cui præsto essent virtutes, ut ancillulæ, dicentes se quidem sic natas esse ut illi servirent, aliud negotii nihil haberent. Lege etiam Augustinum, Civ. D. v. 20, XIX. 1, et serm. CL de verbis act. Apost. Argumentum copiose versat Plato, Leg. II. p. 662, sqq. Cyrenaici (sati scilicet voluptario Aristippo) conspirabant cum epicureis, teste Lactantio, Inst. III. 8 : « Aiunt cyrenaici, virtutem ipsam ex eo esse laudandam, « quòd sit efficiens voluptatis. »

PAG. 36, VERSU 9.

De numantino fœdere.

Consul Philus anno urbis DCXVIII, quo Mancinus Numantinis deditus fuit. Consulis consilium memorant Cicero, Brut. XXII, et Plutarchus, Cat. min. cap. XLVIII. Commode autem curat Cicero, ut Philus contra justitiam disserat, quippe qui paulo ante fuerat auctor violandi fœderis numantini, quâ re nihil injustius fieri potuit, Floro in primis teste, II. 18.

PAG. 36, VERSU 12.

Alter acerrime se defendit.

Defendit se Pompeius Romæ in judicium postulatus a Numantinis de fœdere, quòd ille se fecisse falso negabat. Appian. Bel. hisp. cap. LXXIX.

PAG. 36, VERSU 14.

Pompeius antistat.

Cic. Fin. II. 17 : « Non de improbo, sed callide improbo

« quærimus, qualis Q. Pompeius in fœdere numantino infi-
« ciando fuit. »

PAG. 36, VERSU 18.

Vel domum insalubrem ac pestilentem.

Eodem exemplo utitur Cicero, Off. III. 13.

PAG. 38, VERSU 14.

Si forte naufragium fecerit.

Idem exemplum usurpat Cicero, Off. III. 23.

PAG. 40, VERSU 4.

Aliquam partem hujus nostri sermonis attingere.

Partes dialogorum horum præcipuas Cicero contulit, ut
nunc cognoscimus, in Scipionem, Furium Philum, et Lælium, tres qui per idem tempus, ut ait Porcius (Donat. vit.
Terent.) agitabant nobiles.

PAG. 40, VERSU 7.

Ne desis omnes te rogamus.

Lælium rogatum esse ab omnibus ut justitiam defenderet,
ait Augustinus in epitome tertii libri. Est autem id quoque a
Platone, apud quem, Reip. II. p. 368, omnes orant Socra-
tem ut pro justitiâ dicat. Porro ad Lælium cognomento sapientem apte defertur patrocinium justitiæ, quam Philus
stultitiæ insimulaverat.

PAG. 40, VERSU 11.

Oratio est tamen immanis.

Hæc esse Lælii verba suspicor exordientis de Carneade
loqui, qui causâ exercitationis justitiam oppugnaverat. Et
quidem Carneades spurce locutus dicitur a Cicerone, ad Atti-

cum, VII. 2 ; a Quintiliano tamen , Inst. XII. 1 , haud injustus vir fuisse existimatur, licet contra justitiam peroraverit ,
quam pridie defenderat. Quod autem ait auctor minime
audiendum juventuti romanæ Carneadem , id exemplo Catonis fit, qui hunc ipsum quamprimum Româ censuit di-
mittendum. Plin. VII. 30. Sed tamen superius, cap. v, de
Chrysippo quoque sermo fuit, contra quem haud scio an
hæc verba dici potuerint. Turpia enim in suis politicis
scripsisse Chrysippum ait Sextus Emp. III. 205, 216; XI.
193; nec non Plutarchus, de Stoic. repugn. t. x, p. 318.

Pag. 40 , versu 13.

Constans , sempiterna.

Contra caput primum disputationis carneadeæ de juris
inconstantiâ. Justitiæ legem esse æternam et universalem
platonica sententia est.

Pag. 44, versu 11.

. . . . . Asiâ Ti. Gracchus.

« Jam Gracchus locabat Asiam , » inquit Fronto, ad Ver.
II. 4. Attali quoque pecuniam populo concedendam Gracchus decrevit. Atque hæc fortasse consilia ejus videntur justa
fuisse. Perseveravit justitiam Gracchus erga cives, dum agrum
contra legem Liciniam a divitibus possessum plebi divideret.
Iniquus vero fuit in socios et in Latinos quibus agrum ad
divisionem eripiebat, juste ab iis possessum , quippe quem
bello acquisitum populus romanus imposito vectigali iis red-
diderat. Ipse Lælius, ut ait Plutarchus in Tib. Gr. VIII,
agrum, quem invaserant divites, plebi dividere tentaverat; a
quo tamen conatu destitit majoris damni metu, unde et
sapiens ob hanc prudentiam dictus fuit.

Pag. 46, versu 1.

Qui adhuc voluntate nobis obediunt, terrore teneantur.

Laudem civilem huic vitio contrariam tribuunt Romanis Propertius, III. xxii. 21; et Rutilius, I. 69, sqq.

Pag. 46, versu 4.

Quæ poterat esse perpetua.

Contradicunt huic æternitati Hieronymus, in Ezech. prol. lib. III; Augustinus, serm. cv. 10; Lactantius, Inst. VII. 14.

Pag. 46, versu 5.

Si patriis viveretur institutis et moribus.

Numerosa et gravis conclusio! quæ scopum quoque declarat politici hujus operis, nempe ut cives romani « ad mores « pristinos revocarentur; » qui fuit item titulus orationis quam ipse Scipio in censurâ recitavit. Gell. iv. 20, v. 19. Augustinus, Civ. D. ii. 21, ait : « Induxit Cicero hanc de « re publicâ disputationem, quando præsentiebatur eâ cor- « ruptione, etc., jam jamque peritura. » Lege Velleium, ii. 1; Plinium, XXXIII. 11, eumdemque Augustinum, Civ. D. i. 30, ii. 18. Hoc cecinit vaticinium noster ipse Africanus, ut ait Suidas, voc. Σκιπίων et χρησμός. Quin adeo Lælius apud Cic. de Am. xii, cum genero utroque loquens ait : « Eo loco, Fanni et Scævola, locati sumus, ut nos longe « prospicere oporteat futuros casus rei publicæ : deflexit « enim jam aliquantulum de spatio curriculoque consue- « tudo majorum. »

Pag. 46, versu 7.

Significabant ab eo se esse admodum delectatos.

Auctoris hic plausus satis commendat splendorem læliani

sermonis de justitiâ, quem alibi dilaudat idem Cicero, de
Am. VII, et Seneca, ep. CVIII. Cur ergo Lactantius, Inst. V.
17, criminatur Lælium, ceu parum plene Furio responderit?
eâdem scilicet libertate quâ, Opif. D. cap. I, acturus de
animæ corporisque ratione, valde elevat quidquid eâ super
re non semel Cicero scripsit.

PAG. 46, VERSU 11.

Servium Galbam collegam nostrum.

Puta in auguratu.

PAG. 46, VERSU 11.

Quem tu quoad vixit omnibus anteponebas.

Galbam sibi quoque Lælius anteposuit, Cic. Brut. XXII.
Cessisse Galbæ omnes æquales ipsumque adeo Catonem ait
idem Cicero, Brut. XCVII.

PAG. 46, VERSU 16.

Tum cùm crudelitate unius oppressi essent universi.

Non sine causâ Africanus in politicis rebus Agrigentinorum diutius versatur, quippe Africanus (minor-ne an potius
major?) horum rem publicam constituerat. Certe leges Scipionis de æquitate in cooptando Agrigentinorum senatu
profert Cicero, in Verr. II. L. Id ipsum in lacunâ comme-
moratum fuisse existimo. Quin adeo ante politicam Agrigenti descriptionem, species ipsa urbis (uti mox Syracusarum et Athenarum) laudata fuit, ut reor, ex Polybio videlicet,
IX. 27; cùm præsertim ipse Scipio urbem exornavisset.
Cic. in Verr. II. II, IV. XXXIII.

PAG. 48, VERSU 3.

Portus usque in sinus oppidis.

Constabant scilicet Syracusæ pluribus oppidis, quorum
in sinus mare infundebatur.

PAG. 48, VERSU 5.

Dionysio tenente, ut esset illa res publica.

Corruptam Dionysii tyrannide pulchram Syracusarum speciem ait etiam Seneca, Cons. ad Marc. cap. XVII; de quâ urbe lege, si vacat, Tullium, in Verr. IV. LII, LIII, V. XXVII; Florum, II. 6. Confer etiam Aristotelem, Reip. V. 3, 4; Plutarchum, in Timoleonte.

PAG. 48, VERSU 7.

Ibi non vitiosam, ut heri dicebam. . . .

Recole de Rep. I. II.

PAG. 48, VERSU 8.

Dicendum est plane nullam esse rem publicam.

Recole Augustini summarium.

PAG. 48, VERSU 16.

Triginta viri illi urbi injustissime præfuerunt.

Confer Senecam similiter loquentem, de Tranq. cap. III.

PAG. 48, VERSU 18.

Porticus, aut propylæa nobilia, aut arx.

De his Athenarum ædificiis Pausanias, I. 8, 14, 22; Plutarchus in Pericle; Dio Chrys. orat. περὶ Τυραννίδος; Cicero, Off. II. 17. De arce Athenarum opus scripserat Polemo, teste Athenæo, XI. 11, XIII. 6; item Heliodorus periegeta, teste Suidâ, voc. νίκη Ἀθ. Imo idem Suidas, voc. προπύλαια, verba Heliodori refert dicentis, propylæa illa absoluta fuisse quinquennio, impensis in opus talentis bis mille duodecim, portis quinque ad arcem patefactis.

PAG. 50, VERSU 6.

Venio nunc ad tertium genus illud.

Præcedente in lacunâ dictum fuit de tyrannide ; mox dictum videmus de factione optimatum ; nunc denique dicendum superest de effreni potestate populi.

PAG. 52, VERSU 4.

Sed est tam tyrannus iste conventus.

Recole Augustini summarium.

PAG. 52, VERSU 7.

Cùm furiosorum bona legibus in adgnatorum potestate sint.

Legem XII Tabularum habemus apud auctorem operis ad Herennium, I. 13, et apud Cic. de Invent. II. 50 : « Si fu- « riosus est, adgnatorum gentiliumque in eo pecuniâque ejus « potestas esto. » Confer tamen, Digest. I. v. 20.

PAG. 52, VERSU 16.

Genus vitiosissimæ rei publicæ tertium.

Liberius populi dominium, quod græce dicitur ὀχλοκρατία, a veteribus politicis passim improbatur. Instar omnium sit Polybius, VI. VII. 57 : Τῶν μὲν ὀνομάτων τὸ κάλλιστον ἡ πολιτεία μεταλήψεται, τὴν ἐλευθερίαν καὶ δημοκρατίαν· τῶν δὲ πραγμάτων τὸ χείριστον, τὴν ὀχλοκρατίαν. Xenophon quoque in ath. politiâ passim abominatur et subsannat popularem potestatem.

PAG. 54, VERSU 17.

Rhodiorum, apud quos nuper fuimus una.

Loquitur Scipio de suâ legatione ad inspicienda sociorum regna, in quam ivit anno ante obitum, nempe urbis DCXXIV, de quo tempore lege adnotata a Reiskio ad auctores græcos, t. II. p. 477, ex Simsonio scilicet; cui frustra adversatur Schweighæuserus ad Polyb. t. v. p. 15. Jam Sp. Mummius fuisse Scipioni comes dicitur quoque a Justino, xxxviii. 8, qui et Metellum adjungit. At Victor, cap. lviii, dat Scipioni comitem Lælium; Plutarchus Panætium. Eadem discordia auctorum est in attribuendis Scipioni eo in itinere servis : nam Victor dat duos, Plutarchus et Athenæus quinque, Valerius, IV. iii. 13, septem. Pighius vero, Plutarchi verbo τρίτον (Apoph. tom. vi. p. 756), sapienter innixus tres fuisse legationes Scipionis existimat : quâ in sententiâ facile est discordiam scriptorum conciliare.

PAG. 56, VERSU 4.

Tantum poterat tantique erat quanti multitudo.

Hanc rhodiacæ rei publicæ descriptionem, accuratam oppido neque alibi obviam, studiosi politici cum fructu notabunt. Oligarchiam aliis temporibus fuisse Rhodi diximus, lib. I. xxxi in notis. Sed tamen Dio Chrysostomus in rhodiacâ oratione adhuc eam urbem ut populari statu utentem alloquitur; nec non Aristides in secundâ rhodiacâ, præsertim p. 385 ed. Canteri, t. ii.

NOTÆ

AB ANGELO MAIO CONCINNATÆ

IN LIBRUM QUARTUM.

—

SCHOLION

De quarti libri fragmentis.

LACTANTIUM duplici et verâ laude ornat Hieronymus, (ep. 58 et 70) quòd nempe quasi quidam fluvius eloquentiæ tullianæ fuerit, et quòd dialogorum Ciceronis epitomen fecerit. Dialogorum autem tullianorum nomine libros fere de Re Publicâ abs Hieronymo aliisque auctoribus κατ' ἐξοχὴν significari, sapiens Patricii et A. Schotti observatio est ; quia scilicet nulla disputatio majore sit contentione habita, aut inter plures. Jam quantum e superioribus de Re Publicâ libris Lactantius decerpserit, liber meus late demonstrat ; etsi nondum cumulate : puto enim esse alias apud hunc auctorem (nec non apud Augustinum) civiles Tullii reliquias, quas deinceps, ut auguror, doctorum virorum acumen deteget, et in sedes quamque suas quasi postliminio revocabit. Nunc ego quartum de Re Publicâ librum adumbraturus, cujus minimum in vaticano codice fragmentum superest, pauca alia apud quosdam veteres; ad Lactantium denuo respicio : in hujus quippe operibus imaginem mihi quamdam prædicti libri deprehendere videor.

Mores et disciplinam rei publicæ informavisse hoc libro

Tullium, in confesso est : cunctæ enim eo spectant reliquiæ.
Porro Lactantius sive in Institutionibus, VI. 20-24, sive
etiam in epitome capitum 62, 63, de moribus ita disserit, ut
tulliana fragmenta ad ejus orationem facile accommodentur.
Scribit enim Lactantius contra quinque sensuum voluptates.
Et in voluptate quidem oculorum spectacula vituperat circi
et scenæ : in aurium voluptate musicam, nec non carminum
ac suavioris orationis illecebras; in voluptatibus saporis et
odoris satis habet dicere, turpe esse sapienti ac bono, si
ventri et gulæ serviat, si unguentis oblitus ac floribus co-
ronatus incedat; in tactûs voluptate libidinem gravi et multâ
oratione castigat. Generatim vero parcimoniam, continen-
tiam, simplicitatemque vitæ commendat. Quibus peroratis.
ait, cap. XXIV : « Hæc est illa lex Dei, ut a Cicerone dictum
« est, præclara et divina, semper quæ recta et honesta jubet...
« cujus legis pauca equidem capita posui.... Si quis volet
« cætera omnia comprehendere, ex fonte ipso petat, unde
« ad nos rivus iste manavit. » Illam quoque imitationem
esse constat, quòd tam in Tullio quàm apud Lactantium
disputationem de justitiâ sequitur hæc doctrina de moribus.
Sedenim ordinem tulliani libri utrum Lactantius in tantâ,
quâ utitur, libertate servaverit, incertum est : imo ab eo
sæpe desertum arbitror. Quam ob rem ego has reliquias etsi
quædam in capita conglobavi, sedem tamen earum primiti-
vam et veram divinare non queo. Nam et prisci fragmentorum de Re Publicâ sarcinatores, Sigonius atque Patricius,
quantopere a verâ serie, nullâ ipsorum fraude, aberraverint,
nunc demum editione meâ patefactum est.

Jam quod Lactantius, de Opif. D. cap. 1, ait Tullium ten-
tavisse in quarto de Re Publicâ libro rationem animi et
corporis explicare, id quidem ad libri initium pertinere videtur : nam qui de moribus dicturus erat, recte admodum

isto pacto præfatus foret : atque ita Cicero ingreditur in
moralem legum tractatum, præpositâ (Leg. I. 7 et 8) corporis terrestri, animi vero divinâ, origine. Morum quippe
solus homo capax est : factâ autem humani corporis et animi
descriptione, sequitur ea conclusio, ut potior hominis pars
esse animus dicatur, in quo reapse sunt mores ; quare et
homo definitur *animans moralis*. Atque hæc est doctrina
Varronis apud Augustinum, Civ. D. xix. 3 ; imo potius Antiochi, qui, teste eodem Augustino, magister Varronis et
Ciceronis fuit. Valde igitur suspicor Tullium hoc loco et
præceptoris Antiochi et Varronis amici doctissimi orationem
usurpavisse. Summum bonum in philosophiâ Varro quærit
« non pecudis, sed hominis. » Cicero item, ut supra vidimus, « idem esse non putabat arietis et P. Africani bonum; »
quæ videntur verba interloquentis cujuspiam, Lælii fortasse,
qui librum quartum exorsus sit. Varro sentit « in hominis
« naturâ duo esse quædam, corpus et animam ; et horum
« quidem duorum melius esse animam longeque præstabi-
« lius non dubitat. » Cicero quoque, Lactantio et Petro
blesensi testibus, « pluris esse animam præstabilioremque
« corpore affirmavit. » Porro hæc omnia quàm recte ad
disputationem de moribus ducant, nemo non videt. Lactantius rursum, Inst. III. 8, tulliane loqui videtur ; namque
hominis bonum statuit esse diversum a cæterorum animantium bono : exin Tullii sententiam memorat, qui virtutem
summum hominis bonum putavit. Et Lactantius quidem
jure decernit hominem colendi dei gratiâ esse natum ; addit
tamen, servire deo, nihil aliud esse, quàm bonis operibus
tueri et conservare justitiam : de quâ scilicet virtute in præcedente civili Tullii libro sermo fuit. Denique sententiam,
quam alibi tullianam dicit, hîc quoque inculcat Lactantius,
pluris videlicet esse animam quàm corpus. Atque his indi-

H.   19

ciis haud satis scio, utrum illam de corpore et animo non longam disputationem, quam in Ciceronis quarto de Re Publicâ Lactantius legebat, partim saltem cognoscere liceat.

Denique inter eos qui Ciceronis de Re Publicâ opus legerunt, vix dubito quin martyr Cyprianus numerandus sit. Rhetor quippe fuit gloriosissimus, ejusque eloquentiam eximiis meritisque laudibus a Lactantio, Inst. V. 1, atque abs Hieronymo, de Viris illust. et ep. 58 et 70, elatam videmus. Is autem in aureo ad Donatum opusculo sic circi, scenæ, privatarum domuum, et deinde fori flagitia describit, ut cum fragmentis quarti de Re Publicâ libri non rebus solum verum etiam quâdam serie valde congruere videatur. Rursus quæ ibidem Cyprianus graphice addit de ambitionis et de luxûs ac superbæ potentiæ malis, ea pariter et cum his fragmentis non pugnant, et cum Scipionis verbis consonant quæ is in primo de Re Publicâ libro, cap. XVII, dicit de rerum humanarum despicientiâ.

Pag. 122, versu 5.

Aliquo plebiscito reddendorum equorum.

Quanquam Gracchi legibus suis patrimonium publicum dispensarent, et ærarium exhaurirent (Off. II. 21), nihilominus patronos se ærarii in orationibus ostentabant (Cic. Tusc. III. 20). Itaque et hanc technam cum fautoribus suis excogitavisse videntur, jubendi scilicet equites reddere equum, qui publicâ impensâ duorum millium assium ex ordinatione Servii Tullii alebatur. Ejus autem plebisciti speciosa causa fortasse erat, quòd multo plures, ut sit, equum impetravissent, quàm qui stipendia mererent.

Quanto præstabilior est animus corpore

Petrus blesensis, epist. LXXXV, ait : « Cicero et Apuleius
« et, quod majus est, Augustinus et Hieronymus testantur
« plus esse animam quàm corpus. » Adde et Lactantium,
Inst. III. 9. ff. 16. Floruit sæculo post Christum duodecimo
Petrus; qui utrum Ciceronis libros de Re Publicâ legerit
necne, merito ambigendum est.

PAG. 124, VERSU 3.

Ea est enim prima causa coeundi.

Ex Aristotele, Rei Pub. III. 9 : Τέλος μὲν οὖν πόλεως τὸ εὖ
ζῆν... τοῦτο δ᾽ ἔστιν τὸ ζῆν εὐδαιμόνως καὶ καλῶς. Recole dicta
a Tullio, lib. I. xxv.

PAG. 124, VERSU 7.

Polybius noster hospes institutorum negligentiam accusat.

Fortasse libro historiarum sexto, in quo Romanorum
politiam accurate Polybius scripserat.

PAG. 124, VERSU 10.

Aut unam omnium esse voluerunt.

Omni tamen ævo videntur convenisse Romæ in ludum
litterarium pueri et puellæ, ut Virginiæ exemplum demonstrat. Controversiam ventilat Quintilianus, Inst. I. 2, utrum
nempe utilius domi an in scholarum frequentiâ erudiantur
pueri. Sedenim de institutione tantum litterariâ ibi sermo
est : Cicero autem universam disciplinam puerilem attingit,
prorsusque videtur commendavisse morem romanum, ut
pueri pro parentum arbitrio instituerentur. Quare et vis

dubito quin idem hoc libro locutus fuerit de patriâ quoque potestate, quam summam apud Romanos, minimam apud Græcos, fuisse observat Dionysius, II. 26. Item Varro, libro de Liberis educandis hanc quæstionem haud præteriit, quod satis indicat ejus locus apud Nonium, voc. *rejiculas*, his verbis : « Et ut in grege opilio oves minus idoneas removere « solet, quas rejiculas appellat : sæpe enim unus puer pe- « tulans atque impurus inquinat gregem puerorum. »

PAG. 124, VERSU 14.

Exercitatio quàm absurda in gymnasiis !

Intelligit γυμνοπαιδείων, quam ne apud Græcos quidem priscam fuisse ait Dionysius, VII. 72 ; et cùm primum ins- tituta est, vituperatam tradit Plato, Rei Pub. V. p. 452. Insanum esset hâc de re congerere flagitia Græcorum ; quæ nimis multa scribunt Athenæus, lib. XII et XIII ; Plutarchus in Lyc. et Apoph. lac. ; Xenoph. de Rep. lac. ; Propert. III. XIV ; aliique poetæ.

PAG. 124, VERSU 15.

Quàm levis epheborum illa militia !

Scilicet dum essent περίπολοι ; quâ super re legatur Cor- sinus, Fast. Att. diss. XI. 5. Conferendus præterea Plato, Leg. VII. p. 796. Nota est Thebanorum amantium legio. Plut. in Pelop. XVIII, et Athen. XIII. 2.

PAG. 126, VERSU 8.

Præclare intelligo, Scipio.

Ergo hactenus locutus erat Scipio. Bene autem habet quòd Scipio de moribus disciplinâque disputat : fuit enim anno urbis DCXII censor, et quidem valde severus, ut declarant ejus notæ censoriæ, quas Pighius colligit in annalibus. Ejusdem oratio, quam in censurâ habuit diserte de moribus ad populum, seu « cùm ad majorum mores populum « hortaretur, » laudatur a Gellio, IV. 20, V. 19. Quin ejusmodi fere videntur fuisse etiam aliæ ejus orationes a Gellio item laudatæ, II. 20; VII. 11, 12; nec non ab Isidoro, Orig. II. 21. Ergo Cicero ex his Africani scriptis nonnulla certe hausisse videtur, quæ belle ab ipso auctore in politicis his sermonibus recitanda curavit. Item Catonis et Lælii eâdem de re orationes compilavit hoc libro Tullius, utens quidem illorum coloribus sed tamen penicillo suo, ut loquitur, ad Quintum fr. II. 15.

PAG. 126, VERSU 12.

Nunquam comœdiæ.

De artis scenicæ initiis apud Romanos insignis copiosusque est Livii locus, VII. 2, ubi recte distinguit histriones ab actoribus atellanarum; hosque postremos negat tribu moveri solitos : ex quo consequitur, ut tribu moverentur histriones, quod hîc ait Cicero. De scenicis originibus librum Varronis memorant Servius, Georg. I. 19, et Censorinus, cap. XVII : eoque dum opus politicum componeret fortasse usus est Cicero, ut colligo ex ep. ad Att. IV. 14. Frustra autem negat Macrobius, Sat. II. 10, histrioniam Romæ turpem fuisse. Idem nihilominus contra saltandi meditationem nobilibus quibusdam familiarem profert Scipionis nostri lautam particulam orationis, itemque breviorem Catonis : quas orationes sine dubio expilavit Cicero in hâc invectione scribendâ, præsertim cùm eam recitet Scipio Catonis discipulus. Sane recens erat Nasicæ Scipionis exemplum, qui Epidicum

theatrum fieri vetuerat. Confer. Liv. epit. XLVIII; Vell. I. 15;
Appian. Bell. civ. I. 28; Valer.–Max. II. IV. 2; Augustin.
Civ. D. I. 31; Oros. IV. 21. Profecto decuit Tullium in politico opere verba de theatro facere, cujus semper plurimam
curam principes rerum publicarum gesserunt. Confer Cod.
Theod. XV. 7, de scenicis; Cassiod. Var. I. 20, III. 51, IV. 51,
V. 42, VI. 4; VII, 10; Symm. ep. X, 4, 26, 28, etc. Bene
vero est quòd Cicero theatri insaniam vituperat, quam
christianæ quoque ecclesiæ Patres tantis clamoribus ac veluti
effusis totius ingenii fontibus deplorant, quos inter Augustinus in libris de Civ. D.; Tertullianus, de Spectaculis; Arnobius, IV et VII; Salvianus, de Gratiâ D. VI. 2, 3, 11, sqq.

PAG. 128, VERSU 4.

Ut quod vellet comœdia, de quo vellet, nominatim diceret.

Hujus concessionis meminit Xenophon, Rei Pub. ath. cap.
II. 18, ita tamen ut ne quis actor populo generatim malediceret. Maledicos illos poetas nominat Hor. Sat. I. IV. 1. Sed
Plato sapientior theatrales fabulas magistratuum censuræ ante
subjici jubet (Leg. VII. p. 817) quàm publice edantur;
quæ prudens consuetudo nostrorum temporum est. Tum,
Leg. XI. p. 955, vetat, additâ pœnâ, ne quis poeta vel
musicus nomini cujusvis civis detrahat.

PAG. 128, VERSU 8.

Cleonem, Cleophontem, Hyperbolum læsit.

Hi videlicet homines exagitantur in Aristophanis co-
mœdiis.

PAG. 130, VERSU 6.

Quod infamiam faceret flagitiumve alteri.

Carmina famosa decemviralibus scitis fuisse vindicata,

itemque adversus petulantiora convicia de atrocibus formulas constitutas injuriis, ait Arnobius, IV. p. 151; itemque
Cassiodorius, Var. I. 31, sane prudentius et æquius quàm,
I. 27, ubi theatris paulo liberiorem conviciandi licentiam
concedit.

PAG. 132, VERSU 6 FRAGMENTORUM.

Cùmque autumno terras ad concipiendas fruges patefecerit, etc

Hæc pertinent ad illam hominis descriptionem, cujus
causâ mundum esse factum ait cum stoicis Lactantius, de
Irâ D. XIII : « Sol irrequietis cursibus et spatiis inæqualibus
« orbes annuos conficit, et aut oriens diem promit ad la-
« borem, aut occidens noctem superducit ad requiem, et
« tum abscessu longius ad meridiem, tum accessu propius
« ad septentrionem hiemis et æstatis vicissitudines facit: ut
« et hibernis humoribus ac pruinis in ubertatem terra pin-
« guescat; et æstivis caloribus vel herbidæ fruges maturitate
« durentur, vel quæ sunt in humidis, incocta et fervefacta
« mitescant. Luna, etc. » Confer eumdem Lactantium, Inst.
II. 11; Ambros. Off. I. 14; Cic. Leg. I. 8; ac præsertim de
Sen. XV.

PAG. 132, VERSU 20 FRAGMENTORUM.

Quòd insepultos reliquissent eos, etc.

Dicit Athenienses duces crudeliter necatos, propterea quod
post prælium ad Arginusas non excepissent naufragorum
cadavera : Xenoph. Hist. I. Inferiarum autem politici prope
omnes præ se curam tulerunt. Namæ legum de funeribus
mentio apud Liv. I. 26. Tabulam decimam habuisse jura
sepulturæ, e fragmentis cognoscimus. Polybius, VI. 6. ff. 53.
sqq. inter bona rei publicæ romanæ instituta ponit funerum

pompam et mortuorum laudationes; quæ scilicet laudationes utrum a Publicolâ incœperint, dubitat Dionysius, V. 17. Ejusmodi pietatem vulgo poetæ suadent. Solonis jura funebria sunt apud Plut. in Sol. XXI; Lycurgi, apud eumdem Plut. in Lyc. XXVII. Apud Laertium, III. 48, Plato tria genera justitiæ statuit, erga deos, homines et manes. Legesis eumdem Platonem, Rei Pub. II. p. 566; Leg. 1, p. 652; IV. p. 717: XII. p. 947, 958, sqq. Xenoph. Mem. Soc. II. 2. Inter christianos lege Lactantium, Inst. VI. 12, et Augustinum, de Curâ ger. pro mortuis. Porro quod adtinet ad inferiarum utilitatem Plato in primo prædictorum locorum (Rei Pub. II. p. 566), prorsus conspirat cum divinâ auctoritate libri II. XII, 46 Machabæorum.

NOTÆ

AB ANGELO MAIO CONCINNATÆ

IN LIBRUM QUINTUM.

PAG. 186, VERSU 3.

Jam evanescentem vetustate.

Locum a verbis *nostra vero ætas* usque huc citat e quinto de Re Publicâ etiam Nonius, voc. *vanum;* sed mendose *ut nostra;* nam *ut* particulam recte prætermittit Augustinus. Additur tamen *jam* ante *evanescentem* apud Nonium, quæ particula in Augustino desideratur.

PAG. 186, VERSU 16.

Nihil esse tam regale quàm explanationem æquitatis..

Verba facit auctor de priscis regibus, qui judicia per se ipsi exercebant. Loquitur autem, ut credo, Manilius, cujus si ullæ fuerunt partes, quâ de re dubitari nequit, eas fuisse defendendi laudandique juris necesse est: idque se facturum Manilius ipse innuit, de Re Publicâ, I. XIII.

PAG. 188, VERSU 2.

Qui essent regi.

Reditûs nimirum gratiâ; namque, ut observat Plinius.

XVIII. 3, apud Romanos diu hoc solum vectigal fuit. Utitur autem hoc loco Cicero formulis atque appellationibus, ut puto, censoriis. Sane de his agri nominibus conferre licet Varronem, de Linguâ lat. IV. 4; Isidorum, Orig. XV. 13.

Pag. 188, versu 6.

Sed omnia conficiebantur judiciis regiis.

Scilicet a regibus ante Servium Tullium, qui primus, servatis sibi criminibus contra rem publicam, cætera judicia per minores magistratus exerceri voluit. Dionys. IV. 25.

Pag. 188, versu 18.

Num id studium censes esse villici?

Aptis utitur auctor similitudinibus. Nam et pro Plancio, XXV : « Populus romanus deligit magistratus quasi rei publicæ villicos. » Cætera ibidem cum hoc politico loco satis consentiunt. Nonnullis præterea scientia œconomica, id est dispensatoris, videtur congruere cum politicâ; quâ super re disputat Philodemus in opere de vitiis ac virtutibus, col. 7, 8, citato Theophrasti œconomico, quod opus hactenus Aristoteli inscribebamus. Platoni quoque Politic. p. 259, pater-familiâs videtur similis politico homini aut regnanti.

Pag. 188, versu 20.

Dispensator litteras scit.

Idcirco Celso apud Columellam, I. 8, villicus illitteratus placet, et qui sæpius nummos domino quàm librum affert.

Pag. 190, versu 4.

Summi juris peritissimus.

Quonam pacto summum jus hîc a civili distinguatur

quærent docti leguleii. Summo quidem jure agimus, cùm litem e legum formulâ, non ex arbitri æquitate definiri postulamus.

PAG. 192, VERSU 2.

Ut omnes et communibus commodis et suis uterentur.

Id nimirum sapienter contra Platonem, qui commoda omnia fecerat communia, urget Aristoteles, Rei Publ. II. 5, evidenter ostendens ea partim debere esse communia, partim privata, secus nullam propemodum esse civitatem; sicuti nullus concentus erit, si quis symphoniam eo redigat, ut sit unius vocis sonus ; aut sermonem numerosum, ut sit pes unus.

NOTÆ

AB ANGELO MAIO CONCINNATÆ

IN LIBRUM SEXTUM.

Pag. 226, versu 1,

Conscientia ipsa factorum amplissimum virtutis præmium.

Confer Platonem, Rei Publ. X. p. 608 : Servium, Æn. I. 604.

Pag. 226, versu 5.

Non statuas plumbo inhærentes.

Catoniana sententia hæc est. Noluit enim Cato sibi statuam poni, quòd diceret malle se jam quæri cur non, quàm cur sibi statua esset posita; Plut. Rei Publ. ger. pr. t. ix. p. 263, et Apoph. t. vi. p. 750. In eamdem fere sententiam loquitur etiam Mæcenas ad Augustum, apud Dionem, LII. 55. Confer Catonis dictum apud Frontonem, de Fer. als. II. Cur statuæ poni debeant bene meritis de re publicâ viris exponit Symmachus, ep. x. 52.

Pag. 226, versu 5.

Viridiora præmiorum genera desiderat.

Intelligit immortalem bonorum vitam. Jam ad hanc perpetuam, quam ipse hoc in libro tuitus erat, bonorum vitam

respicit Cicero, ad Att. X. 8, cùm ait : « Tempus est nos
« de illà perpetuà, jam non de hàc exiguà vità cogitare. »
Præterea quod Lactantius dicit, Inst. III. 12, de immortalitate, nempe ipsam solam, summum esse bonum, id fortasse ex hoc sexto libro sumitur.

PAG. 226, VERSU 6.

Quæ tandem ista sunt, inquit Lælius ?

Platonica admiratio sive interrogatio quæ fit, Rei Publ. X,
p. 608, a Glaucone ante quàm Socrates disputationem ingre-
diatur de immortalitate animorum.

PAG. 226, VERSU 8.

Tertium diem jam feriati sumus.

Feriis nimirum latinis; itaque proprie loquitur.

PAG. 226, VERSU 12.

Regem familiæ nostræ justis de causis amicissimum.

Quia scilicet Masinissa ab Africano superiore in regnum
fuerat restitutus, adjectà partim ditione Syphacis, App. Bel.
pun. XXXII. Ter autem ad Masinissam ivisse Scipio videtur: primum missus a Lucullo, cujus erat in Celtiberià legatus, ad petendos elephantos et auxilia, App. Bel. pun.
LXXI, et Val.-Max. V. II. 4: iterum ut hìc in somnio
dicitur; tertio, moriente jam Masinissà, ad ejus regnum
inter filios dividendum; quamquam fata Masinissæ videntur
Scipionis adventum praeoccupavisse :Val.-Max. loco prædicto.
Malim tamen credere unum esse secundum tertiumque adventum. Ciceronis autem Valeriique narrationes paululum
variare.

Pag. 230, versu 2.

Quem ut agnovi, equidem cohorrui.

Africanum commoveri solitum imaginibus majorum visis ait Sallustius, Jug. cap. IV. Cæterum hîc agitur de viso.

Pag. 230, versu 3.

Sed ille : Ades, inquit, animo.

Quonam pacto animæ corporibus exutæ loquantur, curiose edisserit Proclus, cujus prolixa verba hîc quidem prætermittere necesse est ; cæterum ea neque ingrata neque inutilia forent scholasticis theologis, qui cœlestem conversationem ac veluti colloquium animarum edisserere laborant.

Pag. 252, versu 5.

Dictator rem publicam constituas oportet.

Scipionis ambitionem notat Cicero, Off. I. 30.

Pag. 232, versu 19.

Harum rectores hinc profecti, huc revertuntur.

Hunc locum legebat Nectarius, uti constat ex ejus epistolâ inter augustinianas CIII; quâ in epistolâ non semel Ciceronem de Re Publicâ exprimit. Sic igitur Nectarius : « De « patriâ bene meritis viris doctissimi homines ferunt, post « obitum corporis in cœlo domicilium præparari, ut pro- « motio quædam ad supernam patriam præstetur his homi- « nibus, qui bene de genitalibus urbibus meruerunt; et hi « magis cum deo habitent, qui salutem dedisse aut consiliis « aut operibus patriæ doceantur. »

Pag. 254, versu 4.

Vestra vero quæ dicitur vita, mors est.

His verbis libere utitur Augustinus, Civ. D. XII. 20, XIII.

10. Rem, juxta erroneam quorumdam sententiam, explicat Macrobius ad somn. I. 10. Conferatur Cicero apud Augustinum, lib. v. ff. 78, contra Jul. Pelag. Item de Sen. XXI. Tum Plutarchus, Consol. ad Ap. t. VI. p. 457, sqq.; denique Lactantius, Inst. III. 18.

PAG. 234, VERSU 13.

Cujus hoc templum est omne quod conspicis.

Confer de Re Publicâ, lib. I. XIII, III. VI. Lege Macrobium ad somn. I. 14.

PAG. 234, VERSU 14.

Huc tibi aditus patere non potest.

Contra eos qui mortem sibi consciscunt invehitur Servius, Æn. XII. 603, cum Virgilio, pontificalibus libris, Cassio Heminâ, et Varrone; Macrobius autem, ad somn. I. 13, cum Platone atque Plotino. Lege etiam M. Aurelium de vitâ suâ, III. 5, et Lactantium, Inst. III. 18.

PAG. 240, VERSU 15.

Qui numerus rerum omnium fere nodus est.

Locum hunc, vel in præcedentibus similem, se legisse demonstrat Hieronymus, ep. XLVIII. 19, ubi ait : « An for-« sitan Pythagoram et Archytam tarentinum, et Publium « Scipionem in sexto de Re Publicâ de impari numero pro-« feram disputantes? »

PAG. 242, VERSU 9.

Habitari in terrâ raris et angustis in locis.

Confer Senecam, Quæst. nat. præf.

Pag. 246, versu 17.

Anni nondum vigesimam partem scito esse conversam.

Annus mundanus complectitur popularium annorum quindecim millia, ut physici aiunt, apud Macrobium ad somn. II. 11. Is nunc incipere fingitur a Romuli obitu, a quo ad somnium Scipionis sunt anni quingenti et septuaginta tres ; quæ nondum est pars vigesima prædicti anni mundani.

Pag. 248, versu 19.

Deum te igitur scito esse.

Confer Ciceronem, Tusc. I. 23-25. Sunt autem ea, quæ sequuntur, de animi immortalitate, e Platonis Phædro, ut docet ipse Cicero, Tusc. I. 22.

Pag. 252, versu 19.

Ego somno solutus sum.

Post somnium narratum, statim fere dialogum absolutum fuisse arbitror, paucis verbis adjectis. Sic enim et Plato post Eris fabulam confestim opus concludit.

PRÆFATIO

PRÆFATIO [1]

ANGELI MAII.

I. *Quo anno scriptum fuerit opus de Re Publicâ.*

Tulliani operis de Re Publicâ partes ineditas, hortante ac favente in primis Em. et Rev. Cardinali Gonsalvio, peramante litterarum et artium viro ac regendæ rei publicæ scientissimo, in lucem denique emitto. Sed antequam de codice vaticano loquar, cujus beneficio hæc politicæ scientiæ incrementa nactus sum, ipsius apprime operis nec injucunda nec inutilis historia pertexenda est. Domitio Ænobarbo et Claudio Pulchro consulibus, varroniano scilicet urbis anno septingentesimo (qui erat annus auctoris nostri quartus et quinquagesimus, post consulatum decimus), æstivo tempore, Cicero calores maximos vitans in Cumanum secessit, ibique hos libros politicos scribere instituit [2]. Et hujus quidem scripti natalis annus ex epistolâ ad Atticum quarti libri sextâ decimâ constat, in quâ se Cicero et huic operi instare nunciat, simulque ait designatos esse consules Domitium et Messalam, qui reapse consulatum

---

[1] Hanc eruditissimi viri præfationem huc reponendam curavimus, quasi testimonium quoddam, ipsi operi, nunc primum edito adfuturum, hujusque libri indivulsam appendicem.

[2] Ad Quint. fr. II. 14, 16; III. 1, 5.

II.

inierunt anno urbis DCCI. Atque adeo notare lubet, inter Ciceronis, quæ supersunt, exceptis epistolis et orationibus, nobi-
liora scripta, hoc quidem de Re Publicâ natum esse tertio loco.
Nam post editum jamdiu de Inventione rhetoricâ opus, superiore anno libros de Oratore se absolvisse ait Cicero, ad Atticum scribens, IV. 13; quâ in epistolâ meminit Crassi, qui
eodem tempore paludatus in provinciam erat profectus [1]; cujus
profectionis annum fuisse urbis DCIC, exploratum est : nam consulatum cum Pompeio Crassus gerebat. Temporis igitur fecit
propinquitas ut duorum operum exordia parum dissimili ratione texerentur. Porro in Tullii editionibus si quis singula
scripta chronologico ordine disponere volet, ei post oratorios
ad Quintum libros, politici collocandi erunt; sin vero materiæ
rationem habebit, libros de Re Publicâ ante libros de Legibus
ponet. Reliqua Ciceronis opera ipsa se posteriora esse produnt,
vel quia tempus inscriptum habent, vel quia politicos libros
commemorant. Editis de Re Publicâ libris non mediocrem
scribendi intercapedinem fecisse Tullium ait Atticus apud eumdem, in Bruto, cap. v. Utrum vero auctor septimo illo sæculari
urbis anno libros politicos ad umbilicum deduxerit; haud liquido constat. Quamquam reapse Tullius mirâ celeritate atque
assiduitate scribere solebat, cujus rei testimonia apud ipsum
sunt [2] : unde fere colligimus Tullium unicâ illâ apud Cumas
rusticatione potuisse opus absolvere. Et tamen eo anno nego-
tiosissimus in Re Publicâ vir plurimas et prope quotidianas
causas egit. Ait enim eodem anno ad fratrem scribens [3] : « Diem

------

[1] Confer ep. ad Fam. I. 9.

[2] De Leg. I. 5 : ad Att. XII. 14, 40; XIII. 26; ad Fam. VII. 28;
Orator. XXX.

[3] Lib. III. 5.

« nullum esse scito, quo die non dicam pro reo. » Nam et
Crassi absentis causam in senatu defendit : tum dixit orationes
contra Interamnates , et pro Messio, pro Druso, pro Vatinio ,
pro Scauro, pro Plancio, pro Gabinio, pro Rabirio Postu-
mo , et fortasse etiam pro Cœlio [1] : præter quàm quòd laudationem funebrem Serrani Domestici filii scripsit [2].

II. *Scopus dialogi de Re Publicá atque ætas quá habitus fingitur.*

Propositum autem tulliani operis idem fere fuisse videtur , quod sibi Polybius scribendæ historiæ statuit , nempe ut
doceret quo politiæ genere , quibus viribus, quibus moribus ,
populus romanus imperium orbis obtinuisset [3] : tum quia Tullius in vitiatam jam rem publicam inciderat eo præcipue nervos
intendit , ut prisci moris severitatem reduceret [4]. Et quidem,
de Divin. II. 2 , cùm paulo ante opus suum politicum memo-
ravisset, ait auctor : « Quod munus rei publicæ afferre majus
« meliusve possumus, quàm si docemus atque erudimus juven-
« tutem ? his præsertim temporibus atque moribus, quibus ita
« prolapsa est ; ut omnium opibus refrenanda ac coërcenda
« sit. » Atque eumdem sibi scopum Varro proposuit, cùm libros scripsit de vità populi romani. Ergo Polybium præcipue
spectans Cicero dialogos suos de Re Publicà in Scipionis Æmi-
liani et personam et ætatem contulit : erat enim Scipio πρόσωπον

---

[1] Ad Fam. I. 9, V. 8 ; ad Att. IV. 15 ; ad Quint. fr. II. ult. , III.
1, 4 ; Varro, de Re Rust. III. 2 ; Val. M. IV. 11. ; Dio Cas. XXXIX. 63.
[2] Ad Quint. fr. III. 8.
[3] Polyb. proœm. lib. III.
[4] Cic. de Re Publicà. III. 29, V. 1.

πόλεως, rei publicæ princeps vir, et, ut Velleius loquitur [1], eminentissimus sæculi sui; illa autem ætas romani nominis illustrissima, ut sæpe observat Polybius, moribus nondum corruptis, maximâ gloriâ victoriarum : sublatâ enim Carthagine quæ diu æmula imperii fuit, manus suas Roma in totum orbem terrâ marique porrexit [2]. Fuit enim illo ævo triumphus macedonicus de Perseo, illyricus de Gentio, achaicus de Corintho, punicus de Carthagine ; numantinus ; et præterea de Andrisco, de Aristonico, aliique triumphi minorum nominum. Plena erat Græcis eruditis Roma ; efferebant se oratores ; recens prope erat Ennii, Plauti, Cœcilii, Terentii, Pacuvii, Accii Luciliique poesis. Tantus denique erat romanæ felicitatis apex, ut noster Africanus censor publicam precandi formulam mutandam curavisset : rogari scilicet 'deos jusserat, non jam ut augerent romanam fortunam, sed ut conservarent [3]

III. *Ratio operis sæpe commutata.*

Cæteroqui rationem scribendi operis non semel a Cicerone fuisse immutatam exploratum est. Prorsus ut Euphorion atque Panætius [4] tradunt ipsum Platonem suæ rei publicæ initia sæpe subvertisse ac varianda curavisse. Cicero quidem Quinto fratri narrat, se principio sermonem in novem et dies et libros distribuisse [5]. Sedenim mox versâ sententiâ, e novem sex

---

[1] Lib. I. 12.
[2] Seneca in historiis apud Lactantium, Inst. VII. 15.
[3] Valer. M. IV. 1. 10.
[4] Apud Laertium, III. 25.
[5] Ad Quint. fr. III. 5.

fecit , ut ipse Cicero testis est [1] et alii auctores passim confirmant : totamque disputationem triduo absolutam voluit [2], quod
præter alia testimonia nunc codex vaticanus demonstrat, ita
ut bini diebus singulis libri recitentur [3]. Breviati sunt igitur dies
dialogi , non tamen mutatus annus : tam enim novemdiales fe-
rias prioris incœpti, quàm latinas posterioris, ipse auctor fuisse
dicit Tuditano et Aquilio consulibus [4], id est varroniano anno
ncc, quo dialogus recitatur. Præterea personas principio fecit
Africanum , Lælium , Philum , Manilium , Tuberonem , Fannium et Scævolam [5]. Tum alibi [6] ad dialogum adjungit etiam
Rutilium. Mummii persona nusquam antea apparuerat , nisi in
paulum corruptâ Nonii lectione ; nunc vero in vaticanis reliquiis non semel loquitur. Illud mirum est, quod cùm Fannius
et in citatis locis et in codice vaticano intersit dialogo, in opere
tamen de Amicitiâ, cap. vii, idem a Scævolà dicatur non adfuisse
in hortis Scipionis cùm est de re publicâ disputatum , cùmque
Lælius patrocinium justitiæ gessit; rursusque Lælius eodem in
opere, cap. iv, præsente Fannio, dicat Scævolam interfuisse
secum dialogis de Re Publicâ , cum Philo et cum Manilio et aliis
pluribus , quin tamen peculiarem faciat mentionem Fannii. Sane
hi duo loci de Amicitiâ satis indicare videntur Fannium abfuisse

---

[1] Ad Att. XIII. 19; de Divin. II. 1 ; Tusc. iv. 1 ; de Leg. I. 6 ,
III. 2.

[2] Cic. de Am. iv, idemque apud Macrob. ad Somn. 1. 4, sive de
Re Publ. VI.

[3] De Re Publ. II. in fin.

[4] De Re Publ. I. ix ; ad Quint. fr. III. 5.

[5] Ad Quint. fr. III. 5.

[6] Ad Att. IV. 16.

ab iis dialogis, quia Cicero, cum alia mutaret, hanc quoque personam (unam ne an forte plures?) removendam putaverit : atque ita in proœmio ad fragmenta de Re Publicâ censet Sigonius. Sed ecce nunc obstat codex vaticanus qui Fannii personam ad dialogum adducit. Itaque, ne cum A. Schotto [1] μνημονικὸν σφάλμα Ciceronis incusem, id unum effugium superest, ut Fannius secundi diei disputationi, cujus pars prior fuit de justitiâ, non interfuerit, digressus fortasse cum alio quovis ad negotia; uti ante dialogum de Oratore secundum discedit Scævola, cujus rei rationem reddit Attico [2] ipse auctor. Atque ejusmodi commutationes personarum et librorum in Academicis quoque scribendis fecisse se narrat Cicero [3]. Præter librorum et temporis et personarum varietates, aliam quoque novitatem cogitavit facere Cicero in his libris, monente Sallustio [4]; nimirum omissis antiquis illis personis, loqui ipse vel solus, vel cum personis æqualibus; sic enim et suam consularis hominis doctrinam dignitatemque commendari videbat et ansam nanciscebatur de suorum temporum moribus disserendi, quod fieri non poterat si antiquiores personæ dialogum facerent. Sedenim hæc varietas mente semel concepta effectu caruit; maluit enim Cicero sua tempora vitare ne quispiam offenderetur. Quare nec Varro in his dialogis includi potuit, quod a Tullio poscebat Atticus, nisi cum forte aliquo in proœmio appellavit auctor, quod satis incertum est. Quinta in his libris scribendis mutatio fuit ratio proœmiorum. Namque, ad Atticum, IV. 16, ait se in singulis

---

[1] Nodor. Cic. III. 5.
[2] Lib. IV. 16.
[3] Ad Att. XIII. 15, 16.
[4] Lege ad Quint. fr. III. 5.

libris uti proœmiis. Itaque vel novem, vel saltem sex fieri debuerunt proœmia. Sedenim cùm deinde binos in singulis diebus concluserit libros, tribus tantum proœmiis opus fuit, ante primum videlicet librum, ante tertium, et ante quintum, quia nonnisi abrupto dialogo locus est interponendi proœmii. Itaque et tres libri de Legibus, quoniam uno die recitantur, unico utuntur exordio. Sane in vaticanis de Re Publicâ membranis nihil est medium inter primum et alterum librum, ut necessaria ratio docet quaternionis xiv, qui integer superest: præterquam quòd ibidem librum incipere sine proœmio docet ille solemnis in initiis defectus aliquot verborum. E tertii libri proœmio supersunt in vaticano codice paginæ octo, itemque fragmentum quoddam apud Augustinum. Quinti libri proœmium memorat idem Augustinus, ejusque nobilem particulam recitat. Proœmia librorum reliqua, siquidem scripta fuerunt, in eo volumine proœmiorum, nunc deperdito, quærenda sunt; quod Cicero sibi confecerat, et ex quo eligere solebat, cùm aliquod σύγγραμμα instituisset [1]: Demosthenem in hoc etiam imitatus, cujus multa proœmia sunt; itemque Theophrastum et Demetrium phaleream [2], quorum postea exempla Fronto secutus est [3]. Denique tantus fuit in politicis libris scribendis vel labor Ciceronis, vel æstuatio, ut ipsemet de exitu dubitaverit [4], scripseritque ad fratrem [5] se, nisi opus e sententiâ succederet, dejecturum illud in mare quod scribens spectabat.

---

[1] Ad Att. XVI. 6.
[2] Laert. V. 2 et 5.
[3] Princip. Hist.
[4] Ad Att. IV. 16.
[5] Lib. II. 11

IV. *Cuinam opus de Re Publicâ προσφωνεῖται?*

Ciceronis de Re Publicâ opus homini æquali inscriptum fuisse, patet invicte e vaticanis reliquiis [1] : « Disputatio repe- « tenda memoriâ est, quæ mihi tibique quondam adolescen- « tulo est a P. Rutilio Rufo, Smyrnæ cùm simul essemus, « compluris dies exposita. » Ante opus de Re Publicâ scriptum semel versatus est in Asiâ Cicero, anno ætatis XXIX, cùm eas provincias et valetudinis confirmandæ et eruditionis causâ peragravit [2]; quin et Rutilium Smyrnæ a se auditum loquentem confirmat idem Cicero [3]. Age vero quisnam adolescentulus Ciceronis vel comes in illo itinere, vel certe simul Smyrnæ versatus fingitur? Atticus in primis menti occurrit qui Cicero- nem vidit eo tempore Athenis [4], quemque facile crediderim comitem se Ciceroni in Asiam eunti adjunxisse, præsertim cùm Atticus ad eas transmarinas regiones identidem se conferret negotiorum et nominum causâ quæ ibidem habebat [5]. Erat autem Atticus duobus tantum annis major natu quàm Cicero: Atticus enim anno ætatis septuagesimo septimo mortuus est, Domitio et Sosio consulibus [6], anno urbis DCCXXII; Cicero an- num agens LXIIII occisus est anno urbis DCCXI; ergo is annus erat Attici sexagesimus sextus. Ergo cùm Cicero audiebat Smyrnæ Rutilium, Atticus annum agebat XXXI. Atqui hâc ætate dici poterat Atticus adolescentulus: namque adolescentes

---

[1] De Re Publ. I. VIII.
[2] Brut. XCI.
[3] Brut. XXII.
[4] Cic. de Fin. V. 1.
[5] Ad Att. IV. 15, 17, 18: V. 16.
[6] Nepos vit. Att. XXI, XXII.

dictos fuisse interdum qui vel quadraginta annos nati essent, satis exploratum est [1]. Ergo nihil obstat quominus Cicero in prædicto vaticani codicis loco videatur de Attico loqui : quod si verum est, sequitur ut eidem opus hoc politicum fuerit inscriptum. Sane universa procœmii ratio ad personam Attici fortasse quadrat : Cicero enim totus in eo est, ut suæ vitæ institutum defendat adversus eos, a quibus reprehendebatur, quòd homo doctus et litterarum omnium plenissimus in Re Publicâ administrandâ tempus terere maluisset, quàm se quieti litterariæ tradere. Atqui hæc erat solemnis et unica epicurei Attici [2] in amicum Ciceronem criminatio, ut diserte comperimus [3]. Accedit quòd Atticus plurimis sæpe laudibus libros de Re Publicâ ornavit [4], quod ut faceret non solum materia in causâ fuit, verum etiam fortasse fama quæ ad eum apud omnes posteros redundatura videbatur, si nomen Attici cum tanti operis gloriâ esset sociatum. Rursus pro Attico facit, quod ei inscribitur Lælius, cujus operis complures sunt cum hoc civïli congruentiæ. Infirmat vero sententiam severior illa in primi libri procœmio disputatio auctoris adversus vituperatores instituti sui; in quibus cùm fuerit Atticus, nonne inhumane fieret in eum invectio cui honos tribuendus est ? Denique si forte vera sunt (fabularum

---

[1] Forcell. voc. *adolescens*. Populariter autem loquitur Augustinus, Civ. D. XXII. 15, cùm ait juventutem ex sententiâ doctorum circa triginta annos definiri.

[2] Atticum fuisse epicureum patet ex Cic. de Leg. I. 7, et ex Tuscul. 1. 6, factâ comparatione cum Lactantii loco, Inst. VII. 7. Idem tamen Atticus, quamvis a re publicâ gerendi abhorreret, nihilominus ad Att. IV. 6 , dicitur natura πολιτικός

[3] Ad Att. I. 17.

[4] Ad Att. V. 12. VI, 1, 2, 5: VII. 2, 5.

enim similia videntur) quæ paulo inferius e Bullartii historiâ
referemus, codex olim in Sarmatiâ observatus libros de Re Publicâ testatus est fuisse ad Atticum scriptos. Hæc ego paulo
prolixius disputavi propterea quòd gravis admodum dubitatio
mihi esset oborta num politici libri Quinto fratri fuerint inscripti. In multis autem quæstionibus fit, ut res verbosior hæc
fuerit, illa verior. Causa mihi dubitandi sunt illa verba Marci ad
fratrem [1] loquentis de variandâ temporum et personarum ratione in his dialogis : « Ego autem id ipsum tum eram secutus,
« ne in nostra tempora incurrens, offenderem quempiam :
« nunc et id vitabo, et loquar ipse tecum ; et tamen quæ insti-
« tueram ad te, si Romam venero, mittam. Quid est enim
« loquar tecum, nisi vel in procemio vel in dialogo cum Quinto
« loqui?» Nam coram certe non poterat, quia tempore illo Quintus versabatur in Britanniâ cum C. Cæsare. Atqui in dialogo non
est Quintum allocutus; ergo in procemio : nisi forte id quidem
facere cogitavit Cicero, sed deinde sententiam mutavit. Tum et
locutio « quæ institueram ad te mittam,» hoc quidem loco videtur intelligenda de volumine in Britanniam ad Quintum trans-
mittendo ; cæterum « alicui mittere librum » significat interdum
apud Latinos quod græce προσφωνεῖσθαι, ut Varr. de Ling. lat. IV. 1,
et Digest. XXVII. 1. 1 : sicuti apud Lactantium, Inst. VII. 4,
et de Op. D. I, idem sonat « librum scribere ad aliquem. »
Superest videndum num Quintus adolescentulus cum Marco
Smyrnæ fuerit. Comitem fuisse Marco Quintum in illo itinere
juvenili, saltem Athenas usque, patet omnino e procemio libri
extremi de Finibus, ubi Marcus narrat se quodam die post-
quam Athenis audivisset Antiochum (quem sex menses audivisse

---

[1] Lib. III. 5.

illa in urbe dum peregrinaretur confirmat Cicero, Brut. xci) dialogum instituisse cum Quinto fratre, T. Pomponio, L. Cicerone patruele, et M. Pisone. Quid ni igitur Quintum in Asiam quoque comitatum esse fratri arbitremur? Illud etiam in memoriam revocemus, Marcum libros oratorios, quos anno ante politicos scripsit, Quinto fratri misisse; quæres utri faveat sententiæ, non definio : esset enim pietatis maximæ indicium, binum opus tantique pretii ad fratrem misisse; et tamen Atticum summo amore devinctum non saltem secundo munere affecisse, vix credibile videtur. Denique levis mihi et vix probabilis suspicio incidit, libros Tullii politicos neque Attico neque Quinto, sed Varroni fuisse inscriptos, qui fuit decennio major Tullio [1]. Namque in mentem venisse Ciceroni Varronem appellandi procemio aliquo librorum de Re Publicâ testis ipse est [2] : « Varro, « de quo ad me scribis, includetur in aliquem locum, si modo « erit locus. Itaque cogitabam, quoniam in singulis libris utor « procemiis, aliquid efficere ut non sine causâ istum appella- « rem. » Sedenim consideratis Tullii epistolis ad Varronem, facile existimes nullum huic ab illo ante Academicos inscriptum fuisse librum; denique ejusdem Tullii ad Atticum verba [3] rem adhuc vehementius negant.

V. *Quinam opus de Re Publicâ memoraverint, usque ad Christi sæculum VII.*

Quantâ olim admiratione excepti sint Ciceronis de Re Publicâ libri pronum creditu est, si auctoris famam, si argu-

---

[1] Hieronym. Chron.
[2] Ad Att. IV. 16.
[3] Ad Att. XIII. 16. Confer etiam XIII. 12.

menti præstantiam , si stili splendorem cogites. Cicero quidem
ipse ait, ut supra docui, eos fuisse ab Attico lectos ac devoratos
probatosque valde ac dilaudatos. Cœlius item Ciceroni nun-
ciabat, libros ejus politicos omnibus vigere [1]. Jam consecutis
temporibus sine dubio in omnium manibus fuerunt, quod apparet ex eorum multitudine qui de illis loquuntur. Suetonius
quidem eos peculiari opere collaudavit : tum lecti sunt seu citantur hi libri a Senecâ, Plinio seniore, Frontone, Gellio, Macrobio, Eulogio, Servio, Philargyrio, Juvenalis scholiaste,
Lampridio, Nonio, Charisio, Diomede, Victorino, Nectario,
Hieronymo, Ambrosio, Boëtio, Isidoro, Prisciano, præsertim
vero a Lactantio atque ab Augustino, quorum uterque multos
ac splendidissimos locos mutuatus est : imo, ut opinor, e
tulliani operis titulo ortum est Augustino consilium scribendi
operis inter sua præclarissimi de Civitate Dei. Quin Livius politicos Tullii libros legerit dubitari non potest. Suspicari licet
etiam de Dione Cassio, de Arnobio, Ammiano Marcellino,
Apuleio, Cypriano, Tertulliano, Aur. Victore, Ampelio, et de
etymologo quodam vaticano. Utrum veteres grammatici ad hoc
opus tullianum commentati sint nescimus; nisi forte id fecit
Victorinus, quam rem sibi prope persuaserunt A. Schottus [2]
atque Patricius [3] : uterque autem nititur auctoritate divi Hieronymi [4] qui commentarios Victorini memorat 'ad dialogos
Ciceronis, quo nomine hi libri civiles intelliguntur ob eorum
præcipuam dignitatem [5]. Ne Græcis quidem id opus ignotum

---

[1] Ad Fam. VIII. 1.
[2] Nod. Cic. III. 5.
[3] Præf. ad fragm. de Re Publ.
[4] Contra Ruf. I. 16.
[5] Vide scholion libri IV de Re Publ. in notis.

fuit ; quamquam hi plerumque suis contenti et elati, latina scripta valde negligerent : sane et politicis libris Græci ita abundârunt, ut Ciceronis opus ab iis consuli necesse vix fuerit; cùm contra Cicero Græcorum fontibus suos omnes hortulos irrigaverit. Adversus Ciceronis politiam calamum strinxit Didymus chalcenterus, ille augusteo ævo innumerabilium scriptorum parens; quem mox retudit patrocinio arrepto Suetonius, ut nos Ammianus Suidasque docent : neque illud mirum fuit, quandoquidem et Platonis politia criminatores græcos nacta est, quos inter Zenonem, Aristotelem atque Athenæum [1] : Aristides item Quintilianus politiam Ciceronis novit. In vaticano quodam palimpsesto latet græcus auctor politicus, sive potius fragmenta ejusdem : is auctor neque antiquissimus est, neque valde recens : scriptura quidem codicis sapit sæculum decimum; sed de auctoris ipsius ætate nihil adhuc decerno : quamquam ille politicus, cujus Photius, Cod. xxxvii, notitiam nobis exhibet, adeo congruit cum vaticano, ut plane idem homo esse videatur justinianæi scilicet ævi scriptor, et fortasse ille Petrus Protector politicâ doctrinâ clarissimus. Is igitur vaticanus anonymus libros aliquot conscripsit περὶ πολιτικῆς ἐπιστήμης; libro autem quinto, qui est de arte regnandi (sicuti quintus Ciceronis est de rei publicæ rectore), præponit summarium in complura capita tributum, quorum in uno comparatio fit politiæ platonicæ cum tullianâ; quodque magis interest, præfertur Platoni Cicero. Merito igitur litteratissimus gallus, et de Re Publicâ Ciceronis optime meritus, Bernardus, præf. nov. ed. p. xi, suspicatus est, græcum illum Photii anonymum ad imitandam Ciceronis politiam

---

[1] Plutarch. de Stoic. repugn. ed. Reisk. t. x. p. 282. Aristot. Rei Publ. II, Athen. XI. 15.

studium suum contulisse : nunc autem commode accidit, ut reliquias utriusque operis vaticanorum codicum beneficio vulgare liceat.

VI. *Quinam memoraverint a sæculo VII ad XII.*

Post Isidorum, id est post christiani ævi sæculum septimum, haud scio an quisquam tullianum de Re Publicâ opus commemoret ante Gerbertum gallum, qui sæculo decimo e monacho floriacensi abbas bobiensis, deinde Rhemorum, tum Ravennæ archiepiscopus, et denique romanus pontifex creatus est. Is, epistolâ LXXXVII, Constantinum scholasticum ad se accersens, ait : « Comitentur iter tuum tulliana opuscula et de « Re Publicâ et in Verrem, et quæ pro defensione multorum « plurima romanæ eloquentiæ parens conscripsit. » Ergo illo adhuc tempore politici libri superesse credebantur, quandoquidem Gerbertus sine ullâ dubitatione eos ad se deferri jubet. Jamvero quoniam codex de Re Publicâ vaticanus e bobiensi sancti Columbani cœnobio Romam, ut mox dicemus, advectus est (cui cœnobio præfuit abbas Gerbertus et libros plurimos undique conquisivit [1]) haud injuriâ credendum videretur, hunc ipsum codicem allatum esse Bobium ad Gerbertum a Constantino; ibique consecutis temporibus fuisse rescriptum a monachis; et denique multa post sæcula Romam et in vaticanam bibliothecam translatum, a me denique nunc esse lectum. Verum ei conjecturæ duo maxime obstant. Primo enim prædictas litteras non Bobii scripsit Gerbertus, sed Rhemis, cùm ibi esset Adalberoni archiepiscopo ab epistolis anno DCCCCLXXXVII [2] :

---

[1] Gerb. ep. CXXX.
[2] Vide Rer. gallic. et francic. scriptores, itemque eorum indicem chronologicum, t. x. p. 592, 593.

itaque ait exspectare se Constantinum ad xvi. kal. septembres, quæ dies præfiniri poterat venienti de floriacensi ad Ligerim monasterio Rhemos; non item venienti e transalpinâ Galliâ Bobium in Italiam. Igitur Constantinus codicem de Re Publicâ non Bobium, sed Rhemos detulit, si tamen detulit. Præterea vaticanus codex ante ætatem Gerberti videtur Bobii non solum extitisse, verum etiam ibidem fuisse rescriptus : namque Augustini superimposita Ciceroni scriptura (de quâ mox loquar) videtur antiquior sæculo decimo. Ergo non audeo definire utrum vaticanus hic codex Gerberto aliquid debeat, necne. Sæculo xii Johannes Saresberiensis Ciceronis de Re Publicâ locos citat, quos in nostrâ editione videre est. Et quidem locus de poetis (siquidem is pertinet ad libros de Re Publicâ ut putavit Sigonius, utque docere videtur Augustinus, ep. xci) longior multo est apud Saresberiensem quàm apud Augustinum : quamquam ea potius interpolatio quædam credenda est. Alterius loci [1] etsi initium sumi poterat e Macrobio [2], tamen sequentia videntur sumpta ex ipsius Ciceronis lectione, quoniam Macrobius in alia abit. Ergo utrum manibus ipsum Ciceronis opus triverit Saresberiensis, haud liquido constat. Cæteroqui mirum non esset haud caruisse his libris politicis Saresberiensem sæculo xii ; siquidem ii vix ducentos ante annos ad Gerbertum deferebantur. Sane Lipsius aiebat [3] se in Jo. Saresberiensis centone multos pannos purpuræ agnoscere et

---

[1] Policr. VI. 21.

[2] Ad Somn. I. 1. Locus item Macrobii in quo sermo fit de Frontone, profertur integrior a Saresberiensi, quàm est in editionibus Macrobii. Vide testimonia in meâ Frontonis editione.

[3] Ad Tacit. Annal. XII. 65.

fragmenta ævi melioris. Eodem sæculo Petrus blesensis indicium aliquod edidit, se legisse libros de Re Publicâ [1]. Itemque æqualis ejus Petrus pictaviensis, locum ex iisdem libris profert [2]: quod ipsum animadversum Barthio puto, a quo diserte dicitur [3] Petrus pictaviensis habuisse Ciceronis de Re Publicâ libros integros.

VII. *Spes inveniendi operis de Re Publicâ usque ad sæc. XVII.*

Recentiora tempora duo nobis occurrunt græci homines Planudes et Gaza, quorum alter sæculo XIV, alter sequente, Somnium Scipionis in græcam linguam converterunt. Cave tamen credas græcos hos interpretes habuisse codicem de Re Publicâ integrum. Scipionis quippe Somnium a politico corpore avulsum passim occurrit in codicum apothecis, præterquam quòd in Macrobii quoque exemplaribus exstat. Affirmare igitur licet, post duodecimum certe sæculum famam tantummodo incertam et levem de politicorum librorum incolumitate seu spe mansisse.

Ciceronis de Re Publicâ nominatim libros cum aliis ejusdem operibus, jussu præsertim Clementis VI Papæ litteratissimi [4], a

---

[1] Ep. LXXXV. Confer de Re Publ. IV. 1. p. 274. n. 1. Petrus certe Somnium legebat; nam, ep. LXV, visionem Africani memorat. Tum epistola LXVII tota est de administrandâ re publicâ; epistola vero LXXI tota de jure. In aliis quoque epistolis multam Petrus doctrinam auctorumque veterum lectionem præ se fert.

[2] In epistolâ ad calumniatorem, biblioth. Lugd. PP. t. XXII. p. 824. Confer de Re Publ. V. 7.

[3] Adversar. XXXII, 5, 18.

[4] Sic eum appellat ipse Petrarcha, Ep. fam. VIII. 6, qui sæpe se ante ejusdem Pontificis maximi pedes fuisse dicit, Rer. memor. II. 1. fin.

Francisoo Petrarchâ fuisse diu, acriter, magnis impensis curis-
que vestigatos, testem ipsum habemus virum incomparabilem
prolixâ epistolâ sen. xv. 1, quæ tota est de Ciceronis libris [1].
Sed tamen incassam politicorum librorum fuisse vestigationem,
seque de iis denrum desperavisse confirmat idem et in prædictâ
epistolâ et in secundâ ad viros illustres. Fortunatus alioqui
homo in inveniendis Ciceronis scriptis, et ærumnosus in amit-
tendis! namque is reperit Tullii epistolas ad diversos, idemque
amisit libros de Gloriâ. Illud miror, ab infinitæ memoriæ viro
J. A. Fabricio fuisse in Varrone prætermissum, quòd nempe
Petrarcha Varronis libros divinarum et humanarum rerum
puer legerit, quam rem ipse Petrarcha non sine dulci animi
sensu memorat epistolâ quintâ ad viros illustres; mœrens pariter quod illud volumen sibi jam ad manus non esset. Tantum
opus, quingentis abhinc annis a Petrarchâ lectum, si cui demum mortali se visendum constituet, is merito hecatomben
fortunæ immolabit. Rei tamen dubito utrum arrogem an dero-
gem fidem : licet enim suspicari lapsum esse memoriâ senem
Petrarcham, ita ut puer legerit de Linguâ potius Latinâ libros
(cujus operis codex omnium parens et antiquissimus jam tum
Florentiæ exstabat). Sic enim in his loquitur haud semel Varro [2],
ut prius de iis quæ ad deos, deinde quæ ad homines, dicturum
se esse spondeat. Divinarum autem et humanarum rerum var-
ronianos libros ex Augustino potius innotuisse Petrarchæ putem.
Interim alia quoque calamitas Varronis librorum est, quòd

---

[1] De Ciceronis scriptis a Petrarchâ, jubente Pontifice, quæsitis
legesis etiam ep. fam. vii. 4, et ad vir. illust. 1 et .

[2] De Linguâ lat. IV. 10, 11; V. 5.

II.   21

Hieronymi epistola xxxiii, in quâ syllabus eorum perscribe-
batur, mutila est; quam utinam codex aliquis expleat! Sed in
viam redeamus. Pogii quoque (qui tot veterum scripta invenit)
ætate quæsitum esse Ciceronis de Re Publicâ opus satis declarat
Leonardus aretinus qui Pogio, anno mccccxvi, gratulans de re-
perto Quintiliano, ait : « Quem ego post Ciceronis de Re Pu-
« blicâ libros plurimum e latinis desideratum et præ cunctis de-
« ploratum affirmare ausim [1]. » Qui autem politicos Tullii libros eo tempore vestigavit, ipse in primis Pogius fuit, hortante ad id inter alios Fr. Barbaro, ep. i. p. 7. Pogius ipse ad
amicum scribens [2] de Nicolai treverensis bibliothecâ codicum
veterum, sic illum facit loquentem : « De Re Publicâ se decep-
« tum [3], et illum librum fuisse Macrobium super somnio Sci-
« pionis ; sed tamen se non desperare quin reperiatur : ait enim
« quemdam doctum virum dixisse sibi, ubinam esset, et se
« quàm primum eo profecturum. » Rursus idem Pogius aliâ
epistolâ [4] : « Quantum Nicolao treverensi credendum sit judi-
« cabo, cùm in lucem venerint quæ retulit de Re Publicâ
« Ciceronis. » Porro cùm cardinalis Bessario ob inquirendum
Ciceronis de Re Publicâ opus plus mille aureorum insumpsisse
tradatur [5], cùmque Pogius in Bessarionis clientelâ fuerit [6], opi-

---

[1] Ep. iv. 5.

[2] Ep. xxvi, p. 79, apud Mehusium, præf. ad Ambr. cam. p. 41.

[3] Idem propemodum error accidit Mabillonio, Mus. ital. t. i, p. 79.

[4] Inter epistolas Ambr. cam. lib. xxv. 42.

[5] Fabric. Bibl. lat. in Cic. Nihil tamen ait hàc de re Bandinius
in vitâ Bessarionis ; quare licet suspicari confusum cum Polo (de
quo mox) Bessarionem.

[6] Bandin. vit. Bessar. p. 21.

nari licet Bessarionem usum esse vestigatore Pogio tot jam veterum voluminum felicissimo Inventore.

Jo. Lelandus, qui commentarios de scriptoribus britannicis edidit, ex incertâ famâ refert [1] Ciceronis codicem de Re Publicâ, exeunte sæculo quinto-decimo, fuisse inter libros Gulielmi Tillæi in Angliâ, sed ibidem incendio deinde absumptum.

Jo. Sturmius, anno MDLII, epistolâ ad Rogerum Aschamum, p. 534, ait : «Sed ecce, Aschame, quidam in hâc viciniâ (urbis « Argentorati) mihi promisit libros Ciceronis de Re Publicâ. « Sexies misi ad eum : si adferantur, me quid poterit esse « beatius? senatoriam præ me gravitatem feram ex antiquâ « disciplinâ, si obtinebo. Sed ut nunc homines sunt , valde « metuo ne sit nihil : sed si verum sit : mittam etiam tibi, etc. » « Quàm vereor ne sit nihil ! verumtamen in epistolâ quam ad « me scripsit, attingit loca quædam et eorum argumenta, quæ « non puto esse de nihilo. » Utinam vero distincte memorasset Sturmius ea loca et ea argumenta! nunc enim vaticanus codex fortasse doceret , verus ne fuisset ille rumor necne.

Jam post elapsum triennium hæc ipsi Sturmio scribebat ex Angliâ Aschamus, p. 99: « Quærebat a me (card. Polus) an « quicquam ego unquam vidi de libris Ciceronis de Re Publicâ. « Aiebat se semel millies aureorum consumpsisse mittendo « certo quodam homine in Poloniam, qui eos libros perquire- « ..., quorum illic inveniendorum spem quidam ei fecerat. « Ego statim narravi quid tu ad me olim de illis libris : et ro- « gavit ut ad te scriberem, ut sciremus ecquid ne certi de « illis libris. »

---

[1] Tom. II, cap. DXC, p. 483.

Andreas Patricius polonus, præf. ad fragm. de Re Publicâ [1] sic loquitur: « Hæc cùm scriberem, ac eorum de Re Publicâ li-
« brorum jacturam tacitus mecum meditarer, narravit mihi
« patronus et amicus summus meus (videtur Philippus Padne-
« vius episcopus cracoviensis) se ex Alb. Crissio, homine,
« dum viveret, perurbano et pererudito, audivisse, primos ex
« iis libros quatuor ab eo in legatione anglicanâ, anno Christi
« MDLVII in quodam monasterio visos esse : quos cùm ita ibi
« tum reliquisset, ut eos in reditu vellet secum asportare, ex
« legatione rediens nullos reperit. Dicebantur autem furto inde
« prærepti fuisse. »

Revera Petrus Ramus, cujus item in Ciceronem nobilitatæ curæ sunt, quique paulo post in bartholomiticâ clade periit, sic ait, præf. ad Scipionis somnium: « Sex libri de Re Publicâ
« sive perierint, sive sub signo claustrisque, quod audio, a
« certis hominibus in re publicâ nimium religiosis tamquam
« sibyllini libri retineantur. »

Porro de politicis Tullii libris per Sarmatiam quæsitis, mira sunt quæ in Jo. Zamoscii vitâ narrat Bulkartius: nempe nobiles quosdam polonos post annum MDLXXVI ab obsidione Plescoviæ urbis digressos perrexisse in interiores regiones, ibique cum aliis priscarum litterarum monumentis invenisse *les livres de Cicéron de la République, adressez à Atticus, escrits en lettres d'or.* Bullartii hunc locum vel non vidit vel contempsit Walchius, qui in libello de dedicationibus librorum veterum latinorum ne verbum quidem facit de politicis Tullii libris. Sane fabulam suam Bullartius facilius nobis persuasisset, si græcos

---

[1] Ed. 2. Venet. an. MDLXV.

libros iis in regionibus repertos narravisset: latina quippe monumenta nunquam ibi exstitisse videntur.

Caspar Barthius sæculo septimo-decimo hæc scribit [1] : « Incidit nunc memoriæ vidisse virum cordatum et doctum documentum; quo probari possit, ante paucos annos eos libros « (de Re Pub.) in Germaniâ etiam superfuisse. Prope urbem « Brunswicium, inquit Jo. Henr. Meibomius, in Saxoniâ monasterium est Rittershusium nomine : in eo fuit librorum « quondam non incelebris copia. Supersunt tituli capsulis adfixi, qui in quoque forulo codices fuerint positi : inter cæteros « titulus inibi restat glutino adfixus, in eâ capsâ fuisse Ciceronem de Re Publicâ. Infortunatos vero et immemorabiles « lixas dicam an milites an alios quospiam ingratis diis editos « homines, qui eo thesauro litteratum orbem interverterunt, « quorum tam dirum facinus nulla reparare sæculorum poterit « successio. Sed dolorem eum alibi testabimur. »

Idem Barthius oculatus testis Daumio narrasse dicitur [2] ante bellum tricennale extitisse in bibliothecâ fuldensi in aliquot voluminibus membranaceis libros de Re Publicâ Ciceronis, quos militum petulantia discerpserit equisque substraverit: id quod lacuna capacissima et tituli librorum loculamentis inscripti post illam vastationem bellicam probaverint.

Atque hi, et si qui fuerunt alii, de hâc re rumores, mihi videntur eorum similes, qui de Ulphilæ gothicorum bibliorum, præter illud succum, novo volumine multis locis ac temporibus viso, nequicquam ac fortasse temere disseminati sunt; et quos ego ipse recensui, cùm Ulphilæ partes incognitas Mediolani de-

---

[1] Adversar. XXXII. 18.

[2] Apud Feustellium, in miscellaneis, cap. XLIII, p. 17.

nique inventas nunciavi, earumque specimen cum meo Socio litteratissimo edidi.

VIII. *Quandonam palimpsestus de Re Publicâ in vaticanam bibliothecam venerit.*

Enarratis circa spem reperiundi tulliani de Re Publicâ operis vanis rumoribus, sequitur ut de nostro invento dicendum esse videatur. Is est codex vaticanus membraneus in fol. VMDCCLVII, secundâ scripturâ Augustini commentarium seu varios tractatus in psalmos continens, priore autem librorum Tullii politicorum reliquias: quem codicem in oppido Ligurum Bobio exstitisse olim, docet ejus inscriptio *liber sancti Columbani de Bobio*; quæ verba vetere admodum manu exarata sunt in cunctis fere bobiensibus codicibus, quorum pars maxima in bibliothecâ ambrosianâ Mediolani nunc est; pars alia in regiâ taurinensi bibliothecâ; exiguus denique numerus in vaticanis pluteis servatur. Prædicta inscriptio videtur sæculi fere decimi, quo nimirum tempore confectus creditur ille bobiensis bibliothecæ catalogus, quem Muratorius vulgavit [1]. Atque hic cum paucis aliis codex quonam tempore Bobio Romam migraverit, merito quærendum est. Namque in primis Raphaël volaterranus bobienses aliquot codices, sæculo quinto-decimo exeunte, Romam translatos narrat [2]. Ii codices cùm a Thomâ Phædro Romam delati sint, qui vaticanæ bibliothecæ præses fuit et pontificiarum litterarum scriptor, merito videntur in eâdem fuisse collocati; quamquam ibi plerosque haud exstare satis scio, quia clade fortasse borbonicâ sub Clemente VII corrupti distractive fue-

---

[1] Antiq. ital. med. ævi tom. III, p. 818, dissert. XLIII.

[2] Geograph. lib. IV, sub finem.

runt. Illi certo codices bibliothecam Sixti v vaticanam nunquam ingressi videntur ; quod si accidisset , ii primas facile sedes nunc occuparent, vel certe in antiquiores syllabos fuissent relati , quod neutrum esse video. Rursus aliquot manu scripta volumina e bobiensibus pluteis a Paulo v in vaticanum palatium fuisse sevocata probe novimus, quo tempore præclarum illud opus adornabat , cui nomen fecit archium secretum pontificium. Cæteroqui est mihi ad manus catalogus copiosus codicum quos Paulus bibliothecæ vaticanæ donavit, in quo tamen bobiensis nullus est. Quin adeo bobienses cuncti codices , nunc vaticani, stemma habent impressum Gregorii xv, qui Paulo successit, nec non cardinalis Scipionis Cobellutii, qui sub utroque pontifice bibliothecarii munere functus est. Ego igitur in hanc facile sententiam concedo ut sub initiis sæculi septimi-decimi (quo tempore tot alii codices ad Fredericum card. Borromæum Bobio Mediolanum missi fuerunt) augustinianum codicem Paulo v a bobiensibus monachis inter alios oblatum credam ; qui mox successoris pontificis jussu eleganter compacti ornatique sint : sic enim plerisque vaticanis codicibus contigisse video, quorum instauratio et ornatus non unius pontificis opus est. Codices bobienses aliquot in vaticanâ bibliothecâ tractavit vir clarissimus Faustinus Arevalus e soc. Jesu, eosque in suis prolegomenis isidorianis, cap. xcviii, descripsit; in his tamen palimpsestos duos, nempe de Re Publicâ et Frontonem videre non potuit, quia materia his superposita non est Isidorus , cujus unice auctoris ille codices conquirebat. Quod autem Arevalus unum ex illis isidorianis rescriptum esse sensit, prioremque scripturam ad sacras litteras pertinere suspicatus est, recte id habet; latet enim in eo bibliorum latinorum pars; prætereaque , quod ille non memorat, folium unicum græcum litteris magnis quadratis geoponici argumenti, cujus accuratam descriptionem hic locus non patitur. Porro bobiensium codicum, quotquot ubilibet in Italiâ sunt, exoptatum catalogum a clarissimo viro Amedeo Peyrono propediem exspectare licet.

IX. *Augustini opus in palimpsesto vaticano.*

Augustini commentarius in bobiensi, nunc vaticano, codice scriptus a psalmo cxix ad cxl pertinet. Quaternionum augustinianorum notæ leguntur a primâ usque ad secundam supra vigesimam, ita tamen ut ii, vii, xvi quaterniones desiderentur: quin et quaternio xxii bibliopegi incuriâ ante vigesimum compactus est: folia insuper aliquot hac illac exciderunt, quo fit ut tot membranæ supersint, quot omnino ad quaterniones xix efficiendos necessariæ sunt. Igitur paginæ xvi ductæ in quaterniones xix fiunt ccciv. Codicis tamen primum sine pare folium, quod recentior manus supplevit, non est rescriptum: ergo vetustæ paginæ cccii sunt, rescriptæ omnes, atque ad Tullii codicem de Re Publicâ pertinentes. Augustini scripturam in excuso specimine cognoscent eruditi, quæ mihi quidem ante sæculum decimum exarata videtur. Id quoque memorandum est, quod nempe in codicis marginibus tironianæ notæ passim apparent, quas ego certe, considerato atramenti genere aliisque indiciis, ad Augustini potius scripturam quàm ad Tullii referri puto: cùm præsertim sicubi augustiniana scriptura ultra limites tullianæ procedit, ibi quoque tironianarum notarum comitatu non careat. Hæc omnia codicis ænigmata ejus plane generis sunt, quod docti Maurini et sæpe occurrere et esse adhuc inexplicatum aiebant [1] : « Combien de manuscrits

---

[1] Nouveau Traité dipl. tom. III, cap. x, p. 562.

« où des notes tironiennes en marge nous annoncent peut-être
« des secrets que personne ne tente d'approfondir! » Nunc tamen, post Carpentarii aliorumque vetustiorum conatus, tiro-
nianas notas ample et immensi laboris opere collegit explica-
vitque vir clarissimus Kappius: quare et has vaticani codicis
notas interpretari demum licebit. Augustini codex initio quidem integer est, uti quaternionum series demonstrat; laborat
in medio, ut dixi; tum in fine partem sui tertiam amisit: auctor enim opus ad psalmum usque CL produxit: scriptura vero
codicis citra psalmum CXLI, et quidem in folio lacero, desinit.
Ergo quot folia Augustini, totidem Ciceronis amisimus. Alia
tamen pars membranarum de Re Publicâ sine dubio major vel
rescribendo reliquo Augustini operi, vel aliis usibus adhibita
fuit: uno certe volumine neque Tullii neque ipsius Augustini
opus concludi potuit. Sane Augustini commentarium ad psalmos in duobus præterea vidi codicibus antiquissimis nempe in
vaticano sæculi ferme septimi, et in vallicelliano sæculi sexti:
quorum aspectus etsi primum me delectavit, atque in spem
quamdam erexit; mox tamen quia deprehendi non esse palimpsestos, nulli eos mihi usui fore cognovi.

X. *Ciceronis sub Augustino scriptum.*

Sed misso jam Augustino, ad tullianum quod sub eo latet
scriptum veniendum est. Cùm ego multos veteres palimpsestos
jam viderim, tum prope in nullum spatiosis æque litteris exara-
tum me incidere memini. Trecentæ duæque, ut dixi, paginæ
sunt: singulæ vero binis laterculis constant: quæ rursus latercula singula complectuntur versus quindecim, ita ut in omni
paginâ triginta sint versus; in singulis vero versibus litteræ circiter decem. Quoniam igitur litteræ prægrandes sunt, sequitur

ut materiæ copia volumine suo minor esse deprehendatur. Quam ob rem licet graviter expostulare cum livore fortunæ, quæ tantam operis partem nos adhuc celat. Tituli librorum toto ferme codice apparent usque ad quintum. Sextus liber universus a codice exulat. Sedenim tertii libri etsi reliquiæ sunt præclaræ et certissimæ, titulum tamen semel video. Paginam totam occupat titulus spatiosissime scriptus: DE RE PUBLICA INC. LIB. II. In decimæ paginæ secundo laterculo scribitur: M. TULLI CICER. DE REP. LIBER II. EXP. INC. LIB. III. Ex quo cognoscimus Ciceronis nomen singulis libris fuisse subjectum. Interdum titulos superiore in margine frustra quæras, sive oblivione librarii, sive rescribentis ablutione, seu vetustatis injuriâ. Quater etiam accidit [1] ut libri nota numeralis in mendo cubet, nempe I pro II, quem errorem nexus materiæ certissimus objurgat. Folia codicis integra sunt, præter unum angulo mulctatum, alterumque diffissum seu dimidiâ parte imminutum. Paginæ pleræque lectu facillimæ, paucæ vero satis obscuratæ sunt, ita tamen ut toto in codice paucos oppido versus difficultas legendi mihi eripuerit.

XI. *Palimpsesti perturbatio, lacunæ, et restitutio.*

Præter obscuritatem, quam dixi in hoc codice minimam, duo sunt palimpsestorum incommoda, perturbatio atque imperfectio: utrumque autem huic codici non mediocriter accidit. Atque ut de priore primum loquar; folia quidem (quæ quatuor exceptis omnia sunt paria) solitâ confusione permixta sunt, quam rem notæ codicis numerales apprime demonstrant. Jam ordini restituendo valde favent quaternionum notæ superstites.

---

[1] Cod. pp. 167, 259, 287, 289.

Quas ut hîc enumerem; primi quidem quaternionis et secundi nullum folium superesse video. Tertii quaternionis desideratur primum folium sive extimum, in cujus nimirum calce nota quaternionis scribi solet. A quarto incipiunt notæ iv, v, vi, vii, viii, ix. Exin usque ad tertium decimum quaternionem incœptum sunt folia paria interjecta octo absque notis; nempe ut conjecturaliter judico, decimi secundum et quartum; undecimi secundum, tertium, et quartum; duodecimi item secundum tertium et quartum. Sequuntur notæ xiii, xiv, xv, xvi, xvii, xviii, xix, xx. Quaternio xxi totus excidit. Pergunt notæ xxii, xxiii. Exin usque ad incœptum quaternionem xxviii, sunt folia paria interjecta tria absque notis; quorum unum puto esse secundum aut tertium quaternionis xxiv, vel xxv, alterum, secundum item aut tertium quaternionis xxvi; extremum denique videtur habere quartam sedem in quaternione xxvii. Sequuntur notæ xx⌊ii et xx⌊iii. Deinde immanis hiatus est usque ad initium quaternionis xl; quo tamen in gurgite duo manent absque notis paria folia incertorum quaternionum. Denique sequuntur notæ xl et xli. Posthinc duplex tantum par foliorum in codice superest, et præterea folium impar : par primum pertinet ad quartum librum, reliqua folia quinti libri sunt. En autem quaternionum tabulam, unde ratio redintegrandi ordinis, quam sum secutus, constabit. Quaterniones ii, quorum nota deest minore cruce designantur : ubi nulli sunt, asterisco utor : folia vero quænam ab eo qui codicem rescripsit inversa fuerint, cùm ipse numerorum præposterus ordo declarat, tum etiam majore cruce demonstro. Denique signum ⌣ foliorum parium nexum indicat; puncta autem, foliorum defectum.

*   *   *   *

III. . . . .
    pag. 63. 64‿ 73. 74
    77. 78‿ 91. 92
    123. 124‿125. 126
IV.   259. 260‿273. 274
    49. 50‿ 55. 56
✳   89. 90‿ 79. 80
    83. 84‿ 85. 86
V.   97. 98‿103. 104
    33. 34‿ 43. 44
    263. 264‿269. 270
✳   209. 210‿197. 198
VI.   65. 66‿ 71. 72
. . . .
. . . . . . 59. 60
. . . .
VII.   279. 280‿285. 286
. . . .
    121. 122‿127. 128
    139. 140‿141. 142
VIII.   181. 182‿195. 196
    213. 214‿223. 224
    215. 216‿221. 222
. . . . . 293. 294
IX.   61. 62‿ 75. 76
. . . .
    211. 212‿225. 226
    95. 96‿105. 106
† X.   . . . .
    51. 52‿ 53. 54
. . . .
✳   175. 176‿169. 170
† XI.   . . . .

179. 180‿165. 166
117. 118‿131. 132
233. 234‿235. 236
† XII.   . . . .
    99. 100‿101. 102
    153. 154‿159. 160
    265. 266‿267. 268
XIII.   149. 150‿163. 164
✳   147. 148‿133. 134
    243. 244‿257. 258
    151. 152‿161. 162
XIV. ✳   177. 178‿167. 168
    155. 156‿157. 158
    275. 276‿289. 290
    277. 278‿287. 288
XV.   227. 228‿241. 242
    229. 230‿239. 240
    231. 232‿237. 238
    261. 262‿271. 272
XVI. ✳   301. 302‿295. 296
    67. 68‿ 69. 70
    81. 82‿ 87. 88
    281. 282‿283. 284
XVII. ✳   39. 40‿ 37. 38
    217. 218‿219. 220
. . . .
    171. 172‿173. 174
XVIII.   31. 32‿ 45. 46
    291. 292‿. . . . . .
. . . .
✳   107. 108‿ 93. 94
XIX. ✳   145. 146‿135. 136
. . . .
    15. 16‿ 29. 30

	✳ 255. 256 ⌣ 245. 246	✳ 207. 208 ⌣ 201. 202
XX.	✳ 189. 190 ⌣ 187. 188	XXXII. ✳ 23. 24 ⌣ 21. 22
	. . . .	. . . .
	. . . .	. . . .
	. . . .	. . . .
	* * * *	XXXIII. 13. 14
XXII.	35. 36 ⌣ 41. 42	. . . .
	119. 120 ⌣ 129. 130	. . . .
	185. 186 ⌣ 191. 192	✳ 205. 206 ⌣ 203. 204
	5. 6 ⌣ 7. 8	17. 18 ⌣ 27. 28
XXIII.	137. 138 ⌣ 143. 144	* * * *
	183. 184 ⌣ 193. 194	† pag. 47. 48 ⌣ 57. 58
	. . . .	† pag. 1. 2 ⌣ 11. 12
	. . . .	XL. 249. 250 ⌣ 251. 252
† XXIV.	. . . .	. . . .
aut XXV.	19. 20 ⌣ 25. 26	. . . .
	. . . .	. . . .
† XXVI.	. . . .	XLI. 109. 110 ⌣ 113. 116
	✳ 9. 10 ⌣ 3. 4	✳ 299. 300 ⌣ 297. 298
	. . . .	. . . .
	. . . .	. . . .
† XXVII.	. . . .	* * * *
	. . . .	† pag. 111. 112 ⌣ 113. 114
	. . . .	† pag. 247. 248 ⌣ 253. 254
		† pag. 199. 200.

Quæ cùm ita se habeant, usque ad quaternionem XLI expletum numerare adamussim licet quot folia e codice exciderint. Nempe est summa paginarum DCLVI, quarum CCCLXIV desunt [1]. Imo licet certà prope ratione definire quanta pars totius operis adhuc desideretur. Primi enim libri quaterniones tredecim

---

[1] De Re Publ. III. xxv. not.

sunt [1] : secundi item libri totidem ferme fuisse apparet [2]. Conclusio denique tertii libri quaternionem xli perparum excedit [3]. Ergo institutâ proportione singuli libri quaternionibus circiter xiii constitisse videntur ; ergo sex libri habuerunt quaterniones plus minus lxxviii. Atqui supersunt in codice paginæ cccii, quæ quaterniones xix efficiunt; ergo est in codice tulliani operis quarta pars. Porro additis, ut necesse fuit, ad nostram editionem fragmentis omnium librorum cognitis, et quidem tertii sextique valde copiosis; si quis rem probe consideret, tertiam circiter operis partem nos habere comperiet. Neque quisquam miretur haud prolixos videri civiles hos libros: rem enim ita se habere docet manifeste liber primus, cujus etsi quatuor quaterniones insumuntur in proœmium, totidemque in dialogi politici præludia (auctor enim non statim vela facit , sed quasi e portu egrediens paululum remigat) idem nihilominus liber fines quaternionis xiii vix egreditur. Et quidem multa Ciceronis volumina hâc concinnâ brevitate utuntur, nominatimque libri de Legibus, qui sunt politicorum veluti appendices.

.XII. *De legendis ordinandisque palimpsestis.*

Etsi superior tabula doctis antiquariis artificium libri mei satis aperit, nihilominus et legentium imperitorum et ipsius rei gratiâ, paulo diutius huic argumento insistendum est. Illud autem in primis menti occurrit quàm vetus mos palimpsestorum faciendorum sit, quoniam horum meminit ipse Cicero in epis-

---

[1] De Re Publ. I. xlvii.
[2] De Re Publ. II. xl.
[3] De Re Publ. III. xxv.

tolâ ad Trebatium juris consultum [1] : « Ut ad epistolas tuas
« redeam, cætera belle, etc.; nam quòd in palimpsesto, laudo
« equidem parcimoniam: sed miror quid in illâ chartulâ fuerit,
« quod delere malueris, quàm hæc non scribere; nisi forte tuas
« formulas. Non enim puto te meas epistolas delere, ut reponas
« tuas. An hoc significas, nihil fieri? frigere te? ne chartam
« quidem tibi suppeditare? » Hoc loco Cicero tres innuit so-
lemniores et veras palimpsestorum faciendorum causas, con-
temptum veteris argumenti, parcimoniæ studium, membranarum penuriam. Atque ego palimpsestos in membranis hactenus
videram : chartarum enim quotquot sunt genera vix ei rei apta
videntur. Nuper tamen e duobus papyraceis diplomatibus sæculi
noni quæ impetrante eminentissimo ac reverendissimo cardinali Guerrerio nobilis Gualtheria gens urbe vetere ad vaticanam bibliothecam donans misit, unum certe ipsis dominis
illustribus observantibus rescriptum est; quamquam prior scriptura satis legi non potest. Quare superest ut palimpsestos quoque papyraceos eruditi scrutentur. Cæteroqui palimpsestorum
lectio perito patientique homini haud plerumque molesta est :
in omni tamen ejusmodi scripto plures occurrunt paginæ valde
lectu difficiles et obscuratæ. Itaque in uno versu verbove bonam
quandoque horam consumere non recusabis, ut rem tandem
ex integumentis suis evolvere queas; et quidem exspectandus
serenus dies, et in solis fulgore maximo ad lectionem incum-
bere necesse est. Porro nullus est palimpsestus, in quo scriptura non sit continua, indiscretis nempe vocabulis, nullâ
commatum distinctione, exceptis interdum valde evanidis pau-
cisque punctis. Scriptum igitur universum commovendum est,

---

[1] Ad Fam. VII. 18. Confer etiam Martialem, xiv. 7.

atque in propria vocabula distinguendum : quæ res neque semper dubietate caret, neque periculo. Nempe, exempli gratiâ ,
libro I. xiv, lego « sol e regione, *non* sole regione ; I. xv,
« ostentatio neque, *non* ostentationeque; I. xix, et jam, *non*
« etiam; I. xxi, paratior es, *non* paratiores; II. xi, situ revoces
« *non* si tu revoces, etc. » Nequid dicam de scripturæ mendis
innumeris quæ primi potissimum editoris medelam exspectant.
Quippe antiqua cujusvis classici via sentibus plurimis virgul-
tisque semper purganda est. Perturbandorum in palimpsestis
foliorum ea causa fuit, quod priscus codex , ut novæ scripturæ
aptus fiat, humectari et lavari atque abradi solet. Dissuuntur
igitur folia, manibus artificum contrectantur, lævigantur iterum
et exsiccantur, ut novo volumini accommodentur; quod cùm
fit, prioris scripturæ series neque servari potest ob inductam
obscuritatem et labem , neque porro debet ob ejusdem usum
antiquatum. Sed ecce tibi aliam cladem , dum plagularum veterum, prout novi operis ratio postulat , vel oræ circumciduntur,
vel sinus complicantur, vel latercula conscinduntur. Jam de
foliis palimpsesti ordinandis, etsi est ingens ad disserendum
locus, tamen, ut in transcursu, leviter stringendus est brevique
magisterio absolvendus. Veterum scilicet mos componendorum
librorum idem erat qui apud nos post inventos typos : nimirum
liber non e singulis separatisque foliis, verum e foliorum parium
fasciculis conficiebatur. Hi fasciculi pro parium foliorum numero
dicuntur vulgo duerniones, terniones, quaterniones aut quin-
terniones. Nonnunquam etiam videmus hæc fasciculorum genera in codicibus commisceri. In cujusque fasciculi postrema
plerumque pagina nota scribitur numeralis; quæ tamen interdum , sed rarius, occurrit in primâ paginâ. Utramque consue-
tudinem a primis etiam typographis retentam videmus. Igitur

qui codicem ordinat, huc apprime mentem intendat, ut folia dissita ad suos fasciculos retrahat; deinde ut hos pro notarum serie disponat. Id cùm in integris codicibus facile fit, tum in mutilis et pessumdatis, ut sunt plerique omnes, multo laboriosius. Quid enim si nota obscurata est? quid si extimum fasciculi folium desideratur? quid rursus si perierunt folia aliquot intermedia? ita ut nexu sublato, foliorum quidem, si nota superest, extremorum processum videas, verum folia intermedia in quem potissimi fasciculum conjicias, incertum sit. Illud quoque accedit incommodum, quod parium foliorum sæpe plicatura præpostera est. Ea res quidem dissuto codice certis interdum membranæ indiciis se ipsa prodit; sæpius tamen de sermonis contextu cognoscenda est. Quid demum si folia complura, aut omnia, imparia sunt? Et quidem ita se habent ii cuncti codices, quorum par folium ex unico majore impari confectum est. Atque in toto hoc negotio ratio continuæ sententiæ habenda est, quà duce, notis aliis interdum vix indigemus. Sententiæ autem nexus cùm in historicis sæpe evidens est, tum in philosophicis aut oratoriis libris paulo est obvolutior; et minus quidem in integris scriptis, maxime tamen in hiantibus aut partim obscuratis. Hâc ego doctrinâ fretus, folia omnia politici codicis e miro vagoque errore ad sedes suas, quantum licuit, revocavi. Jam etsi pleraque dispositio certissima est, sunt tamen aliquot folia quorum genuina et propria sedes evidenti veritate non patet; præsertim ubi codex valde abruptus et hians materiam exiguam laciniosis hinc inde reliquiarum sinibus trahit.

XIII. *Palæographia palimpsesti de Re Publicâ.*

Scriptura tulliani codicis spatiosa, ut dixi, est ac prope quadrata; ita tamen ut aliquot litteræ ab illà perfectà elaboratàque

II   22

formâ recedant, quam vulgo lapides nec non quidam palimpsesti retinent. Ea prostat in excuso a me specimine. Cæteroqui id grandis scripturæ genus haud plerumque auctoribus, sed librariis calligraphisque debemus. Fronto, in epistolis a me propediem edendis, ait se delectari ipsis litterulis Marci Aurelii; cupitque ubi quid ad se scribet, suâ manu scribat. In Catonis censorii vitâ, cap. xx, narrat Plutarchus, Catonem, in filii gratiam quem ipse doctrinis informabat, non recusasse laborem scribendi historias suâ manu litteris magnis, quò puer domi haberet commoda exemplaria ad discenda majorum instituta : quibus verbis satis innuit Plutarchus, moris non fuisse ut auctores ipsi vel nobiles viri scripturâ illâ operosâ grandique semet defati- garent. Neque sane dubitare licet quin Romani quotidianam properatamque scripturam eâ litterarum formâ efficerent, quam cernimus in papyris : utique id de Græcis nunc demum con- stat. Ipse Cicero festinatas rudesque litteras pinxisse videtur. Sic enim ad fratrem, II. 15 : « Scribis te meas litteras superio- « res vix legere potuisse; hoc facio semper ut quicumque cala- « mus in manus meas venerit, eo sic utar tamquam bono. » Interdum etiam scripsit Cicero διὰ σημείων [1]. Cujusmodi essent illæ πηλίκαι litteræ, quas manu suâ Paulus apostolus exarabat, controversia fit inter Jo. Chrysostomum et Hieronymum [2]. Auc- toris quidem autographum plerumque erant liberiore scripturâ schedæ, quas Isidorus [3] definit esse « quod adhuc emendatur « necdum in libris redactum est. » Cicero, ad Atticum, XVI. 3,

---

[1] Ad Att. XIII. 32.

[2] Hieronym. comm. ad Galat. lib. III, cap. vi. 11. Vide tamen ibidem observationes.

[3] Orig. VI. 14.

suum de Senectute σύνταγμα « mittit retractatius, et quidem
« ἀρχέτυπον ipsum crebris locis inculcatum et refectum. » Jam
ubi satis auctori placeret scriptum, tradebatur librariis, qui in
macrocolon transferrent, ut pergit ibi dicere Tullius [1]; et tum
demum calamo et atramento temperato, chartâ etiam dentatâ
res agi dicebatur, teste eodem Tullio, ad fr. II. 15. Scribendi
mos quadratis et magnis litteris sane gratus utilisque erat puerorum eruditioni, tum etiam senibus jam cæcutientibus com-
modus: quare senex Hieronymus queritur [2] se non posse legere, præsertim ad nocturnum lumen, hebraica volumina
propter litterarum parvitatem; quod incommodum apud veteres
molestius erat, quos microscopiis caruisse compertum est.
Alioqui idem Hieronymus contra scripturæ latioris atque orna-
tioris, puta argento, vel auro et in membranis purpureis, insanum luxum, cujus meminit etiam Caius [3], haud immerito
stilum acuit [4]. Ego autem peculiari meo jure huic luxui sub-
irascor, qui in tam amplo codice nimis modicas mihi reliquias
librorum de Re Publicâ peperit. Morem denique scribendi
libros tum minimis, tum etiam maximis formis belle tradit
Martialis, xiv. 190 :

> Pellibus exiguis arctatur Livius ingens,
> Quem mea non totum bibliotheca capit.

Illud etiam observare memini, quo major est in codicibus api-
cum pulchritudo, eo sæpe pluribus mendis exemplaria scatere.
Notissimum est amanuenses (notariorum enim nobilior ordo

[1] Confer. etiam ad Att. XIII. 25.
[2] Prolog. lib. VII in Ezech.
[3] Inst. II. 77.
[4] Prolog. in Job. et ep. XXII. 52.

fuit) e servorum grege sæpenumero fuisse : quò magis miror, tot insignium codicum inventorem lectoremque Pogium, qui libros ejusmodi antiquos a mulieribus fuisse conscriptos sibi persuasit [1]. Quamquam vero servorum nonnulla eruditio fuit, quas nimirum Seneca [2] dicit litteras serviles, nihilominus id genus hominum, neque a linguis neque a cætera doctrina sæpe paratum, calligraphiam suam multis magnisque mendis inquinabant. Hinc Cicero [3] : « De latinis libris quò me vertam nes- « cio, ita mendose et scribuntur et veneunt. » De librariis suis, qui bona scripta a malis seu mediocribus non distinguerent, conqueritur Symmachus [4]. Denique codices inemendatos et exemplarium varietatem non semel objurgat Hieronymus, præsertim quia librariorum negligentia auctoribus fraudi esset [5]. Vaticanus quoque de Re Publica codex mendose admodum scriptus fuit; quam horrentem errorum segetem partim vetus emendator, partim ego in scholiis criticis depastus sum. Attamen in hoc codice multa sunt ad priscæ orthographiæ normam rectissime scripta : et quidem pleraque constanti adeo priscorum codicum auctoritate firmantur, ut in usum quotidianum revocanda videantur, verbi gratia, « adulescens, intellego, « querella, vilicus, vilicare, pœnire, pænitere, mærere, temp- « tare, tæter, tramittere, sæpire, » atque alia plurima. Etsi hodiernæ consuetudinis tanta vis est ut etiam confessa vitia placeant : quæ si quis tentaret abjicere, statim eum circumlatrantes grammatici omnes coarguerent.

---

[1] In Epist. apud Mehusium præf. ad Ambr. cam. p. XLII.
[2] De Tranquill. cap. IX.
[3] Ad Quint. fr. III. 5.
[4] Ep. V. 85.
[5] Prol. in Job.; prol. in Chron.

Ad veterem emendationem quod adtinet, morem fuisse scimus, antequam exemplaria vulgarentur, dandi operam ut corrigerentur. Testantur id codicum subscriptiones *legi, emendavi, recensui;* tum ipsæ emendationes minutioribus et plerumque rudioribus litteris interpositæ. Cicero, ad Att. XIII. 23: « Libri ad Varronem nos morabantur; sunt enim deficti, ut « vidisti; tantum librariorum menda tolluntur. » Grammaticos adhiberi solitos ad emendanda exemplaria, docet Gellius, v. 4; idque fieri solitum collatione meliorum librorum, tradunt non semel Hieronymus, Augustinus et Cassiodorius. Modus emandandi sive in codice de Re Publicâ, sive in priscis aliis, hic feré est. Si verba addenda sunt, ea supra versum, rarius in margine, adscribuntur; sin detrahenda, ea punctis sæpe superne, raro inferne notantur. Hinc expungere pro *delere.* Denique si litteræ transferendæ sunt, corrigendæque vitiosæ metatheses, in codice quidem de Re Publicâ fit emendatio signis $\equiv\ =\ —$ ita ut quæ littera vel quod verbum unà lineâ notatur, ad primam sedem sit transferendum, eodemque ordine reliqua. Pausæ in hoc codice haud raro apparent, nempe punctum quoddam recurvum juxta litteræ summitatem, quod tamen in Frontonis codice multo accuratius frequentiusque fit. Est autem id punctum pausa sæpe minor, non in codicibus solum latinis verum etiam in gothicis ulphilanis. Quin haud raro vel prope temere appingitur, vel separandorum verborum causâ, ne qua sit ambiguitas. Atque omnis orthographia politici codicis valde congruit cum illà taurinensis Lactantii, quam præter cæteros observavit nosque docuit Scipio Maffeius [1]. Litteræ siugulariæ

---

[1] In epistolâ præpositâ opusculis ejusdem Maffeii.

duobus punctis concluduntur, neque imis neque supernis, sed mediis ; isque in antiquis codicibus perpetuus fere mos est. Ratio diphthongorum sæpe recta est. Litteræ in fine versuum aliquande minuuntur, vel in monogramma coëunt. Semel forma V scribitur p. CLVI in titulo libri, et quidem sono vocali : cæterum toto in codice est U. Illud etiam in tulliano codice aliisque priscis sive sacris sive profanis codicibus notare memini, tum latinis, tum græcis, tum etiam gothicis ulphilanis, nempe quotiescumque insignis admodum sententia vel transitio fit, librarium solito interius aut exterius ordiri versum in margine libri, ita ut una saltem littera, eaque grandior, sumpta interdum e medio vocabulo, seriem scripturæ in sinistro margine excedat. Codicis orthographia miris laborat varietatibus et inconstantiâ. Est enim id fatum latinæ scripturæ ac pronunciationis, quod grammaticorum tot pugnantia præcepta infinitæque quæstiones demonstrant. Hinc merito Cassiodorius [1] : « Orthographia apud « Græcos plerumque sine ambiguitate probatur expressa; inter « Latinos vero sub arduâ difficultate relicta monstratur; unde « etiam modo studium magnum lectoris inquirit. » Exempli causâ, labdacismus proprius Afrorum fuit; sicut *colloquium* pro *conloquium*, teste Isidoro [2]. Quid porro? nonne ipsa latinitas, uti observabat Hieronymus [3], et regionibus quotidie mutabatur et tempore? postea præsertim quàm tanta barbarorum peregrinitas in imperium romanum infusa est, lingua autem generis quarti esse cœpit, quod Isidorus [4] mixtum appellat. Codici vati-

---

[1] Inst. præf.
[2] Orig. I. 32.
[3] Prol. lib. II, comm. ad Gal.
[4] Orig. IX. 1.

cano priscus emendator, ut dixi, non defuit, qui vel præter-
missa verba aut membra supplevit, vel menda plurima recte
sustulit : idem tamen lectioni bonæ aliquando deteriorem sup-
posuit, et errores non abstulit, sed sevit. In eo quoque non bene
meritus est, quòd antiquiorem scribendi rationem haud semel
immutavit. Hæ mutationes atque emendationes quia litteris mi-
noribus festinatisque fiunt, ægre in codice leguntur, semperque
mihi novum aliquid sub palimpsesti involucris lectitanti occur-
rebat : neque enim perfunctorie, sed totà mente, codices istius
modi atque omni acie oculorum intueri necesse est.

XIV. *Conjecturæ de palimpsesti ætate.*

Fieri non potest ut a palæographià politici codicis edisse-
rendà recedam, priusquam de ejusdem verisimili ætate quæstionem saltem attingam; tum quia id a plerisque editoribus in
re simili factum video, tum quia eorum multorum cupiditati
occurrendum est, qui me sæpe sententiam rogaverunt. Si de
prisci codicis ætate judicare velis, illa in primis discretio adhi-
benda est, ut aliter conjecturam facias e litteris titulorum, vel
subscriptionum, vel etiam brevium elogiorum, aliter ex ipsius
contextûs scripturà. Namque in titulis quidem brevibusque
lemmatibus quadratam maximamque scripturam plurimi vulgo
libri, ab ultimà fere antiquitate usque ad hodiernum diem, præ
se ferre solent. Cùm enim rei natura postulet, ut vel perspi-
cuitatis, vel honoris, vel ornatûs gratià hæ litteræ magnà formà
fiant, is semper mos in membranis non secus atque in lapidibus
retentus fuit. Terentii codex ambrosianus habet longas fabularum epigraphas quadratis magnisque litteris; ipse tamen textus
minutus, inclinatus, properatusque est, prout in codicibus
sæculi decimi conspici solet. Alcuini quoddam opus in vaticano

codice minutis litteris rotundatisque scribitur; idque volumen ab ipsius Alcuini vix ætate distare videtur : priores tamen duæ paginæ, honoris causâ, quadratis litteris atque ita speciosis exaratæ fuerunt, ut a livianis palatinis parum differant. Sic est illud capitalibus litteris carmen ad Carolum-Magnum bibliis urbani monasterii sancti Callixti agglutinatum, quorum item bibliorum contextus exili rudique scripturæ genere digestus est. Exceptis igitur titulis aut elogiis, aut præfationibus, rursus excepto aliquo longe rarissimi luxûs codice, ego sane me animadvertere memini, scripturam magnam, pulchram, quadratam, et romanâ quodammodo majestate præditam, post sextum aut certe septimum sæculum vix comparere. Quin adeo sexto sæculo et consecutis proxime ætatibus dominari videtur illa in libris scriptura, quam Symmachi, synodi chalcedonensis, Sedulii, Hieronymi, Gregoriique specimina a me olim impressa docent. Bobiensium codicum, quorum spectabilem numerum in ambrosianâ bibliothecâ, breviorem in vaticanâ tractavi, scriptura sæpius rotundior, inclinatior corruptiorque est, præterquam in Sedulio, qui nunc est Taurini : quem tamen codicem monachi ipsi bobienses haud scripserunt, siquidem sæculi sexti est [1].

Extra ambrosianam bibliothecam (cujus nunquam sine dulci animi sensu recordor) multos ego latinos insigni vetustate codices in Italiâ vidi. Nam, ut de ingenti vaticanorum codicum copiâ, brevitatis causâ, nunc sileam, ambrosianæ quidem Mediolanensium basilicæ, tum et modoëtiensis ecclesiæ tabularia pervetustos libros habent. Vercellis, præter notissimum Evan-

---

[1] Catalog. mss. taurin. tom. II. p. 244.

geliorum κειμήλιον, antiquissimum et fere sæculi sexti est cle-
mentinarum recognitionum volumen: et quidem in ejus cathe-
dralis archio plus ducenti sunt prisci codices, quos inter homi-
liarium anglo-saxonicum, corpus legum barbararum, collectio
canonum insignis, Justinus pervetus, et copiosum lexicon lati-
nitatis. Neque caret palimpsestis archium vercellense, quamquam, ut puto, re bonâ vacuis. Rem utilem fecisset vir clarissimus Gregorius, si in nuperâ litteraturæ vercellensis historiâ
catalogum nobis patriorum codicum exhibuisset: vix enim dubito quin aliquid opis litterarum incrementis ex illo nobili
archio repetendum sit. Mitto veteres multarum urbium codices;
ad eos mente propero quos paulo diligentius manu versavi
Veronæ in patriâ præclari magistri mei, et summâ mihi pietate
colendi, reverendissimi P. Aloysii Fortis, a quo nunc Societas
Jesu perpetuâ dignitate regitur. Ibi, præter juris civilis palimpsestos, quibus egregie litterati Germani nuper usi sunt,
facem popularibus suis præferente illustrissimo Niebuhrio, qui
in tantâ doctrinæ, ingenii, atque artis criticæ gloriâ versatur;
ibi, inquam, rescriptos codices alios vidi his fere notis distinctos LI, LXXXI, LXXXIII, LXXXV, XCVII, CXXXIV; quamquam
scriptura supposita nihil prope novi habere videtur. In voluminibus non rescriptis vetustissima scriptura est codicis XXVI
Augustini, de Civitate Dei, litteris similibus earum quibus
Tullii interpres in ambrosiano vaticanoque codice scribitur.
Utinam vero is codex mihi nunc ad manus fuisset, ut politica
Tullii fragmenta ex eo potius quàm e recentioribus Augustini
exemplaribus compilarem! Equidem nova editio augustiniani
operis nobilissimi curanda est ad tanti codicis fidem: idque munus a veronensi aliquo cive, Norisii, Blanchinii, Maffeii, Val-
larsii et Balleriniorum æmulo, exspectandum est. Unum adhuc

memorabo palimpsestum xxxviii, e quo vehementer opto sus-
citari fragmenta mathematici latini, litteris apprime pulchris et
valde priscis exarata. Sane ex iis plagulis carie admodum tere-
bratis excerpta quædam mihi confeci: atque in his vocabulum
deprehendo, quod Gesneri Forcellinique lexicis deest: cujus
rei ut fidem faciam atque ut ad codicem curiosos antiquitatis
invitem; paginâ 336. b. col. 1. v. 23, legebam: *ad* QUINQUIPLUM
veniet. Eadem vox occurrit etiam v. 7. Hujus vero paginæ rectæ
inscribitur titulus *lib*. xv. Tum p. 341. a. col. 2. v. 9-11 legebam:
ac duo RECISAMENTA *totius pyramidis*. Vox autem *recisamentum*
unâ hactenus niti videbatur Plinii auctoritate, XXXIV 11. Huic
vero paginæ superscribitur titulus *lib*. xiv; quamquam is liber
videtur in eâdem explicere, et alius incipere, ita ut verba prædicta in consequente libro sint.

Nunc ut Veronâ Romam, atque ad meum propositum e lon-
giore diverticulo redeam; inter codices a me observatos, vaticanus de Re Publicâ perfectione quidem litterarum nonnullis
cedit, magnitudine tamen et splendore prope princeps est.
Ergo omnibus consideratis, quamquam res controversa est,
atque id grande scripturæ genus nullâ fere ætate usurpari non
potuit; mihi tamen paulo ægrius persuaserim, tam splendidum
tamque luxuriosum tullianæ Rei Publicæ codicem, post imperii
romani excidium, barbaris in Italiâ regnantibus, fuisse scriptum; et non potius extremis saltem Cæsaribus rem romanam
adhuc tenentibus. Hæc aio conjectans et ipse meæ doctrinæ
diffidens: quis enim de re tam obscurâ sciscitantibus dicat:

> Credite me vobis folium recitare Sibyllæ:

aut more pythagorico, quidquid responderit, rectum putari
volet? Cæterum quòd plerique sibi facile persuadent hunc et

illum codicem ad quintum quartumve sæculum pertinere, se-
niorem antiquitatem valde negant; ego quidem nescio quo jure
id faciant, nisi forte oppressi sunt opinionibus vulgi et illorum
præjudiciis, qui omnem criticen vel minimâ audaciâ everti cla-
mitant. Porro in re antiquariâ usus frequens præcepta magis-
trorum superat: qui autem pro vietis illis adhuc regulis pugnant, jam nullam prope habent arcem argumenti sui in quam
tuto conscendant. Quid enim plerumque obstat, quominus
tertii aut secundi sæculi hæc scripta dicamus? num forma vel
orthographia? atqui vix aliquid in his videmus, quod vetustis
lapidibus aut Herculani monumentis, aut aliorum exemplorum
copiâ non nitatur. Num ipsa per se incredibilis videtur tanta
membranarum longævitas, ut sit, verbi gratiâ, ævi augustæi?
Verumenimvero si ab ætate constantinianâ aut certe theodo-
sianâ ad nos usque, quindecim fere sæculis, vixisse aliquot
schedæ sine dubio creduntur, quis jure neget eas potuisse etiam
viginti? Quid papyrus, nonne a Symmacho, ep. iv. 34, facili
senectute corrumpenda dicitur? Tum in formulario apud Mari-
nium [1] nonne membranæ existimantur diutius quàm papyri
ætatem ferre? nihilominus ægyptiæ papyri canescunt annis in-
numerabilibus. Quas vero habemus in manibus membrauas
palimpsestorum, eæ, si probe custodiantur, cùm multæ præsertim crassæ sint et materiæ satis vivacis, totidem et amplius post
nostram ætatem sæculis duraturæ videntur.

XV. *De fragmentis operis jampridem editis.*

Etsi operis de Re Publicâ amissi partem ampliorem vaticanus
codex nunc primum suppeditat; nihilominus præclara reliquia

---

[1] Papyr. diplom. li.

apud varios auctores supererant, præsertim vero apud Macrobium, Lactantium, Augustinum et Nonium. Sedenim lectis,
quæ Sigonius aliique collegerunt, fragmentis, magnam in his
confusionem atque interpolationem esse cognovi. Itaque ad
ipsos auctorum fontes confugiens, scripta illorum integra ite-
ratis lectionibus peragravi. Quin adeo fines vulgo tritos sæpenumero egressus, reliquias Tullii civiles toto pene litterarum
orbe atque omnibus vestigiis indagavi. Quamquam ultro fateor
nec ipsum me mihi haud raro placere, et latiorem atque aspe-
riorem hunc esse campum, quàm ut unâ operâ primisque curis
satis excoli possit. Quin adeo, ut in longo opere ac varioſ complura sunt quæ mihi a lectoribus ignosci pervelim : præsertim
ubi magnitudo rei diuturniorem diligentiam desiderabat.

Igitur qui librum meum hâc quoque in parte fragmentorum
editorum cum prioribus collectionibus comparabit, primum
quidem magna additamenta, saltem e Lactantio atque ex Augustino, comperiet; deinde ordinem, ut in re sæpe incertâ,
saltem concinniorem; tum multorum errorum castigationem,
partim veterum amanuensium qui falsos titulos librorum scripserunt, partim recentium eruditorum, qui judiciis labantibus
sedes fragmentorum conturbaverunt. Verba etiam multa per-
sanata sunt vel codicum inspectione, vel aliis subsidiis criticis:
quamquam tot, præsertim apud Nonium, vitiosissimas varietates quis demum amputabit? qui profecto grammaticus a ver-
tice, ut aiunt, usque ad extremum unguem ulcus est. Postremo
interpolationes novorum hominum ejectæ sunt, quas ipsi quidem auctores in scholiis plerumque esse jusserant, sed mox
audacia typographorum cum genuino textu miscuerat. Equidem fateor me majorem prope molestiam in conquirendis ordi-
nandisque editis, quàm ineditis, fragmentis exantlavisse; ne

quis harum rerum parum gnarus me ludibundum in editis et quasi in labore lepido versatum esse putet.

XVI. *De notis editoris.*

Dum codicem vaticanum exscriberem, dum reliquias Tullii politicas unde unde conquirerem, paulo mihi copiosior ex hàc ipsà morà seges scholiorum subnata est, quorum hæc genera sunt. Primum scribo observationes, quæ pertinent ad cod'cis varietates, ad ejusdem emendationem, ad grammaticam et ad palæographiam; hasque omnes minutioribus plerumque typis textui substerno: unde licet cognoscere quantum latina orthographia in impressis libris a veterum codicum auctoritate recesserit; ut plane in multis ad justiorem illum scribendi modum reverti necesse sit. Alterum genus observationum mearum versatur in conjecturis, circa lacunas videlicet explendas, nec non circa partium dispositionem seriemque sermonis. Tertium genus historicarum notarum est et comparativarum cum aliis præsertim ipsius auctoris locis. Scio equidem quorumdam doctorum institutum atque judicium, qui scholiis tantummodo grammaticalibus, quæ ad lectionem constituendam adtinent, delectantur. Sedenim et illam classem historicorum scholiorum, quam in nobilibus editionibus summo adhuc cum fruotu legimus, multo sapientius ac gloriosius a majoribus nostris frequentatam fuisse arbitror, quàm ut eam jam negligi aut præ doctrinæ confidentià expelli liceat. Utique Germani, apud quos hæc studia cum primis vigent, utramque scholiorum speciem valde amplectuntur. Utor et alià observationum ratione, quam mihi mediocris auctorum lectio peperit, ut videlicet intento digito monstrem quos fontes Cicero in hoc opere pangendo gustaverit, vicissimque quinam auctores ex hoc labore Ciceronis profecerint. Politicorum denique scholiorum comitatus ab ejusmodi libro abesse vix poterat.

NOTICE

SUR

CICÉRON. *

CICÉRON (Marcus-Tullius) naquit à Arpinum , patrie de Marius , la même année que le grand Pompée, le 3 janvier 647 de la fondation de Rome. Il sortait d'une famille anciennement agrégée à l'ordre équestre, mais qui s'était toujours tenue loin des affaires et des emplois. Sa mère s'appelait *Helvia*. Son père, vivant à la campagne, sans autre occupation que l'étude des lettres, conservait d'honorables liaisons avec les premiers citoyens de la république. De ce nombre était le célèbre orateur Crassus, qui voulut bien présider lui-même à l'éducation du jeune Cicéron et de son frère Quintus, leur choisit des maîtres, et dirigea leurs études. Cicéron, comme presque tous les grands hommes, annonça de bonne heure la supériorité de son génie, et prit dès l'enfance l'habitude des succès et de la gloire. Il fut admiré dans les écoles publiques, honoré par ses condisciples, visité par leurs parens. La lecture des écrivains grecs, la passion de la poésie, la rhétorique, la philosophie occupèrent les premières années de sa jeunesse. Il écrivit beaucoup en grec, exercice qu'au rapport de Suétone, il continua jusqu'à l'époque

---

* Ce morceau de M. Villemain sur la vie et les écrits de Cicéron, est extrait de la *Biographie universelle*. Réimprimé ici avec quelques additions, il se lie naturellement à l'ouvrage que nous publions.

de sa préture. Ses vers latins, trop méprisés par Juvénal, trop loués par Voltaire, sont loin de l'élégance de Virgile, et n'ont pas la force de Lucrèce. Ni la poésie ni l'éloquence n'étaient encore formées chez les Romains : et il suffisait à Cicéron d'être le plus grand orateur de Rome.

On conçoit à peine les travaux immenses qu'il entreprit pour se préparer à cette gloire. Cependant il fit une campagne sous Sylla, dans la guerre des Marses. De retour à Rome, il suivit avec ardeur les leçons de Philon, philosophe académicien, et de Molon, rhéteur célèbre : et pendant quelques années, il continua d'enrichir son esprit de cette variété de connaissances que depuis il exigea de l'orateur. Les cruautés de Marius et de Cinna, les proscriptions de Sylla passèrent ; et la république, affaiblie et sanglante, resta paisible sous le joug de son impitoyable dictateur. Cicéron, alors âgé de vingt-six ans, fort de ses études et de son génie, parut au barreau qui venait de s'ouvrir après une longue interruption. Il débuta dans quelques causes civiles, et entreprit une cause criminelle, dont le succès promettait à l'orateur beaucoup d'éclat et de péril, la défense de Roscius Amérinus, accusé de parricide. Il fallait parler contre Chrysogonus, affranchi de Sylla. Cette protection terrible épouvantait les vieux orateurs. Cicéron se présente avec le courage de la jeunesse, confond les accusateurs, et force les juges d'absoudre Roscius. Son discours excita l'enthousiasme ; aujourd'hui même c'est une des harangues de l'orateur que nous lisons avec le plus d'intérêt. On y sent une chaleur d'imagination, une audace mêlée de prudence et même d'adresse, et souvent un excès d'énergie, une surabondance de richesse, qui plaît et qui entraîne. Cicéron, plus âgé, releva luimême, dans ce premier ouvrage, quelques fautes de goût ; et sans doute il s'est montré depuis plus pur et plus grand écrivain ; mais il avait déjà toute son éloquence.

Après ce brillant succès, il passa encore une année dans Rome, et se chargea même d'une autre cause qui devait aussi déplaire au dictateur; mais sa santé affaiblie par des travaux excessifs, et peut-être la crainte d'avoir trop bravé Sylla, le déterminèrent à voyager. Il se rendit à Athènes qui semblait toujours la métropole des lettres; et, logé chez un philosophe académicien, recherché des philosophes de toutes les sectes, assistant aux leçons des maîtres d'éloquence, il y passa six mois avec son cher Atticus, dans les plaisirs de l'étude et des savans entretiens. On rapporte à cette même époque son initiation aux mystères d'Eleusis. A la mort de Sylla, il quitta la Grèce, et prit la route de l'Asie, s'entourant des plus célèbres orateurs asiatiques, et s'exerçant avec eux. A Rhodes, il vit le fameux Possidonius, et retrouva Molon qui lui donna de nouvelles leçons, et s'attacha surtout à corriger sa trop grande abondance. Un jour, déclamant en grec dans l'école de cet illustre rhéteur, il emporta les applaudissemens de tout l'auditoire. Molon seul resta silencieux et pensif. Questionné par le jeune orateur : « Et moi aussi, répondit-il, Cicéron, je te loue « et je t'admire; mais j'ai pitié de la Grèce, quand je songe « que le savoir et l'éloquence, les deux seuls biens qui nous « étaient demeurés, sont par toi conquis sur nous, et trans- « portés aux Romains. »

Cicéron revint en Italie, et ses nouveaux succès firent sentir le prix de la science des Grecs, qui n'était pas encore assez estimée dans Rome. Parmi différentes causes, il plaida pour le célèbre comédien Roscius, son ami et son maître dans l'art de la déclamation. Enfin, parvenu à l'âge de trente ans, se voyant au terme de son glorieux apprentissage, ayant tout reçu de la nature, ayant tout fait par le travail, pour réaliser en lui l'idée du parfait orateur, il entra dans la carrière des charges publiques. Il sollicita la questure, office qui, depuis une loi de

Sylla, donnait immédiatement la dignité de sénateur. Nommé à la questure de Sicile, dans un temps de disette, il eut besoin de beaucoup d'habileté pour faire passer à Rome une grande partie des blés de cette province, sans trop déplaire aux habitans. Du reste, son administration et les souvenirs qu'en gardèrent les Siciliens, prouvent que, dans les conseils admirables qu'il a depuis donnés à son frère Quintus, il ne faisait que rappeler ce qu'il avait pratiqué lui-même.

Sa mission expirée, il revint à Rome, véritable théâtre de ses talens. Il continua d'y paraître comme orateur, défendant les causes des particuliers, sans autre intérêt que la gloire. Ce fut sans doute un jour honorable pour Cicéron que celui où les ambassadeurs de la Sicile vinrent lui demander vengeance des concussions et des crimes de Verrès. Il était digne de cette confiance d'un peuple affligé. Il entreprit la cause de la Sicile contre son indigne spoliateur, alors tout-puissant à Rome, appuyé du crédit de tous les grands, défendu par l'éloquence d'Hortensius, et pouvant avec le fruit de ses brigandages en acheter l'impunité. Après avoir fait un voyage dans la Sicile pour y recueillir les preuves des crimes, il les peignit des plus vives couleurs dans ses immortelles harangues : elles sont au nombre de sept ; les deux premières seulement furent prononcées. L'orateur s'aperçut que les amis de Verrès cherchaient à reculer la décision du procès jusqu'à l'année suivante, où le consulat d'Hortensius devait assurer un grand secours au coupable ; il n'hésita point à sacrifier l'intérêt de son éloquence à celui de sa cause ; il s'occupa uniquement de multiplier le nombre des témoins et de les faire tous entendre. Hortensius resta muet devant la vérité des faits, et Verrès, effrayé, s'exila lui-même. L'ensemble des harangues de Cicéron est demeuré comme le chef-d'œuvre de l'éloquence judiciaire, ou plutôt comme le monument d'une illustre vengeance exeroée contre le crime par la vertueuse indignation du génie.

A l'issue de ce grand procès, Cicéron commença l'exercice de son édilité; et dans cette magistrature onéreuse, quoique sa fortune fût peu considérable, il sut par une sage magnificence se concilier la faveur du peuple. Ses projets d'élévation lui rendaient ce secours nécessaire, mais il fallait y joindre l'amitié des grands. Cicéron se tourna vers Pompée, alors le chef de la noblesse, et le premier citoyen de Rome libre. Il se fit le panégyriste de ses actions, et le partisan le plus zélé de sa grandeur. Quand le tribun Manilius proposa de lui confier la conduite de la guerre contre Mithridate, en lui accordant un pouvoir qui effrayait les républicains éclairés, Cicéron, alors préteur, parut à la tribune pour appuyer la loi nouvelle de toute la force de son éloquence. Cette même année, il plaida plusieurs causes. Il prononça son plaidoyer pour Cluentius, dans une affaire criminelle. A cette époque, Catilina, rejeté du consulat, commençait à tramer contre la république, et s'essayait à une révolution. Ce factieux, accusé de concussions dans son gouvernement d'Afrique, fut sur le point d'avoir Cicéron pour défenseur; mais bientôt la haine éclata entre ces deux hommes si peu faits pour être unis.

Cicéron qui, après sa préture, au lieu d'accepter une province, suivant l'usage, s'était mis sur les rangs pour le consulat, se vit compétiteur de Catilina qui s'était fait absoudre à prix d'argent. Insulté par cet indigne rival, il le repoussa par une éloquente invective prononcée dans le sénat. Cicéron avait à combattre l'envie de beaucoup de patriciens, qui voyaient en lui un parvenu, un homme nouveau : son mérite et la crainte des projets de Catilina l'emportèrent. Il fut élu premier consul, non pas au scrutin, suivant l'usage, mais à haute voix et par les acclamations unanimes du peuple romain.

Le consulat de Cicéron est la grande époque de sa vie politique. Rome se trouvait dans une situation incertaine et violente. Catilina briguait le prochain consulat. En même temps il augmentait le nombre des conjurés, et faisait lever des troupes sous les ordres d'un certain Mallius. Cicéron répondit à tout. Il importait d'abord de gagner à la république son collègue, Antoine, secrètement uni avec les conjurés ; il s'assura de lui par la cession de sa province consulaire. Une autre précaution non moins salutaire fut de réunir le sénat et l'ordre équestre dans l'intérêt d'une défense commune. Attentif à ménager le peuple, Cicéron ne se montra pas moins hardi à maintenir les vrais principes du gouvernement ; et dès les premiers jours de son consulat, il attaqua le tribun Rullus qui, par le projet d'une nouvelle loi agraire, confiait à des commissaires un pouvoir alarmant pour la liberté. La politique de Cicéron fut ici toute entière dans son éloquence. A force d'adresse et de talent, il fit rejeter par le peuple même une loi toute populaire. Affectant de se regarder comme le *consul du peuple*, mais fidèle aux intérêts des grands, il fit maintenir le décret de Sylla qui interdisait les charges publiques aux enfans des proscrits. On ne peut douter que cette habileté du consul à ménager les trois ordres de l'état, et à s'en faire également aimer, n'ait été l'arme qui seule pût vaincre Catilina. Toute la république étant réunie, et se confiant à un seul homme, les conjurés, malgré leur nombre, se trouvèrent hors de l'état, et furent désignés comme ennemis publics. Le vigilant consul, entretenant des intelligences parmi cette foule d'hommes pervers, était averti de leurs projets, et assistait, pour ainsi dire, à leurs conseils. Le sénat rendit le décret fameux qui, dans les grands dangers, investissait les consuls d'un pouvoir égal à celui de dictateur. Cicéron doubla les gardes et prit quelques mesures extérieures. Ensuite, il se rendit aux comices pour présider à l'élection des nouveaux consuls. Catilina fut exclus une seconde fois, et n'eut plus d'autre ressource que le meurtre et l'incendie. Il assemble ses complices, les charge d'embraser Rome, et déclare qu'il va se mettre à la tête des troupes de Mallius. Deux chevaliers romains promettent d'assassiner le consul dans sa propre maison. Cicéron est instruit de tous les détails par Fulvie, maîtresse de Curius, l'un des conjurés. Deux jours après, il assemble le sénat au Capitole. Ce fut là que Catilina, qui dissimulait encore, ayant osé paraître comme sénateur, le consul l'accabla de sa foudroyante et soudaine éloquence. Catilina, troublé, sortit du sénat, en vomissant des menaces, et dans la nuit partit pour l'Etrurie avec trois cents hommes armés. Le lendemain Cicéron convoque le peuple au Forum, l'instruit de tout; et triomphe d'avoir ôté aux conjurés leur chef, et réduit le chef lui-même à faire une guerre ouverte.

Au milieu de cette crise violente, ce grand homme trouvait encore le loisir d'exercer son éloquence dans une cause privée. Il défendit Muréna, consul désigné, que Caton accusait de brigue et de corruption. Son plaidoyer est un chef-d'œuvre d'éloquence et de fine plaisanterie. Le stoïque Caton, ingénieusement raillé par l'orateur, dit ce mot connu : « Nous « avons un consul fort gai. » Mais ce consul si gai veillait toujours sur la patrie menacée, et suivait tous les mouvemens des conjurés. Instruit que Lentulus, chef des factieux restés à Rome, cherchait à séduire les députés des Allobroges, il engagea ceux-ci à feindre, pour obtenir la preuve complète du crime. Les députés furent saisis au moment où ils sortaient de Rome avec Volturcius, l'un des conjurés. On produisit dans le sénat les lettres de Lentulus; la conjuration fut évidente. Il ne s'agissait plus que de la punition. Plusieurs lois défendaient de punir de mort un citoyen romain; César les fit valoir avec adresse. Caton demanda hautement le supplice des coupables. C'était l'avis que Cicéron avait exprimé avec plus d'art. Ils furent exécutés dans la prison, quoique le consul prévît qu'un jour ils auraient des vengeurs. Il préféra l'état à sa sûreté. Peut-être aurait-il pu se mettre à l'abri en faisant prononcer la sentence par le peuple; c'est ainsi qu'autrefois Manlius avait été condamné. Mais Cicéron craignit qu'on n'enlevât les conjurés. Il voulut se presser, et par timidité, il fit une imprudence que, dans la suite, il expia cruellement. Cependant Rome fut sauvée; tous les Romains proclamèrent Cicéron *le père de la patrie*.

La défaite de Catilina, qui suivit bientôt, fit assez voir qu'en préservant la ville, on avait porté le coup mortel à la conjuration ; et cette gloire appartenait au vigilant consul. Déjà l'envie l'en punissait. Un tribun séditieux ne lui permit pas de rendre compte de son administration; et Cicéron, en quittant le consulat, ne put prononcer que ce noble serment, répété par tout le peuple romain : « Je jure que j'ai sauvé la république. » César lui était toujours contraire, et Pompée, uni d'intérêts avec César et Crassus, redoutait un citoyen zélé, trop ami de la liberté pour être favorable aux triumvirs.

Cicéron vit son crédit tomber insensiblement, et sa sûreté même menacée pour l'avenir. Il s'occupa plus que jamais de la culture des lettres; ce fut alors qu'il publia les mémoires de son consulat, écrits en grec, et qu'il fit sur le même sujet un poëme latin en trois livres. Ces louanges qu'il se donnait à lui-même ne durent pas diminuer l'envie qu'excitait sa gloire. Enfin, l'orage éclata par la furieuse animosité de Clodius; et ce consulat tant célébré par Cicéron devint le moyen et le prétexte de sa ruine. Clodius fit passer une loi qui déclarait coupable de trahison quiconque aurait fait périr des citoyens romains, avant que le peuple les eût condamnés. L'illustre consulaire prit le deuil, et suivi du corps entier des chevaliers, et d'une foule de jeunes patriciens, il parut dans les rues de

Rome, implorant le secours du peuple. Clodius, à la tête des satellites armés, l'insulta plusieurs fois, et osa même investir le sénat. Cette querelle ne pouvait finir que par un combat, ou par l'éloignement volontaire de Cicéron. Les deux consuls servaient la fureur de Clodius, et Pompée abandonnait son ancien ami. Mais tous les honnêtes gens étaient prêts à défendre le sauveur de la patrie; Cicéron, par faiblesse ou par vertu, refusa leurs secours, et s'exilant lui-même, il sortit de Rome, après avoir consacré au Capitole une petite statue de Minerve, avec cette inscription : *Minerve, protectrice de Rome.*

Il erra quelque temps dans l'Italie, et se vit fermer l'entrée de la Sicile par un ancien ami, gouverneur de cette province. Enfin, il se réfugia chez Plancus, à Thessalonique. Sa douleur était excessive, et la philosophie qui, dans ses malheurs, servit souvent à occuper son esprit, n'avait alors le pouvoir ni de le consoler ni de le distraire. Clodius poursuivait insolemment son triomphe, et par de nouveaux décrets, il fit raser les maisons de campagne de Cicéron, et, sur le terrain de sa maison de Rome, il consacra un temple à la liberté. Une partie de ses meubles fut mise à l'encan, mais il ne se présenta point d'acheteurs ; le reste devint la proie des deux consuls qui s'étaient associés à la haine de Clodius. La femme même et les enfans de Cicéron furent exposés à l'insulte et à la violence. Ces désolantes nouvelles venaient sans cesse irriter l'affliction du malheureux exilé, qui, perdant toute espérance, se défiait de ses amis, se plaignait de sa gloire, et regrettait de ne s'être pas donné la mort, montrant qu'un beau génie et même une grande âme ne préservent pas toujours de la plus extrême faiblesse.

Cependant il se préparait à Rome une heureuse révolution en sa faveur. L'audace de Clodius, s'élevant trop haut, et s'étendant à tout, devenait insupportable à ceux même qui l'avaient protégée. Pompée encouragea les amis de Cicéron à presser son rappel. Le sénat déclara qu'il ne s'occuperait d'aucune affaire avant que le décret du bannissement ne fût révoqué. Clodius redoubla vainement de fureur et de violence. Dès l'année suivante, par le zèle du consul Lentulus, et sur la proposition de plusieurs tribuns, le décret de rappel passa dans l'assemblée du peuple, malgré un sanglant tumulte où Quintus, frère de Cicéron, fut dangereusement blessé. On vota des remercîmens aux villes qui avaient reçu Cicéron, et les gouverneurs de province eurent ordre d'assurer son retour.

C'est ainsi, qu'après dix mois d'exil, il revint en Italie avec une gloire qui lui parut à lui-même un dédommagement de son malheur. Le sénat en corps l'attendit aux portes de la ville, et son entrée fut un triomphe. La république se chargea de faire rétablir ses maisons; il n'eut à combattre que pour démontrer la nullité de la consécration faite par Clodius. Au reste, ce retour devint pour Cicéron, comme il l'avoue lui-même, l'époque *d'une vie nouvelle*, c'est-à-dire, d'une politique différente. Il diminua sensiblement l'ardeur de son zèle républicain, et s'attacha plus que jamais à Pompée, qu'il proclamait son bienfaiteur. Il sentit que l'éloquence n'était plus dans Rome une puissance assez forte par elle-même, et que le plus grand orateur avait besoin d'être protégé par un guerrier. Le fougueux Clodius s'opposait à force ouverte au rétablissement des maisons de Cicéron, et l'attaqua plusieurs fois lui-même. Milon, mêlant la violence et la justice, repoussa Clodius par les armes, et en même temps l'accusa devant les tribunaux. Rome était souvent un champ de bataille; cependant Cicéron passa plusieurs années dans une sorte de calme, s'occupant à la composition de ses traités oratoires, et paraissant quelquefois au barreau, où, par complaisance pour Pompée, il défendit Vatinius et Gabinius, deux mauvais citoyens qui s'étaient montrés ses implacables ennemis. Valère-Maxime cite ce fait comme l'exemple d'une générosité extraordinaire. A l'âge de cinquante-quatre ans, Cicéron fut reçu dans le collége des augures.

La mort du turbulent Clodius, tué par Milon, le délivra de son plus dangereux adversaire. On connaît la belle harangue qu'il fit pour la défense du meurtrier, qui était son ami et son vengeur; mais il se troubla en la prononçant, intimidé par l'aspect des soldats de Pompée, et par les cris des partisans de Clodius. A cette même époque, un décret du sénat nomma Cicéron au gouvernement de Cilicie. Dans cet emploi, nouveau pour lui, il fit la guerre avec succès, repoussa les troupes des Parthes, s'empara de la ville de Pindenissum, et fut salué par ses soldats du nom d'*Imperator*, titre qui le flatta singulièrement, et dont il affecta de se parer, même en écrivant à César, vainqueur des Gaules. Cette petite vanité lui fit briguer les honneurs du triomphe, et il porta la faiblesse jusqu'à se plaindre de Caton, qui, malgré ses instantes prières, avait refusé d'appuyer ses prétentions. Quelque chose de plus estimable, et peut-être de plus réel que sa gloire militaire, ce fut la justice, la douceur et le désintéressement qu'il montra dans toute son administration. Il refusa les présens forcés que l'on avait coutume d'offrir aux gouverneurs romains, réprima tous les genres de concussions, et diminua les impôts. Une semblable conduite était rare dans un temps où les grands de Rome, ruinés par le luxe, sollicitaient une province pour rétablir leur fortune par le pillage.

Quelque plaisir que Cicéron trouvât dans l'exercice bienfaisant de son pouvoir, il souffrait impatiemment d'être éloigné du centre de l'empire, que la rupture de César et de Pompée menaçait d'un grand événement. Il partit aussitôt que sa mission fut achevée, et retrouva dans sa patrie l'honorable accueil qui l'attendait toujours ; mais comme il le dit lui-même, à son entrée dans Rome il se vit au milieu des flammes de la discorde civile. Il s'était empressé de voir et d'entretenir Pompée, qui commençait à sentir la nécessité de la guerre, sans croire encore à la grandeur du péril, et qui, résolu de combattre César, opposait avec trop de confiance le nom de la république et le sien aux armes d'un rebelle.

Cicéron souhaitait une réconciliation, et se nourrissait de la flatteuse pensée qu'il pourrait en être le médiateur. Cette illusion peut s'expliquer par l'amour de la patrie autant que par la vanité. Le sage consulaire envisageait la guerre civile avec horreur ; mais il aurait dû sentir que, si le mal était affreux, il était inévitable. Du reste, ne cherchons pas un sentiment faible et bas dans le cœur d'un grand homme, et ne le soupçonnons pas d'avoir voulu ménager César, puisqu'enfin il suivit Pompée. César marcha vers Rome, et son imprudent rival fut réduit à fuir avec les consuls et le sénat. Cicéron, qui n'avait pas prévu cette soudaine invasion, se trouvait encore en Italie, par irrésolution et par nécessité. César le vit à Formies, et ne put rien sur lui. Cicéron, convaincu que le parti des rebelles était le plus sûr, ayant pour gendre Dolabella, l'un des confidens de César, alla cependant rejoindre Pompée. Ce fut un sacrifice fait à l'honneur ; mais il eut le tort d'apporter dans le camp de Pompée les craintes qui pouvaient l'empêcher d'y venir. Il se hâta de désespérer de la victoire, et, dans son propre parti, il laissa entrevoir cette défiance du succès qui ne se pardonne pas, et cette prévention défavorable contre les hommes et contre les choses, qui choque d'autant plus qu'elle est exprimée par d'ingénieux sarcasmes. Cicéron ne modérait pas assez son penchant à l'ironie ; et, sur ce point, il paraît avoir souvent manqué de prudence et de dignité.

Après la bataille de Pharsale et la fuite de Pompée, il refusa de prendre le commandement de quelques troupes restées à Dyrrachium, et, renonçant à tout projet de guerre et de liberté, il se sépara de Caton pour rentrer dans l'Italie, gouvernée par Antoine, lieutenant de César. Ce retour parut peu honorable, et fut mêlé d'amertumes et de craintes, jusqu'au moment où le vainqueur écrivit lui-même à Cicéron, et bientôt après, l'accueillit avec cette familiarité qui devenait une précieuse faveur.

Cicéron, réduit à vivre sous un maître, ne s'occupa plus que de littérature et de philosophie. Le dérangement de ses affaires domestiques, et sans doute de légitimes sujets de plainte, le déterminèrent à quitter sa femme Terentia, pour épouser une belle et riche héritière dont il était le tuteur; mais ce besoin de fortune, qui lui fit contracter une alliance que l'on a blâmée, ne le détermina jamais à encenser la puissance souveraine; il se tint même dans un éloignement affecté, raillant les adulateurs de César, et leur opposant l'*éloge de Caton.* Il est vrai que, sous le magnanime dictateur, on pouvait beaucoup oser impunément; et d'ailleurs cette hardiesse consolait l'amour-propre du républicain, plus qu'elle n'était utile à la république; mais le mécontentement de Cicéron ne put tenir contre la générosité de César pardonnant à Marcellus. L'orateur, ravi d'un acte de clémence qui lui rendait un ami, rompit le silence, et prononça cette fameuse harangue qui renferme autant de leçons que d'éloges. Peu de temps après, défendant Ligarius, il fit tomber l'arrêt de mort des mains de César, aussi sensible au charme de la parole qu'à la douceur de pardonner.

Dans l'esclavage de la patrie, Cicéron semblait reprendre une partie de sa dignité par la seule force de son éloquence; mais la perte de sa fille Tullie le frappant du coup le plus cruel, vint le plonger dans le dernier excès de l'abattement et du désespoir. Il écrivit un traité de la consolation, moins pour affaiblir ses regrets que pour en immortaliser le souvenir, et il s'occupa même du projet de consacrer un temple à cette fille chérie. Sa douleur, qui lui faisait un besoin de la retraite, le livrait tout entier à l'étude et aux lettres. On a peine à concevoir combien d'ouvrages il écrivit pendant ce long deuil. Sans parler des *Tusculanes* et du traité *de Legibus*, que nous avons encore, il acheva dans la même année son livre d'*Hortensius*, si cher à saint Augustin, ses *Académiques*, en quatre livres, et un *Eloge funèbre de Porcia*, sœur de Caton. Si l'on réfléchit à cette prodigieuse facilité, toujours unie à la plus sévère perfection, la littérature ne présente rien de plus étonnant que le génie de Cicéron.

Le meurtre de César, en paraissant d'abord tout changer, ouvrit à l'orateur une carrière nouvelle. Cicéron se réjouit de cette mort, dont il fut témoin, et sa joie fait peine, quand on songe aux éloges pleins d'enthousiasme et de tendresse que tout à l'heure encore il prodiguait à César dans sa *Défense du roi Déjotarus*; mais Cicéron croyait, qu'avec la liberté commune, il allait recouvrer lui-même un grand crédit politique; les conjurés qui ne l'avaient pas associé à l'entreprise, lui en communiquaient la gloire. Il était républicain et ambitieux, et, moins il avait agi dans la révolution, plus il voulait y participer en l'approuvant.

Cependant le maître n'était plus; mais il n'y avait pas de république. Les conspirateurs perdaient leurs succès par l'irrésolution; Antoine faisait régner César après sa mort, en maintenant toutes ses lois, et en succédant à son pouvoir. Cicéron vit la faute du sénat; mais seul il ne pouvait pas arrêter Antoine. Dans cette année d'inquiétudes et d'alarmes, il composa le traité *de la Nature des Dieux*, dédié à Brutus, et ses traités *de la Vieillesse et de l'Amitié*, tous deux dédiés à son cher Atticus. On conçoit à peine cette prodigieuse vivacité d'esprit, à laquelle toutes les peines de l'âme ne pouvaient rien ôter. Il s'occupait, à la même époque, d'un travail qui serait piquant pour notre curiosité, les Mémoires de son siècle; enfin, il commençait son immortel traité *des Devoirs*, et achevait ce traité *de la Gloire*, perdu pour nous, après avoir été conservé jusqu'au 14ᵉ siècle.

Le projet qu'il conçut alors de passer en Grèce avec une légation libre l'aurait éloigné du théâtre des affaires et des périls. Il y renonça, et revint à Rome. C'est là que commencent ses admirables *Philippiques*, qui mirent le sceau à son éloquence, et signalèrent si glorieusement son patriotisme. La seconde, la plus violente de toutes, fut écrite peu de temps après son retour; il ne la prononça point. Irréconciliable ennemi d'Antoine, il crut devoir élever contre lui le jeune Octave. Montesquieu blâme cette conduite, qui remit sous les yeux des Romains, César, qu'il fallait leur faire oublier. Cicéron n'avait pas d'autre asile. Il ne fut pas aussi dupe qu'on le pense de la modération affectée d'Octave; mais il crut que ce jeune homme serait toujours moins dangereux qu'Antoine. Le mal était dans la faiblesse de la république, qui ne pouvait plus se sauver d'un maître, qu'en se donnant un protecteur, c'est-à-dire un autre maître.

Cicéron fit au moins tout ce qu'on devait attendre d'un grand orateur et d'un citoyen intrépide. Il inspira toutes les résolutions vigoureuses du sénat, dans la guerre que les consuls et le jeune César firent, au nom de la république, contre Antoine. On en trouve la preuve dans ses *Philippiques*. Lorsqu'après la mort des deux consuls, Octave se fut emparé du consulat, et qu'ensuite il fit alliance avec Antoine et Lépide, tout le pouvoir du sénat et de l'orateur tomba devant les armes des triumvirs.

Cicéron, qui ménageait toujours Octave, qui même proposait à Brutus de se réconcilier avec l'héritier de César, vit enfin qu'il n'y avait plus de liberté. Les triumvirs s'abandonnant l'un à l'autre le sang de leurs amis, sa tête fut demandée par Antoine. Cicéron, retiré à Tusculum avec son frère et son neveu, apprit que son nom était sur la liste des proscrits. Il prit le chemin de la mer dans une grande irrésolution. Il s'embarqua près d'Asture; le vaisseau étant repoussé par les vents, Plutarque assure qu'il eut la pensée de revenir à Rome, et de se tuer dans la maison d'Octave pour faire retomber son sang sur la tête de ce perfide. Pressé par les prières de ses esclaves, il s'embarqua une seconde fois, et bientôt reprit terre pour se reposer dans sa maison de Formies. C'est là qu'il résolut de ne plus faire d'efforts pour garantir ses jours. « Je mourrai, dit-il, « dans cette patrie que j'ai sauvée plus d'une fois. » Ses esclaves sachant que les lieux voisins étaient remplis de soldats des triumvirs, essayèrent de le porter dans sa litière; mais bientôt ils aperçurent les assassins qui venaient sur leurs traces; ils se préparèrent au combat : Cicéron, qui n'avait plus qu'à mourir, leur défendit toute résistance, et tendit sa tête à l'exécrable Popilius, chef des meurtriers, autrefois sauvé par son éloquence.

Ainsi périt ce grand homme à l'âge de soixante-quatre ans, souffrant la mort avec plus de courage qu'il n'avait supporté le malheur, et sans doute assez comblé de gloire, pour n'avoir plus rien à faire ni à regretter dans la vie. Sa tête et ses mains furent portées à Antoine, qui les fit attacher à la tribune aux harangues, du haut de laquelle l'orateur, suivant l'expression de Tite-Live, avait fait entendre une éloquence que n'égala jamais aucune voix humaine.

Cicéron fut peu célébré sous l'empire d'Auguste. Horace et Virgile n'en parlent jamais. Dès le règne suivant, Paterculue ne prononce son nom qu'avec enthousiasme. Il sort du ton paisible de l'histoire, pour apostropher Marc-Antoine, et lui reprocher le sang d'un grand homme. Cicéron a bien mérité le témoignage que lui rendit Auguste : c'était un bon citoyen qui aimait sincèrement son pays : on peut même lui donner un titre qui s'unit trop rarement à celui de grand homme, le nom d'homme vertueux ; car il n'eut que des faiblesses de caractère, sans aucun vice, et il chercha toujours le bien pour le bien même, ou pour le plus excusable des motifs, la gloire. Son cœur s'ouvrait naturellement à toutes les nobles impressions, à tous les sentimens purs et droits, la tendresse paternelle, l'amitié, la reconnaissance, l'amour des lettres. Il gagne à cette difficile épreuve, d'être vu de près. On s'accoutume à sa vanité, toujours aussi légitime que franche, et l'on est forcé de chérir tant de grands talens ornés de tant de qualités aimables.

Lorsque le goût se corrompit à Rome, l'éloquence de Cicéron, quoique mal imitée, resta l'éternel modèle. Quintilien en développa dignement les savantes beautés. Pline le jeune n'en parle dans ses lettres qu'avec la plus vive admiration, et se glorifie, sans beaucoup de droit, il est vrai, d'en être le constant imitateur. Pline l'ancien célèbre avec transport les prodiges de cette même éloquence. Enfin les Grecs, qui goûtaient peu la littérature de leurs maîtres, placèrent l'orateur romain à côté de Démosthène. A la renaissance des lettres, Cicéron fut le plus admiré des auteurs anciens ; dans un temps où l'on s'occupait surtout de l'étude de la langue latine, l'étonnante pureté de son style lui donnait un avantage particulier. On sait que l'admiration superstitieuse de certains savans alla jusqu'à ne point reconnaître pour latin tout mot qui ne se trouvait pas dans ses écrits. Erasme, qui n'approuvait pas ce zèle excessif, avait un enthousiasme plus éclairé pour la morale de Cicéron, et la jugeait digne du christianisme.

Ce grand homme n'a rien perdu de sa gloire en traversant les siècles; il reste au premier rang comme orateur et comme écrivain. Peut-être même, si on le considère dans l'ensemble et dans la variété de ses ouvrages, est-il permis de voir en lui le premier écrivain du monde; et quoique les créations les plus sublimes et les plus originales de l'art d'écrire appartiennent à Bossuet et à Pascal, Cicéron est peut-être l'homme qui s'est servi de la parole avec le plus de science et de génie, et qui, dans la perfection habituelle de son éloquence et de son style, a mis le plus de beautés, et laissé le moins de fautes.

C'est l'idée qui se présente en parcourant ses productions de tout genre. Ses harangues réunissent au plus haut degré toutes les grandes parties oratoires, la justesse et la vigueur du raisonnement, le naturel et la vivacité des mouvemens, l'art des bienséances, le don du pathétique, la gaîté mordante de l'ironie, et toujours la perfection et la convenance du style. Que l'élégant et harmonieux Fénélon préfère Démosthène : il accorde cependant à Cicéron toutes les qualités de l'éloquence, même celles qui distinguent le plus l'orateur grec, la véhémence et la brièveté. Il est vrai toutefois que la richesse, l'élégance et l'harmonie dominent plus particulièrement dans l'élocution oratoire de Cicéron, que même il s'en occupe quelquefois avec un soin minutieux. Ce léger défaut n'était pas sensible pour un peuple amoureux de tout ce qui tenait à l'éloquence, et recherchant avec avidité la mélodie savante des périodes nombreuses et prolongées. Pour nous, il se réduit à certaines cadences trop souvent affectées par l'orateur. Du reste, que de beautés nos oreilles étrangères ne reconnaissent-elles pas encore dans cette harmonie enchanteresse ! elle n'est d'ailleurs qu'un ornement de plus, et ne sert jamais à dissimuler le vide des pensées. Ce serait une ridicule prévention de supposer qu'un orateur philosophe, et homme d'état, dont l'esprit était éga-

lement exercé par les spéculations de la science, et l'activité
des affaires, eût plus d'harmonie que d'idées. Les harangues de
Cicéron abondent en pensées fortes, ingénieuses et profondes;
mais la connaissance de son art l'oblige à leur donner toujours
ce développement utile pour l'intelligence et la conviction de
l'auditeur; et le bon goût ne lui permet pas de les jeter en
traits saillans et détachés. Elles sortent moins au-dehors,
parce qu'elles sont, pour ainsi dire, répandues sur toute la
diction. C'est une lumière brillante, mais égale; toutes les
parties s'éclairent, s'embellissent et se soutiennent; et la perfection générale nuit seule aux effets particuliers.

Le style des écrits philosophiques, dégagé de la magnificence
oratoire, respire cet élégant atticisme que quelques contemporains de Cicéron auraient exigé même dans ses harangues. On
reconnaît cependant l'orateur à la forme du dialogue, beaucoup moins vif et moins coupé que dans Platon. Les développemens étendus dominent toujours, soit qu'un seul personnage
instruise presque continuellement les autres, soit que les différens personnages exposent tour à tour leur opinion. Le fond
des choses est emprunté aux Grecs, et quelques passages sont
littéralement traduits d'Aristote et de Platon. Ces ouvrages
n'ont pas tous à nos yeux le même degré d'intérêt. Le traité
de la Nature des Dieux n'est qu'un recueil des erreurs de
l'esprit humain qui s'égare toujours plus ridiculement dans les
plus sublimes questions; mais l'absurdité des différens systèmes
n'empêche pas d'admirer l'élégance et la clarté des analyses;
et les morceaux de description restent d'une vérité et d'une
beauté éternelle. Les *Tusculanes* se ressentent des subtilités
de l'école d'Athènes; on y trouve, du reste, la connaissance la
plus approfondie de la philosophie des Grecs. Le traité *de
l'inibus bonorum et malorum* appartient encore à cette philosophie dogmatique un peu trop sèche et trop savante. Heu-

reusement, l'aridité de la discussion ne peut vaincre ni lasser l'inépuisable élégance de l'écrivain. Toujours harmonieux et facile, il éprouve souvent le besoin de se ranimer par des morceaux d'une éloquence élevée. Plusieurs passages du traité *des Maux et des Biens* peuvent avoir servi de modèle à Rousseau, pour cette manière brillante et passionnée d'exposer la morale, et pour cet art heureux de sortir tout à coup du ton didactique par des mouvemens qui deviennent eux-mêmes des preuves. Enfin, le seul mérite qu'on désirerait au style philosophique de Cicéron est celui qui n'a pu appartenir qu'à la philosophie moderne, l'exactitude des termes inséparablement liée au progrès de la science, et à cette justesse d'idées si difficile et si tardive.

Les écrits de Cicéron sur la morale pratique ont conservé tout leur prix, malgré les censures de Montaigne, auteur trop irrégulier pour goûter une méthode sage et noble, mais un peu lente. Le livre *des Devoirs* demeure le plus beau traité de vertu inspiré par la sagesse purement humaine. Enfin, personne n'a fait mieux sentir que Cicéron les plaisirs de l'amitié et les consolations de la vieillesse. Le traité *de la République* n'était connu jusqu'à ces derniers temps que par quelques fragmens assez courts, et par le *Songe de Scipion*, brillant épisode de cet ouvrage. Un érudit moderne, M. Mai, a trouvé sur un manuscrit *palimpseste*, conservé dans la bibliothèque du Vatican, des livres presque entiers, et des parties considérables du dialogue original perdu depuis tant de siècles. Cette découverte, la plus étendue et la plus intéressante que l'on ait faite depuis plusieurs siècles, porte tous les caractères du génie de Cicéron, comme nous l'avons indiqué dans le discours qui précède la traduction que nous en publions. Le traité *de la Divination* et le traité *des Lois*, sont de curieux monumens d'antiquités, qu'un style ingénieux et piquant rend d'agréables ouvrages de littérature. Le goût des études philosophiques suivit Cicéron dans la composition de ses traités oratoires, surtout du plus important, celui *de Oratore*. Après les harangues de Cicéron, c'est l'ouvrage qui nous donne l'idée la plus imposante du talent de l'orateur dans les républiques anciennes. Ce talent devait tout embrasser, depuis la connaissance de l'homme, jusqu'aux détails de la diction figurée et du rhythme oratoire; l'art d'écrire était, pour ainsi dire, plus compliqué que de nos jours. Mais en lisant l'*Orateur*, les *Illustres orateurs*, les *Topiques*, les *Partitions*, on ne doit pas s'attendre à trouver beaucoup d'idées applicables à notre littérature, excepté quelques préceptes généraux, qui nulle part n'ont été mieux exprimés et qui sont également de tous les siècles.

A tant d'ouvrages que Cicéron composa pour sa gloire, il faut joindre celui de tous qui peut-être intéresse le plus la postérité, quoiqu'il n'ait pas été fait pour elle, le recueil des *Lettres familières*, et les *Lettres à Atticus*. Cette collection ne forme qu'une partie des lettres que Cicéron avait écrites seulement depuis l'âge de quarante ans. Aucun ouvrage ne donne une idée plus juste et plus vive de la situation de la république. Ce ne sont pas, quoi qu'en ait dit Montaigne, des lettres comme celles de Pline, écrites pour le public. Il y respire une inimitable naïveté de sentimens et de style. Si l'on songe que l'époque où vivait Cicéron est la plus intéressante de l'histoire romaine, par le nombre et l'opposition des grands caractères, les changemens des mœurs, la vivacité des crises politiques, et le concours de cette foule de causes qui préparent, amènent et détruisent une révolution; si l'on songe en même temps quelle facilité Cicéron avait de tout connaître, et quel talent pour tout peindre, on doit sentir aisément qu'il ne peut exister de tableau plus instructif et plus animé. Continuel acteur de cette scène, ses passions, toujours intéressées à ce qu'il ra-

conte, augmentent encore son éloquence; mais cette éloquence
est rapide, simple, négligée; elle peint d'un trait; elle jette,
sans s'arrêter, des réflexions profondes : souvent les idées sont
à peine développées. C'est un nouveau langage que parle l'orateur romain. Il faut un effort pour le suivre, pour saisir toutes
ses allusions, entendre ses prédictions, pénétrer sa pensée, et
quelquefois même l'achever. Ce que l'on voit surtout, c'est
l'âme de Cicéron, ses joies, ses craintes, ses vertus, ses faiblesses. On remarquera que ses sentimens étaient presque tous
extrêmes; ce qui appartient en général au talent supérieur,
mais ce qui est une source de fautes et de malheurs. Sous un
autre rapport, on peut puiser dans ce recueil une foule de détails curieux sur la vie intérieure des Romains, les mœurs et les
habitudes des citoyens, et les formes de l'administration. C'est
une mine inépuisable pour les érudits. Le reste des lecteurs y
retrouve cette admirable justesse de pensées, cette perfection
de style, enfin, cette continuelle union du génie et du goût
qui n'appartient qu'à peu de siècles et à peu d'écrivains, et que
personne n'a portée plus loin que Cicéron.

TABLE

ANALYTIQUE

DES MATIÈRES CONTENUES DANS CET OUVRAGE.

A.

B.

C.

D.

E.

H.

I.

J.

L.

Q.

QUINTILIEN. Son opinion favorable au poëte comique
Ménandre. II. 112.

R.

RELIGION (la) des Romains appui du gouvernement. Réfutation d'une opinion de Montesquieu à ce sujet. II. 199
et suiv.

ROMULUS, fondateur de Rome, choisit la situation de cette
ville avec une merveilleuse convenance. I. 135. — Il com-
prit et adopta le principe que l'unité d'empire et la puissance royale se fortifient par l'influence des principaux
citoyens. I. 153.

ROUSSEAU donne à la pudeur une autre origine que Cicéron.
I. 9.

RUTILIUS, célèbre Romain, élève de Panætius; ami de Scipion. Cicéron suppose tenir de lui les principes de gouvernement qu'il établit dans son traité *de Re Publicâ.* I. 25.

S.

SABINES enlevées par les soldats de Romulus. I. 149.

SALLIER, membre de l'Académie des Belles-Lettres, a réfuté
les opinions de M. de Pouilly sur l'authenticité de l'histoire des premiers siècles de Rome. I. 151.

SATIRE (la). L'invention en est attribuée aux Romains par
Quintilien. II. 112.

SCIPION L'AFRICAIN, fils de Paul-Emile. C'est dans sa
maison de campagne que le dialogue *de Re Publicâ,* dont
il est le principal interlocuteur, est supposé avoir lieu.
I. 27. — Il discute les avantages et les inconvéniens des
différens gouvernemens, et semble préférer le gouvernement mixte à la monarchie tempérée. Raisons de cette
préférence. I. 97.

FIN DE LA TABLE.

PARIS, A. EGRON, IMPRIMEUR
DE SON ALTESSE ROYALE MONSEIGNEUR, DUC D'ANGOULÊME.